越玩越聪明的

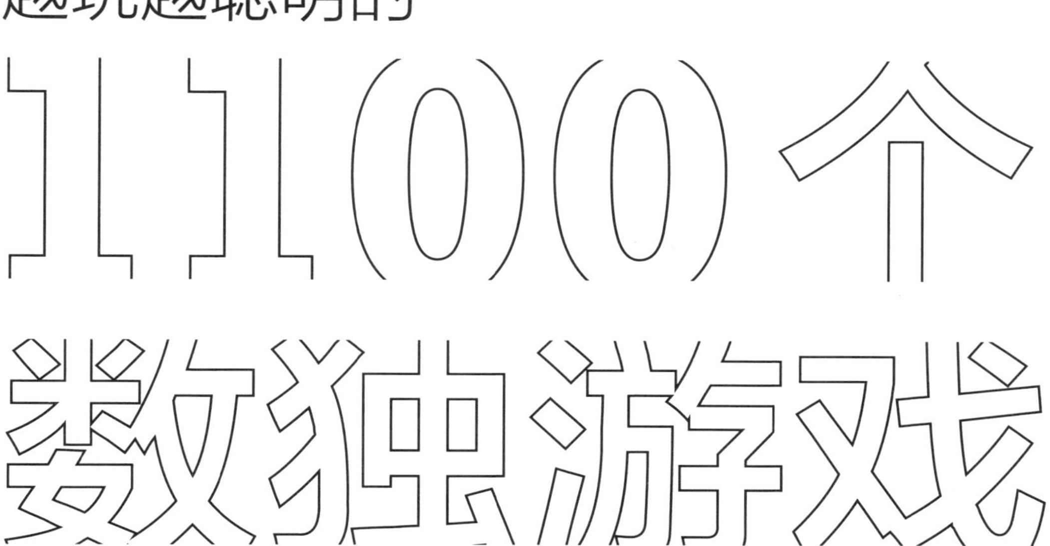

小向 著

中国纺织出版社有限公司

内 容 提 要

数独的乐趣究竟在哪里呢？首先，它让你学会观察，有整体观，而不是盲目下手去解决问题。其次，在解题过程中，你一定会沉浸在"因为、所以、如果、那么、肯定、可能、只有、可以、不一定、一定不会"等一系列判断中，既提高了专注力，还培养了逻辑思维能力。再次，它需要你耐心和细心，标注候选数显然是有必要的，而有时所有数字都快填出来了，却发现同一行竟然出现了两个9！最后，在很多无聊的时间，等人或者坐地铁的时候刷一题，保证你不会觉得时间漫长又难捱，还能获得解出题目的成就感。本书精心设计了1100道标准数独题目，共分为4个难度，你可以循序渐进地刷题，也可以随性而至进行挑战。做完第一题，你一定会迫不及待地做第二题、第三题……直到最后一道数独。现在就开始你的数独之旅吧！

图书在版编目（CIP）数据

越玩越聪明的1100个数独游戏 / 小向著. --北京：中国纺织出版社有限公司，2021.1
ISBN 978-7-5180-8151-6

Ⅰ. ①越… Ⅱ. ①小… Ⅲ. ①智力游戏 Ⅳ. ①G898.2

中国版本图书馆CIP数据核字（2020）第216611号

策划编辑：郝珊珊　　责任校对：王花妮　　责任印制：储志伟

中国纺织出版社有限公司出版发行
地址：北京市朝阳区百子湾东里A407号楼　邮政编码：100124
销售电话：010—67004422　传真：010—87155801
http：//www.c-textilep.com
中国纺织出版社天猫旗舰店
官方微博http：//weibo.com/2119887771
北京通天印刷有限责任公司印刷　各地新华书店经销
2021年1月第1版第1次印刷
开本：710×1000　1/16　印张：15
字数：298千字　定价：49.80元

前言

开始刷题吧

欢迎你来到数独的世界。

在这本书里我们能接触到很多不同难度的数独题目，它们能帮助你提高专注力和耐心，增强逻辑推理能力。下面，我们来看看数独有哪些关键词吧。

㊉唯一解

盘面 1 是一道很普通的数独题目。它在初始状态就包含了很多数字，这些数字叫作提示数或者已知数。它们不仅对我们后续推理有重要的作用，同时还保证了题目的唯一解。

	8		2	4				
9		3				1		
	7			5			8	
1					5			7
			7		3			
7			4					5
	2			3			1	
		8				9		2
				9	2		3	

盘面 1

在盘面 1 中，每一行、每一列和每一个粗线围起来的部分都包含 9 个格子。9 个格子需要填上 1~9 的数字，且每个数字只能出现一次。为了让大家直观感受这个规则，我们先把答案列出来。

从盘面 2 可以看到，1~9 在每行每列每宫内都出现且仅出现一次。

6	8	1	2	4	9	5	7	3
9	5	3	6	8	7	1	2	4
2	7	4	3	5	1	6	8	9
1	3	6	9	2	5	8	4	7
8	4	5	7	6	3	2	9	1
7	9	2	4	1	8	3	6	5
4	2	9	5	3	6	7	1	8
3	6	8	1	7	4	9	5	2
5	1	7	8	9	2	4	3	6

盘面 2

⊕多解和无解

每个数独题目都存在三种情况：多解、唯一解和无解。多解表示题目的某处有多个填法，这些填法全部满足数独的规则。无解则表示没有一个合适的答案能够满足数独规则。多解和无解是不能接受的，因为在这两种情况下，最终结果无法通过推理得到。

⊕对称性

很多题目在初始情况下会有很多提示数，它们构成了中心对称的形状。所谓中心对称，就是以盘面中心的单元格（第 5 行第 5 列）为旋转中心，将盘面旋转 180 度后，所有位置的提示数保持不变。盘面 3 就是一个具有中心对称特征的数独盘面。

		9			1		8	
6	8	1					9	
				9	8		3	4
1		5	9		6			
		8				3		
			8		3	9		5
8	1		3	6				
	7					8	4	3
	9		5			6		

盘面 3

中心对称特征是数独题目必须具备的吗？实际并不如此，中心对称仅仅是为了美观而有意设计的。另外，数独题目的美观形式不仅于此，比如盘面 4 就是一道已知数整体构成了“365”形状的数独题目。

5	7							
		3						
	2			1	6			
		9	4					
7	3			2		1	5	9
			5		1	4		
				7			6	5
								3
						8	9	

盘面 4

㊉题目的难度

由于已知数摆放位置和数字本身的不同，题目的难度是有差别的。一般来说，如果题目中包含的提示数比较多，则题目往往会比较简单；同理，如果题目的提示数很少，这样的题目往往会比较难，但也有例外。

如盘面 5 所示，这个数独盘面虽然看起来数字很少，但解题很容易，仅使用最基本的数独技巧就可以了。因此我们无法从盘面已知数的数量及摆放位置上确定题目的难度，只能大概估计下。很多时候，同样的已知数摆放形状，数字换一下，难度也会有差别。

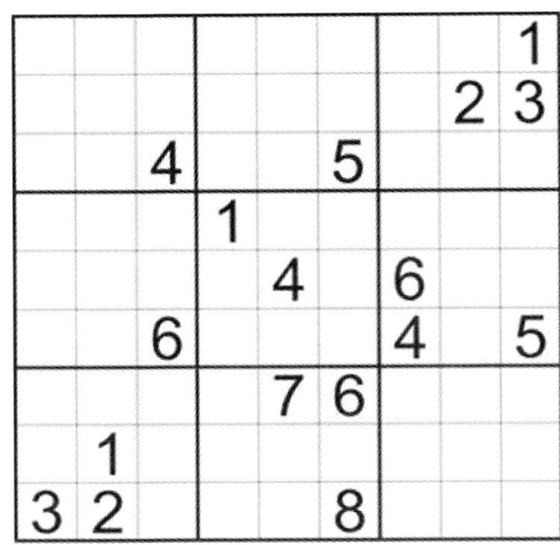

盘面 5

盘面 6 可以直接用很简单的逻辑推理技巧（排除）来完成，但盘面 7 的难度超乎了一般人的想象：它只能靠猜来完成。盘面 6 与盘面 7 摆放的形状

	1			2		3		
		4			5		6	
	7							8
		6	9				7	
			1					2
	3			4	8			
5					6		4	
			8			1		6
		8						

盘面 6

	1			2		3		
		4			3		5	
	6							1
		5	7				6	
			8					2
	7			1	2			
4					5		9	
			4			8		5
		7						

盘面 7

是完全一样的，它们的区别仅仅是数字。

㊉猜数和普通解法

我们可以在很多网站上看到数独的逻辑推理技巧，但是有些题目完全“啃不动”。难以使用这些技巧解开的题目被称为灰色地带（Gray Zone），灰色地带类型的题目我们无法也不可能通过现有的数独技巧来完成。数独高手可能在将来发现更多的、用来解出这些题目的技巧，但就目前来说，它们只能靠猜数来完成。

当然，我们不鼓励猜数。希望大家能对数独有基本的认知，不要一股脑尝试难题。

目录

第一章　数独逻辑技巧

题目 1　排除法和唯一余数

标准数独：填入 1~9 使得行列宫内数字不重复。

		6	8		4	7		
	9						1	
	4			9			5	
			6		1			
	3			5			7	
	5						3	
		8	4		6	2		

这是一道相对简单的题目，利用排除法和唯一余数法就可以解开。入手的时候，我们一般先用排除法观察（当然，每个人做题的风格不一样），不过这道题用排除法做的话，一上手没有太直观的线索，我们只能得到一个简单的 E5=4。我们用唯一余数法来看一看。有两个很明显的唯一余数，F4 的 2 和 H8 的 9。

		6	8		4	7		
	9						1	
	4			9			5	
			6	4	1			
	3			5			7	
	5						3	
		8	4		6	2		

解开这两个唯一余数之后，解题往往有两个路径：一是通过排除法，找新的线索；二是通过唯一余数法，找新的线索。

在这道题目里，运用排除法来更进一步的话，我们可以得到第二行的 9；运用唯一余数法来更进一步的话，我们可以得到 F6 = 8，还有其他一些唯余。这道题目比较简单，方法也相对较多一点，难点在于初始的两个唯一余数的观察。

		6	8		4	7		☆
	9						1	
	4			9			5	
			6	4	1			
	3		2	5	✡		7	
	5						3	
		8	4		6	2	9	

之后的入手点会更加多，包括 B8 的唯余等，大家可以自行尝试解题。

2	8	3	1	7	9	5	6	4
5	1	6	8	3	4	7	2	9
4	9	7	5	6	2	3	1	8
8	4	1	7	9	3	6	5	2
7	2	5	6	4	1	9	8	3
6	3	9	2	5	8	4	7	1
1	5	4	9	2	7	8	3	6
3	7	8	4	1	6	2	9	5
9	6	2	3	8	5	1	4	7

题目 2　唯一余数和区块

标准数独：填入 1~9 使得行列宫内数字不重复。

	2	8	7					
	9	5	1			4		
	7	1	4					
					6	2	8	
		3			8	1	2	
					2	9	7	

这道题用排除法是没有办法解题的，我们需要使用唯一余数法。大家观察 C6 格，我们可以发现这个格子所在的行列宫里已经出现了 1、2、4、5、6、7、8、9，所以这个格子不能填入这些数字，只能填数字 3。

	2	8	7					
	9	5	1		☆	4		
	7	1	4					
					6	2	8	
		3			8	1	2	
					2	9	7	

之后运用相同的办法，我们可以得到唯一余数 C8=6，C1=7。

	2	8	7					
7	9	5	1		3	4	6	
	7	1	4					
					6	2	8	
		3			8	1	2	
					2	9	7	

之后我们可以用排除法得到更多数字。

	1		2			7		8
	2	8	7					
7	9	5	1	8	3	4	6	2
8	7	1	4	2				
		2	8		7			
		9		1	6	2	8	7
9		3		7	8	1	2	
1	8				2	9	7	
2		7	9		1	8		

然后，我们发现用基础方法可能比较难以进行下去。

首先，六宫有一个明显的 14 数对。1 和 4 只能填入这两个格子里，不能填入别的数字了。之后，我们可以发现，H7 的数字 9 对六宫作排除，我们得到了一个区块。这个区块还可以对五宫进行排除，结合 F3 的 9 我们可以发现五宫的 9 只能在星格。

	1		2			7		8
	2	8	7					
7	9	5	1	8	3	4	6	2
8	7	1	4	2				
		2	8	☆	7		14	14
		9		1	6	2	8	7
9		3		7	8	1	2	
1	8				2	9	7	
2		7	9		1	8		

得到这个 9 之后，题目就可以简单解决了。

3	1	6	2	5	4	7	9	8
4	2	8	7	6	9	3	1	5
7	9	5	1	8	3	4	6	2
8	7	1	4	2	5	6	3	9
6	3	2	8	9	7	5	4	1
5	4	9	3	1	6	2	8	7
9	5	3	6	7	8	1	2	4
1	8	4	5	3	2	9	7	6
2	6	7	9	4	1	8	5	3

题目 3　基础技巧综合

标准数独：填入 1~9 使得行列宫内数字不重复。

8			4		7			9
		2				4		
	7			9			8	
3				8				7
		7	1		6	8		
1				3				5
	5			6			9	
		1				7		
4			5		3			8

这道题使用的技巧包括标准数独基本功（排除、唯一余数、区块、数对 / 数组）四个技巧，由于难点较多，需要连续使用技巧，题目的观察难度自然较高。

通过基本功我们可以解开一些数字。这时候有两个地方可以观察，首先可以看数字 1，在一宫和二宫里，有 1 的组合区块；在六宫和九宫里也一样。通过两个组合区块复合删减，我们会得到 C9=1 的结论。

另外还有一处组合区块可以观察，就是一宫和 E 行的组合 9，构成组合区块，结合排除得到七宫的 9 在 I3 的位置。

8			4		7			9
		2				4	7	
	7	4		9			8	☆
3				8				7
		7	1		6	8		
1			7	3				5
7	5			6	1		9	4
		1				7	5	
4		✡	5	7	3			8

8			4		7			9
		2				4	7	
	7	4		9			8	☆
3				8				7
		7	1		6	8		
1			7	3				5
7	5			6	1		9	4
		1				7	5	
4		✡	5	7	3			8

虽然连续用了三次的组合区块，但是这道题还没有到达难点。我们可以发现，第二宫里有一个 36 的隐性数对，这个数对进行占位之后，我们可以得到第二宫的 8 在 B6 的位置，但是这个 8 对于下一步解题并没有太大作用。

8			4		7			9
		2	36		8	4	7	36
	7	4	36	9			8	1
3				8				7
		7	1		6	8	☆	
1			7	3				5
7	5			6	1		9	4
		1				7	5	
4		9	5	7	3			8

接下来，我们经过观察可以发现，在第二行有一个显性的 36 数对。这个数对可以删减第二行其他格子的 3，其结果就是第一宫里形成了一个 3 的区块。这个区块删减第一行其他位置的 3，最终得到第八列的 3 一定在星格的位置，接下来题目就没有难度了。

这道题融合了区块排除、显性数对、隐性数对、组合区块等不同的观察难点，虽然不涉及高级技巧，但是观察起来依然十分困难。

本题最终答案见右图。

8	1	3	4	2	7	5	6	9
5	9	2	6	1	8	4	7	3
6	7	4	3	9	5	2	8	1
3	2	5	9	8	4	6	1	7
9	4	7	1	5	6	8	3	2
1	8	6	7	3	2	9	4	5
7	5	8	2	6	1	3	9	4
2	3	1	8	4	9	7	5	6
4	6	9	5	7	3	1	2	8

题目 4　链与代数

标准数独：填入 1~9 使得行列宫内数字不重复。

	9	8	7	4				
	5			8	6			
	2				7	3		
	8	5				9	7	
		9	3				5	
			5	7			9	
				6	3	1	4	

我们先用基础方法观察，能解开到下图，大多数数字已经解开，此时我们会陷入卡顿。不过我们会发现，第二行两个灰色格子里，至少有一个是 1；第四行两个灰色格子里，也至少有一个是 1，而第一列两个灰色格子不能同时为 1。我们分类讨论一下：

① 当 B9=1，E9 和 F9 不是 1；

②当 B1=1，D1 不是 1，那么 D8=1，E9 和 F9 不是 1。

综上，E9 和 F9 不是 1，那么六宫的 1 在灰色格子。这个技巧叫作单链。

单链是解决高难度题目的必备技巧，但是对于这道题而言，我们还有别的方法。

		7		3	9	5	8	4
	9	8	7	4	5		3	
4	5	3		8	6	7		9
	2	4	9	5	7	3		8
3	8	5	6		4	9	7	＼
7		9	3		8	4	5	＼
8	4		5	7			9	3
9	7	2	8	6	3	1	4	5
5	3		4	9		8		7

右图里，B1 这个格子是 1 或者 2，对第三宫作排除，这个格子里的数字会填在 C8，那么也就意味着 B1 和 C8 是相等的，都是 1 或者都是 2。

与此同时，我们观察到 D 行缺的两个数字是 1 和 6。如果 B1 和 C8 都是 1 的时候，D 行的 1 无处可填，因此 B1=C8=2。这是用巧劲儿的 办法。

		7		3	9	5	8	4
12	9	8	7	4	5		3	
4	5	3		8	6	7	12	9
16	2	4	9	5	7	3	16	8
3	8	5	6		4	9	7	
7		9	3		8	4	5	
8	4		5	7			9	3
9	7	2	8	6	3	1	4	5
5	3		4	9		8		7

接下来题目没有难度，答案如下：

1	6	7	2	3	9	5	8	4
2	9	8	7	4	5	6	3	1
4	5	3	1	8	6	7	2	9
6	2	4	9	5	7	3	1	8
3	8	5	6	1	4	9	7	2
7	1	9	3	2	8	4	5	6
8	4	6	5	7	1	2	9	3
9	7	2	8	6	3	1	4	5
5	3	1	4	9	2	8	6	7

第二章　数独入门题目

A001

	8		5				1	3
2					3			7
			6	7				
3		4		1			7	
		9	4		6	2		
	6			2		3		1
				4	1			
5			7					8
6	3				8		9	

A002

	5	7		3				4
	2		5	8				
	4					3		1
							9	8
		5	6		9	7		
4	9							
5		2					7	
				9	5		8	
9				7		4	1	

A003

			3		1			
	7					9		1
	8			9	6		5	
			1			2		4
4				6				5
9		8			4			
	5		8	2			6	
8		4					2	
			6		3			

A004

	2			6	7			
				1		8		3
	1	9				2		
9					1		6	5
	4		6		8		1	
1	3		9					8
		3				5	4	
4		1		9				
			3	4			8	

A005

4		1	9					
		9				1		2
			2		3			
			4	5			3	
2		7				6		9
	8			9	7			
			1		9			
5		3				4		
					6	8		1

A006

			6			5		3
	4	1						
	6		4		9			7
2		7		4		1		
			3	6	2			
		4		1		2		5
8			1		5		2	
						9	5	
1		2			4			

A007

				2				
1		2				9		3
	3	7				1	2	
3			1		2			8
7	6						9	5
8			5		6			4
	4	3				8	6	
5		8				7		2
				3				

A008

2	7							6
				6		7		8
	9		2		8			
		4		3		9		
	8		9		2		5	
		2		4		8		
			4		6		3	
8		7		9				
6							8	9

A009

			4			3	6	
4		6				8		1
5			6	9				
	8		5		9			
	4						9	
			3		2		8	
				8	7			5
9		8				1		7
	3	5			4			

A010

		7	2		8	9		
4	8						6	3
	5						7	
7			4		5			2
		4		8		7		
2			3		6			5
	4						2	
8	2						1	7
		5	9		1	8		

A011

	9	8	2			7		
2			8	7				
7			4			2		1
8	5	7						
	3			5			4	
						5	7	9
1		4			2			5
				8	7			3
		9			4	6	2	

A012

9				5			3	
			2	7			8	
1	8	7						
		6	9			3		5
			3		6			
2		1			7	4		
						7	6	8
	6			2	8			
	1			6				2

A013

	6				1	9		
			9	8		2		6
2	3	9				7		
3			8		9		2	
	5						8	
	9		4		2			5
		6				8	9	4
9		3		1	8			
		7	6				3	

A014

		7		5	2		3	
			8			2		5
5				4			6	
	8		4					1
7		5				6		2
2					8		9	
	5			8				6
6		8			4			
	3		2	1		8		

A015

				4	6	5		
		9			2	7		
6	2				5		8	
8	6	7						
9								3
						9	2	8
	8		9				5	1
		6	5			8		
		1	4	7				

A016

	5		2			1		
			7		9	8		3
8	7	3				4		
	8			6			2	5
			8		7			
9	3			5			4	
		4				6	3	1
3		7	4		6			
		8			1		7	

A017

				1				
		8	9		7	4		
	2	7				3	5	
	6			9			1	
4			5		2			7
	7			3			2	
	1	3				8	9	
		5	2		3	1		
				8				

A018

		8		5		4		
			6	1	8			
9						3		8
8	6				4			
	4	3				8	2	
			8				4	6
6		2						9
			3	2	9			
		4		6		5		

A019

		6	2		3			
			5			9		
5						1	7	
4	8			6				7
			9		7			
1				5			9	3
	9	4						8
		3			8			
			7		5	4		

A020

		7		5		2		
			3		7			
1		8				3		4
	2		8		4		6	
	4						2	
	9		5		3		8	
2		9				6		1
			6		1			
		6		3		9		

A021

	8				4		1	
2		7				8		5
	4		1		2		6	
6		9		5		1		
			6		7			
		8		1		4		6
	3		7		5		8	
8		4				7		1
	9		8				3	

A022

2		5				7		
			8	9		1		
9				3			6	5
	4		3		6			
	7	2				6	3	
			7		8		5	
4	9			8				7
		8		1	9			
		1				9		4

A023

7		9	2				1	
			3			9		5
8					9		6	
6	7			8		5		
			6		7			
		8		4			3	6
	6		1					8
9		1			3			
	8				5	4		1

A024

	4			7		3		
					2	5		4
1	2	5				8		
	9		4		5			
5								3
			6		3		4	
		1				4	6	9
8		3	1					
		9		6			3	

A025

			2	3	8		6	
						2		3
			1		9		8	
6		5				3		8
3				4				9
4		2				6		5
	2		6		1			
8		6						
	5		4	2	7			

A026

	2		8			3		5
6	4							
			6	1	2			9
4		5		9		6		
		6	1		5	4		
		9		3		8		7
5			3	2	8			
							8	3
3		8			1		2	

A027

8		4						1
			2	4	8		3	
2			7					
	7	5		6			2	
	2		1		7		4	
	1			5		6	8	
					9			2
	9		5	8	1			
1						5		3

A028

4	6		5					
			9	4		5		
	1					8	9	
				5	9			8
7								2
8			6	3				
	4	1					6	
		5		2	4			
					5		1	7

A029

		3		1	8			
						6	1	2
		7		2			4	
					4	2		9
	3						7	
4		5	3					
	1			8		4		
9	2	8						
			1	9		3		

A030

5	7							6
			5	7	4			8
		1				7		
	8			6			9	
	3		8		5		6	
	5			4			3	
		5				3		
6			9	2	3			
3							1	2

A031

1			3			2		
				8		6	3	
		9	1				4	8
	4			1			8	
			6	3	8			
	3			9			5	
8	6				1	4		
	7	1		4				
		4			6			7

A032

1	4							
		9	4	2			3	6
	3		9					
			8			9		5
	6						7	
8		2			7			
					2		6	
9	2			7	3	4		
							1	9

A033

	9			1	2	7		
	1	7	8				4	
		5				8		
	6		4					
7								2
					9		1	
		3				4		
	7				8	9	5	
		4	5	6			8	

A034

	1			8				
7				2		5		9
3								
	2	1	9				4	
	7		2		1		3	
	6				5	7	2	
								6
8		4		7				2
				5			9	

A035

								5
9	4	8						
			3	8		4	9	1
		2	9	3			7	
	3						8	
	8			6	4	2		
8	9	6		5	7			
						6	1	7
2								

A036

			3	7			4	
8								
		4	9				1	
		3		1			9	2
6		9				4		8
7	2			6		5		
	5				8	7		
								9
	9			3	6			

A037

	1	3		9	8	6	2	
4	9	8			6	5		
	4							
		2	1		9	3		
							9	
		6	9			2	4	3
	2	5	7	6		9	1	

A038

1	5	4	8				3	
8							4	
			3					1
			1				5	9
			7		2			
2	1				6			
7					8			
	9							5
	3				9	7	1	8

A039

8				2		3	4	
		7	3			8	1	
	6			8				
	3		4			7		
7	8						2	9
		9			2		6	
				5			7	
	5	1			7	9		
	7	4		3				1

A040

								9
		7		9	2	5	6	
1			7				4	
					7			
8		9		6		1		5
			8					
	1				9			6
	7	6	1	8		2		
4								

A041

	5	6					4	2
8				5			1	
				6	4	9		
3	1	7				5		
		9				1	8	3
		4	1	9				
	6			8				1
1	9					3	6	

A042

		6	1	7				
		3	2		6			
	1							2
		8	4					9
	9	2	3		1	5	6	
3					7	8		
8							5	
			5		2	3		
				1	9	4		

A043

8	2		5	1		3	7	
3		1						
							5	
5				4			3	
7			8		9			6
	9			6				4
	4							
						8		2
	8	7		2	6		4	5

A044

						8		
				2	9			
6	9				3	5		
4			5				2	7
	6			1			8	
1	3				8			5
		2	4				9	1
			9	8				
		1						

A045

	8			4	6		9	5
2		5			8	6		
				9		7		
								2
1	2						7	8
8								
		2		6				
		3	9			8		1
9	4		2	1			3	

A046

2					6	1		5
9			2	1				3
		1		7	9	2		
					2	3	1	
			9	4	1			
	1	2	3					
		9	4	6		5		
5				9	3			1
6		7	1					8

A047

						5	4	3
	3	5	2	6		7		
5	4		9					
		2	4	3	7	9		
					1		3	2
		8		1	5	3	7	
9	1	6						

A048

				8		5	3	
					9	4	2	7
			7	3			9	
		7			8	9	4	
				7				
	5	2	3			1		
	8			9	7			
2	7	6	8					
	4	9		1				

A049

			6	4		5	1	3
4	8			1				7
	3							
	6	9						1
8						3	7	
							6	
1				5			2	9
2	5	4		7	6			

A050

5	7		8					9
8				1			6	
								2
				4	3		1	
3	2		9		1		4	7
	1		5	8				
7								
	5			3				1
4					5		2	8

A051

		9				5		
8		1	4	6		7		
					7			
		2	5		3		8	
	1						2	
	7		1		8	9		
			3					
		5		9	1	8		4
		6				3		

A052

1	2		8	6				
6			4	1	2			
		8				6		
	8	4	5					9
5					4	3	7	
		3				9		
			1	5	8			4
				3	6		5	2

A053

5	9							
4		8					7	
	7	2	3		8			
		3	2	4				
2			6		7			5
				1	5	4		
			1		2	6	4	
	4					1		9
							8	3

A054

			4	9	6			
7								
4					1	3	2	
5		7	1	6				9
	8			3			6	
9				2	7	4		5
	1	9	3					2
								6
			6	1	8			

A055

7	4	8	2					3
	6		7		4			
		5						
				1	2	5		
6								2
		7	4	8				
						3		
			6		8		5	
2					3	7	9	1

A056

			7		5		6	
						9		
9				6			4	7
					3	8		4
	4	8		2		1	5	
3		9	1					
4	9			8				2
		7						
	1		6		2			

A057

7	6	5	2	4				
		8	6		5	7	2	
					9	8		
	2							
6			5		2			3
							8	
		6	9					
	4	7	8		6	1		
				5	4	6	9	2

A058

4	5		9	7			2	
		1	5					
1				5				9
		3	4	9	7	5		
6				8				3
					3	4		
	2			1	5		9	6

A059

2					5	9	1	
		7		1	9			4
						3	8	
3		5	7	2	8			
			1	5	4	7		3
	9	3						
4			9	7		6		
	2	6	3					9

A060

				8	2	9		
					5		6	
3	7						2	8
6	5				3	1		2
1		2	5				9	6
5	3						1	7
	6		7					
		1	9	5				

A061

			8		5	6	4	3
	4	9	6					
	9	5	1				7	4
4				2				6
7	2				8	3	5	
					6	9	3	
2	8	4	7		9			

A062

5	2			4	9			6
		1			7			
		4		2	1			
3	7	5						
1								2
						6	5	1
			7	1		4		
			2			1		
6			3	5			7	8

A063

	5			4	7	2		
		4	8	9	6			
9		7			1	4		
6		3	4	7	5	9		8
		8	9			7		3
			6	2	8	3		
		5	7	3			4	

A064

4	7	9						
	5			9	3		2	
6								
	4		2			8		1
		5	8	1	7	6		
8		6			9		5	
								3
	9		5	6			1	
						5	6	2

A065

5	8							
	9			6				2
1	6	4	7					
	3		6			5		1
				1				
7		1			5		2	
					8	9	7	6
4				7			5	
							8	4

A066

						8	1	9
							7	
4			8	5			3	
		3		6				5
		1	2		7	4		
9				3		7		
	6			8	5			2
	8							
5	1	9						

A067

8	1							
			1				2	7
	6		8	3		1		
		1			3			
4			6	8	2			5
			4			3		
		7		9	6		5	
5	9				4			
							4	9

A068

			5	1			2	
3	2	6		4	8			
							3	
	6					9		
8		9		6		2		1
		1					4	
	1							
			2	8		4	5	9
	8			5	9			

A069

		8		3			9	4
						3		
	7		5		1		2	
5					4	1	7	
	6						4	
	2	4	1					6
	1		6		8		5	
		5						
6	4			1		9		

A070

								3
4			2	8				
					6		2	7
			3			1	6	2
	7	2	1	6	5	9	4	
9	6	1			4			
1	4		6					
				5	9			6
2								

A071

		1			5		2	3
		9			3	1		
		4		6			7	
				5	1			
	1	6				7	9	
			6	8				
	9			3		2		
		8	7			6		
2	7		5			9		

A072

						9		6
	1	3				2	5	
4			1	5				
		7	9				2	
	8		4		6		7	
	3				5	6		
				1	7			3
	2	1				7	6	
7		4						

A073

2					5	6		
	3	5		1				8
						4		
	9			2	1	8	3	
			4		9			
	1	2	3	5			4	
		6						
8				3		9	5	
		3	5					2

A074

1	4		2					
	2				6	1		8
7		5		4			2	
	9		6	2				4
				5				
5				3	4		9	
	7			6		4		2
2		9	4				1	
					2		5	9

A075

	2					5		
				9	7			
7	9			6		3		
							2	8
9			5	8	1			3
3	6							
		3		2			7	1
			6	1				
		9					6	

A076

5	9				6		8	
	4				8	2	1	
				1	3			
6		8						
2				5				1
						9		8
			7	8				
	8	6	9				2	
	5		3				9	4

A077

			2				8	
						6		5
2			3	4	5			
9	4						1	
		5	7	2	6	4		
	6						5	3
			6	9	2			7
3		9						
	5				1			

A078

			9					4
9	7		3	2		1		
	8			5	6	3		
1	2							
	6						4	
							3	1
		8	7	1			2	
		1		4	3		5	8
5					8			

A079

	2							
	9	5	1	2				4
7					3		5	1
9	6	8						
		2	8		4	9		
						8	3	2
3	1		4					6
6				7	1	5	9	
							1	

A080

		3	1	5	4			
	1	5	6					
				2				
		9	4	1				7
	6			8			4	
8				9	5	1		
				6				
					8	5	7	
			5	7	1	9		

A081

	7						3	
				9		5		
	5	4					6	7
4					2	8	1	6
		8	5		6	3		
6	3	2	1					4
2	4					1	9	
		1		3				
	6						4	

A082

				6	1	9	5	
					7		8	
	6	3					2	
8	5		7	4				
		9				8		
				8	9		4	3
	8					7	9	
	9		5					
	7	4	8	9				

A083

	7			5				8
	8					9		2
	3		4					
1	4			3				
		9		1		7		
				2			9	4
					3		6	
3		8					7	
2				6			4	

A084

		1			6			
								4
		3	4		1	8	2	5
		9	7	3			8	
	8	5		4		3	6	
	1			6	5	2		
5	9	4	6		7	1		
7								
			5			4		

A085

5			2	9		4	6	
		7		8				
							8	9
7	3				5			
		9				1		
			4				7	3
9	2							
				2		3		
	7	1		3	6			4

A086

	7	2	3	8				
	8				2			
					5		8	2
9	1						2	
		3		7		1		
	5						3	8
5	2		4					
			8				6	
				6	1	9	4	

A087

1								
	6			8	7	2		
			6					3
	8	2	9				3	1
	9	4		3		6	2	
7	1				8	9	4	
9					3			
		8	4	9			7	
								9

A088

		2		8				
			7	4	1	8	3	2
2			8				9	1
7	8						2	4
4	1				9			8
9	7	4	1	6	5			
				3		5		

A089

6			2					8
4				9			7	
						5	3	
3					7			
	8	9	6	2	1	4	5	
			5					2
	4	7						
	9			1				4
5					4			7

A090

6	2	8	1		3			
	5				4	1	3	
				7				2
1		5						
				4				
						3		7
9				5				
	8	3	4				2	
			8		7	4	5	9

A091

6	4		7					
						2	7	
				1	6		8	4
5	7		4			6		
				6				
		2			5		9	3
4	9		8	5				
	3	6						
					9		4	1

A092

4		5						
	3							7
	9	8	2	7		4		
	1						8	2
				4				
8	2						6	
		2		5	1	9	7	
3							1	
						2		6

A093

			1	2	5		9	7
							6	
		1	4			8		
				7		9	1	4
	7						3	
8	1	3		9				
		7			8	6		
	4							
5	2		7	1	6			

A094

				1	2			
					3	4		
						5	6	
							7	8
6								2
9	4							
	7	2			8			
		8	9					
			6	4				

A095

9	2	1			5	3		
						8		
			2		3			4
				2	4			3
	1	5		9		2	4	
4			3	1				
5			6		2			
		4						
		8	9			4	5	7

A096

	9				5			4
6		8	9				7	5
5				3	1	7		
	8		4		9		6	
		4	5	2				3
1	6				2	4		7
8			1				9	

A097

1	2	5	6		8			
	8		3					6
6			5	9				
							6	2
5				1				7
2	3							
				5	6			9
9					7		4	
			1		9	2	7	8

A098

	8	7				6		4
	2		3		4			
		4				7	3	
				6		2		
8	6			5			1	7
		2		9				
	3	5				8		
			9		8		4	
6		8				3	9	

A099

7	3	1						6
5							4	
		4	1		6			8
			9				2	
			4	7	3			
	6				2			
6			2		5	4		
	9							1
8						2	9	3

A100

		1	7					8
				5	9		1	6
4								
				3	8	2		
	8	5	6		2	9	4	
		2	5	7				
								5
1	7		8	4				
3					7	6		

A101

		4						
6			2	4				
	7	2		1				6
7				9	2	8		
9	2		4		5		6	3
		8	1	7				4
2				3		9	4	
				2	1			5
						3		

A102

			2					
			3	8	9			
4							2	5
8		7		2			5	6
	3			9			8	
9	5			1		3		7
5	8							1
			8	3	6			
					5			

A103

				2		6		5
	6	9						2
5		8		7				
								7
	7	2	8	5	1	4	9	
8								
				4		3		1
4						7	2	
7		6		9				

A104

5	3			2			9	7
8		1	3		9	4		
								2
1		7	4	8	3	6		9
3								
		8	5		6	9		1
4	5			1			7	3

A105

						6		1
			9	5				
9					8	7	5	
	6		4	8			7	
		8		7		9		
	1			3	9		4	
	4	6	8					9
				2	7			
5		2						

A106

				1				
		2				1	8	4
	4				3		5	
9		7						1
4			1	9	7			3
8						6		7
	7		5				1	
1	8	5				4		
				3				

A107

						9		6
	3	9	5	6				1
	8			2				3
				5	9	8		2
	2			8			1	
3		8	2	4				
2				9			7	
4				3	5	6	2	
8		3						

A108

1	6				7	9		
	9					6		
2			4	9			3	
4	5	2	7		9			
				4				
			6		5	4	1	7
	4			7	8			3
		9					4	
		5	9				6	1

A109

								2
					3	5	9	7
		9	7					8
	3	8			6	7	2	
				2				
	9	2	3			1	6	
4					5	3		
9	7	6	8					
8								

A110

								1
	6		3	5				7
5	8	4		7				
		5		2	3		1	8
	3						4	
2	1		4	8		3		
				1		6	3	5
3				6	2		7	
1								

A111

		5	7		8			6
	3	6	1	4				8
		4			6			2
			9		5			
7			8			9		
3				5	7	1	8	
9			4		1	3		

A112

							2	
5	7		8					4
	4	1	7		3			
		2		5	1	3		
3			4		6			8
		4	2	3		7		
			3		7	4	6	
4					9		7	2
	9							

A113

5		9	1				6	
6			8		7			
	1		3		5		2	
8	9	4						
						3	5	4
	6		7		8		3	
			2		1			6
	5				9	2		8

A114

		7		6				
	3	6			4			
	9			7	8			1
9								
4	1	3				7	2	5
								6
2			7	3			4	
			2			1	7	
				4		3		

A115

	8	5		1			9	
		2		3		4		1
			2					
		3						2
4	9		5		3		7	6
7						3		
					7			
2		9		6		7		
	7			8		5	3	

A116

4	6		7	1				
5					6		9	
2								
		3	5		8	9		
				6				
		5	2		3	4		
								4
	2		3					8
				2	5		6	9

A117

1			8	7	3		5	
						9		
				1				8
4					5	7		
3	9		6	2	7		8	4
		8	4					1
9				6				
		5						
	7		5	4	2			6

A118

1	9							
	7	8		6		3	4	
		6	7					
			6	7				4
	3		9	2	4		8	
6				3	8			
					7	8		
	5	1		8		2	9	
							1	7

A119

6	7	8	1	3		9		
	1							
				2	8		3	
		4				2	7	9
1			7		4			3
9	3	7				4		
	8		2	5				
							8	
		6		4	1	3	9	5

A120

		7						4
	8	2		9				
				6	4			2
6	1				2	8		
	5						7	
		8	9				5	6
9			8	1				
				4		7	2	
7						6		

A121

3	6				5	1		9
5	1	7						
		1	8	3			2	
	8		2	9	4		1	
	2			5	6	4		
						8	7	1
8		5	7				6	3

A122

9	4	6						
						8	4	
3						1		9
		1		6	9			
8		4	7		1	5		3
			8	4		7		
7		3						1
	5	2						
						6	7	5

A123

4	9	7						
	6	1	9	2	4	3	8	
		8						
		4	5					
	3		8		1		9	
					6	2		
						1		
	4	9	3	1	5	8	2	
						9	4	3

A124

				1			2	
3		7	6			1		
4		5	7					
6						9	8	
	4						1	
	3	1						2
					7	8		6
		8			5	7		4
	5			3				

A125

1	9							8
4	3						7	5
				7	6	3		
9			7	8				
			1		9			
				6	2			7
		9	5	4				
2	8						3	6
7							5	1

A126

9				6				
1	4	8	7					
					2	3		
	8	4				1		9
		7	4		6	5		
6		1				7	3	
		6	2					
					5	2	4	1
				9				5

A127

1		6	9				4	
				4	7	1		
	7	4				8		
8	1	2						
				7				
						4	5	8
		1				2	6	
		3	2	6				
	6				8	5		9

A128

		4			8	9		3
			6					8
9				7			5	
		3	1	4				7
2								9
6				8	2	4		
	3			1				6
7					5			
4		6	9			3		

A129

8					4		6	
	6						2	3
	3	4		1	7			5
					3	8		
				8				
		6	9					
1			7	2		6	9	
5	2						1	
	7		1					2

A130

	1			6		2		
			3			5		
				8	1			
1		7		2			4	
6	2						7	3
	4			7		1		6
			6	9				
		6			7			
		8		1			9	

A131

5	2		6	8	7		1	
				4			3	7
7	6							
				1		4	6	9
4	1	8		6				
							2	1
1	5			2				
	3		5	7	1		4	6

A132

6		3	8		5	2		
					1	3		8
3	8							9
	9	6		1		8	5	
5							7	6
7		9	1					
		1	6		8	5		7

A133

7								
3	9					1	8	
				5	4			
	6			3	5			
	8	5				7	1	
			1	9			2	
			5	6				
	3	7					9	2
								4

A134

					4		3	
						2		
8	2	9				6	4	
	3	4	9	6		5		
	5						1	
		1		5	3	4	2	
	7	8				1	5	4
		3						
	9		8					

A135

4	1				8	9		
				3				
						4	1	3
9			1			7	6	
		5		8		2		
	8	4			2			5
5	7	1						
				6				
		9	8				7	2

A136

		8		2		7		9
	7					3	4	
			9		7			2
5	6							
		3	2		8	1		
							2	3
3			8		4			
	5	4					6	
7		1		5		2		

A137

5	1	8						
		4	5					
		2					6	4
1			8		6			
9				4				1
			7		1			9
6	8					3		
					5	1		
						9	8	7

A138

		3						
		5	1		6		3	
		4		3	5	2		6
4	7		5				2	
			3		1			
	3				7		4	1
8		7	2	5		9		
	6		9		8	4		
						7		

A139

9	5		8	1				
				9	3	2		
	2		4					
6	8							7
		1		2		5		
3							4	6
					6		9	
		7	3	8				
				4	7		8	5

A140

	5	1	2		8			
			9			2	5	
					6			9
		5			2	9		3
4				3				6
2		9	8			4		
5			3					
	9	2			5			
			6		7	5	9	

A141

						3		4
					9		6	2
9		8		6	2	1		
6			8			5		
5				3				7
		2			7			9
		5	4	8		9		1
8	9		2					
4		6						

A142

	5					3	9	
9	2			3				
			5	7			1	
2	1						8	
8			1		7			2
	7						6	9
	4			9	5			
				1			7	8
	8	1					5	

A143

			7	3				
8	5				1	7		2
1		2		6		4		
2	3	9				1		
		6				3	9	5
		5		7		9		3
6		7	8				5	4
				5	9			

A144

								3
				8	7	2		
					1	5	4	7
	3				6	1		5
		2		4		8		
5		7	1				6	
8	7	6	3					
		3	8	6				
2								

A145

			3		7			
5	3	6						
					8			5
9	5		8		2		4	
	4	1				8	3	
	6		4		3		9	7
8			6					
						1	8	4
			7		4			

A146

7		4			5	2	3	
	3		2	1				
					4		6	
						7		
4		5				9		8
		3						
	2		1					
				6	8		7	
	6	8	4			5		9

A147

						8	2	
	2	5		3		4		
	6						5	
				7	3	9		
5			8	6	4			7
		7	1	2				
	8						6	
		6		4		2	3	
	7	1						

A148

		2			6			7
7	8		2	9		3	4	
5	9							
			4					2
	1						7	
2					8			
							3	4
	7	4		6	1		5	8
3			7			6		

A149

	1	8	3	6			4	
7	6	9	1			5		
					9			
4								
		7	2		8	6		
								7
			4					
		6			5	8	9	1
	7			2	1	4	5	

A150

	8	7						
5	9	3		6			2	
4				1	9			
	5	9	1		8			
				4				
			7		6	3	1	
			2	8				7
	7			5		8	9	4
						1	3	

A151

								5
	7				6		2	9
	2	1	9	5		6	8	
	9							
		2	4		3	1		
							7	
	1	7		8	9	2	6	
2	6		3				4	
9								

A152

8	3			9		5		1
	1	4		6		8	3	
					8			
								4
	7		2		1		6	
4								
			5					
	5	3		7		2	1	
9		1		2			5	7

A153

								7
		6			8	5	4	
	7				4	3	2	
3	8				6	2		
	5						9	
		9	3				5	8
	3	1	4				8	
	6	7	2			1		
5								

A154

7		1	2	6	3			
	3				4	9		
								1
					6	5		
2	1			8			7	3
		5	7					
8								
		9	3				8	
			1	9	8	6		4

A155

	9					7	6	1
6		8	1		7		5	
			6		2	4		
	8	6	7		9	5	1	
		9	5		3			
	2		3		8	6		7
9	3	5					8	

A156

		5		4	6	9		
	9		8		5	2	6	1
3		2					5	
	1		4		2		3	
	6					8		2
8	5	3	6		7		1	
		9	5	1		6		

A157

	7	6	1		2			8
	4	1	8	6	7			9
2								
	9		6	7				
				4	3		7	
								3
6			7	3	1	9	5	
1			5		9	4	8	

A158

	9	2						
	4		1				9	6
5	6				3			
				3	1		5	9
		9		8		1		
2	5		9	4				
			5				4	2
8	2				6		3	
						5	1	

A159

			9	7	5	2		
		1	8			4		5
						6	8	
					3			
	4	3	2	9	8	5	6	
			6					
	8	4						
1		7			4	3		
		9	1	2	7			

A160

		3			2	8	7	
8	2	5			6			
9			2		4	5	3	
3								6
	8	2	5		1			9
			6			1	2	3
	7	1	3			9		

A161

3	2		6					
6		4	7		5	2		
2				5				8
4	6		2		9		5	3
1				3				7
		7	5		1	4		6
					7		9	1

A162

	8							
				5		7	9	4
9					3	1	8	
6		9	3					
		7				5		
					6	9		1
	4	1	5					8
5	7	2		4				
							1	

A163

7	9	6		8				
2					7	6		9
	3							
					4	9		
	4	9	5		1	3	6	
		1	8					
							9	
3		4	6					5
				4		8	3	6

A164

			2			9	4	8
			4	9	1		2	
		2		7	9	6	1	
	6						3	
	1	8	6	2		7		
	3		7	1	8			
4	8	1			6			

A165

1		4	6	2				
8								
			4			7		5
	7		2	4		6		
	1						9	
		9		5	1		3	
4		3			6			
								3
				7	2	4		8

A166

		2	7	3				
						6		
	9	4	1					
	1	5		6	4		7	
			3		8			
	6		9	7		1	8	
					3	4	2	
		1						
				8	1	5		

A167

		7	2				1	
5	8			6			7	
		4				6	5	3
8				3	7			
			5	1				8
1	6	9				2		
	4			9			6	7
	2				4	3		

A168

1		5			3		2	
				7	2		6	9
7	9							5
3	1	9	8					
					7	3	1	4
5							9	6
9	4		2	6				
	8		7			2		3

A169

4	8						3	
	7		8					2
5			6			7		
			1					7
	6	4		9		8	1	
1					8			
		9			1			4
6					3		8	
	4						5	9

A170

				7				
		7		6	2	4	8	
		1	9				7	2
	2		3			8	1	
				4				
	9	8			5		4	
7	8				6	9		
	1	9	8	5		6		
				2				

A171

	8	4	1			7		
	3	5	7					4
6					5			
						1		
5			9	1	3			6
		8						
			5					7
2					1	4	3	
		1			7	2	6	

A172

9		8	2					
		3		7	8	1		
1						7		
6	9	2			4			
			7			8	2	1
		4						9
		7	5	9		6		
					1	2		8

A173

4					7	3		
1	2		9			8		
				4	3			
								9
5	6	9				7	3	1
7								
			2	1				
		5			9		2	4
		7	3					8

A174

	5				2		3	
		4						
	7			9	5			4
		3		6	9			2
5		6		2		8		9
9			8	4		5		
4			2	8			7	
						3		
	1		7				9	

A175

		3	5					
	5			1				
		8		4	2	7		
7					9	8		1
1		6	4					5
		7	3	8		4		
				7			8	
					4	2		

A176

						9	3	5
				9			2	1
8		1			5			
	2							7
7			3	1	6			2
1							4	
			4			1		3
2	1			6				
9	6	4						

A177

	6		5		4	8	9	
			1	9			6	
							5	
	5	4						
		2	7	8	6	9		
						6	2	
	3							
	9			2	8			
	8	1	6		5		7	

A178

3						9	4	
			2					
	1		6	3		7		
	3							4
	8	2	7	9	4	1	3	
4							2	
		9		5	8		7	
					6			
	6	7						8

A179

	1							
				4		8		3
	5	4	7					9
8		1			9			4
6								7
2			1			9		8
5					8	2	4	
4		2		3				
							8	

A180

	7			2				
					8			9
				9	4		1	5
4	5					6	9	3
8				4				1
9	1	6					4	2
1	6		4	5				
3			8					
				3			5	

A181

		1	5			2	8	7
			2		8		4	1
4				7	3	8		
	1		9		4		7	
		3	1	8				2
9	3		8		2			
2	4	5			7	1		

A182

7		1	2					
	6	2			3			
9					1			
		4	5					
5	7	3		2		4	9	1
					9	5		
			7					2
			6			9	8	
					5	6		4

A183

	3							
		4		1	5			
		6			7	8	1	
			4			1		
	9	1		7		5	6	
		8			9			
	5	2	3			6		
			7	6		9		
							7	

A184

6	5	9						
		1		5			9	
			6		9		2	5
5			3				4	
	8		7	6	2		1	
	9				4			7
8	1		4		6			
	4			3		2		
						6	5	4

A185

			2	3	7			
2		4	1					
		7		5	4	8		
1	3				9	4		
				4				
		9	7				1	8
		2	3	1		9		
					2	5		6
			8	9	5			

A186

					7			8
	9		3	5				
2						3		
7		3		6		8		9
9			4		8			6
8		2		3		1		7
		7						4
				2	4		1	
3			9					

A187

	2	4		3				
			9					2
					6		3	8
		2	5			7		
9			1		7			6
		7			8	5		
7	5		6					
4					5			
				4		6	8	

A188

6		9						
		1	9	6	4	5		
						9	2	
9	3	2						
7				1				5
						2	4	7
	2	7						
		5	4	9	8	6		
						4		1

A189

2					6	4	5	3
8	4							
		5	4	9				
						3	9	
9			8	3	5			6
	8	7						
				4	8	7		
							6	1
7	2	3	9					4

A190

			7					
			9	3	4	7	5	
5		3						
6						9		4
	9		3		5		1	
3		1						6
						2		8
	5	8	1	4	2			
					7			

A191

				7		6		
						5		4
2	5		6	8				
			8				4	3
7			3	4	6			1
9	3				7			
				2	1		8	6
8		1						
		9		3				

A192

		5	8	7		9	4	
					1	3		
	8			3				
		6					2	
2	9						7	8
	1					5		
				4			9	
		8	3					
	3	2		8	6	4		

A193

			5	4	9	2	8	3
			3	7				
								7
		5					3	2
7	2		6		8		9	1
9	3					8		
8								
				1	3			
2	1	3	7	8	5			

A194

9				6	8		7	3
5	3		1		7			
	7		5					
8			9				1	
	1				3			2
					2		4	
			6		9		3	7
3	9		7	5				8

A195

9	5							
	3					1		
4	6		7	1	5			
		3		6	2		9	
			8		3			
	9		1	5		6		
			5	3	8		4	2
		5					3	
							1	7

A196

3	9							
		7			3			
					6	5		8
		4	9	6		3		
	2			8			5	
		3		5	4	2		
6		5	4					
			8			9		
							1	4

A197

9	4	6		2				
							3	
3	8		7		9			
		8				2		9
7				5				6
4		9				8		
			8		3		1	5
	7							
				1		4	9	2

A198

8					6	1	5	7
								6
1	6				2	4		
				5			2	4
	4	8				6	1	
6	1			2				
		1	9				8	2
7								
4	2	9	1					3

A199

			9	2		3		8
					8			1
							4	9
	6				9	5		4
			5	1	2			
2		9	6				3	
5	4							
6			1					
9		2		4	7			

A200

7	4			8	9			1
	2							
				1	4	9		
5	1	6						
8								4
						6	7	5
		4	3	7				
							8	
3			5	4			2	7

A201

8								
					6	4		3
4	3		2	5			7	
				2	1			
		1	8	6	7	5		
			5	3				
	4			7	9		1	2
7		2	1					
								9

A202

1			9			2		
3	7		4	1			9	
				3	6	4		
						9	2	
5								7
	1	7						
		5	1	4				
	9			6	7		8	4
		6			5			9

A203

			4				2	
1							3	4
					1	6	5	8
			6	2				5
		3	9		8	7		
7				1	3			
4	3	6	1					
8	7							3
	1				4			

A204

6	2	7						
	8		9	3				6
			7			8		
		1	6	9				
4								5
				7	5	4		
		2			9			
5				4	3		7	
						5	3	1

A205

4					2	1	9	3
		8		4				
1								
		7					8	4
		9	2		3	6		
2	6					7		
								1
				3		9		
7	5	3	4					2

A206

				8			4	6
8		2			1	3		
	5				7	2		
						5		3
6		4						
		9	7				8	
		3	6			7		4
2	1			4				

A207

						2	6	3
			8			1		
			7	6		8		
3		7		9			8	2
		9				3		
6	8			1		7		5
		5		4	8			
		3			9			
4	7	6						

A208

9	7	1					5	
			4		7			
		6				8	7	
	5		9					
1			2		3			9
					8		6	
	2	4				1		
			7		6			
	9					6	8	2

A209

			2					7
							9	1
7	6	8						
		2		5				8
	3	7		4		5	2	
1				7		6		
						7	3	6
8	7							
4					5			

A210

7	1			3				
3		6	9	5	8			
		9						6
	7					9		
			2	4	5			
		1					8	
5						6		
			5	8	6	4		1
				2			3	9

A211

	6			2	3	9		4
7	8		4	5				
	4					6	1	2
9	2						8	3
6	3	7					4	
				3	1		2	7
2		9	7	8			3	

A212

2			1		7	5		
			2			1	8	
				3			4	
					3		6	5
5								1
7	6		9					
	8			5				
	7	3			9			
		2	7		6			3

A213

1		2	6		8	9		4
5		3			1			
					9	7	4	8
			7	2	5			
9	1	7	3					
			2			1		6
6		4	8		3	5		9

A214

1			9		8	5	7	
	6			1			2	9
9			4		3			
8		6						
			6		9			
						6		5
			3		5			7
5	9			7			8	
	7	3	8		2			1

A215

1							5	
	7	9						2
	4			9				8
		3	7	4		8		
			6	5	8			
		6		3	1	7		
7				8			4	
9						2	6	
	3							7

A216

9	5	3	2		8		7	
8		2	7					
	7							
		5	9	8				
	6	9				5	8	
				6	3	4		
							1	
					4	2		7
	9		8		1	3	5	4

A217

8				6		4	5	7
6			7		4			8
2					5			
		6				7	8	
	8	2				6		
			5					9
7			4		8			5
9	2	5		1				3

A218

3	5	4						
							4	1
				6				2
6			3			5		
		9	4	7	5	6		
		2			1			8
2				5				
4	8							
						9	3	5

A219

1		3	7					2
				2	8			
5	8					7	9	
6	2			1				
		4		7		9		
				4			2	5
	4	1					5	8
			4	5				
2					3	6		4

A220

			2					
				8	3	2		
			6	7		5	9	8
3		1		4		7		
8								3
		7		6		1		5
5	6	2		3	8			
		8	5	1				
					2			

A221

			4	7			1	
	2	1		5			4	
					1	5	3	
	3					8		
			2	4	6			
		2					5	
	6	8	1					
	1			9		7	8	
	9			3	5			

A222

6	8	5		9	2		4	
				5		8		7
	4							
			8	2		4		
3								2
		8		3	6			
							7	
4		9		8				
	2		9	4		3	5	8

A223

				9				
9		2					7	
3	6				5	1		
	5	3				2	9	1
4	1	8				3	5	
		1	7				2	8
	4					9		6
				1				

A224

	2	3					9	
					6		8	
				7	9	3		4
2						8		
7			4	1	5			3
		6						1
6		2	7	5				
	5		9					
	4					1	2	

A225

1	4	8	9	7				
	7							
				8	6			
					3	9	2	
4				2				1
	5	7	4					
			8	4				
							9	
				9	5	7	6	2

A226

		3			6	8	9	4
					9	6		
					2	1	3	
1		8	7	2				
				5	1	4		6
	3	9	4					
		2	8					
4	8	1	2			9		

A227

4	1	3	8				2	
		5		7		4	1	
							3	
	7		1					3
			7	5	8			
6					3		4	
	9							
	4	6		8		3		
	3				4	5	8	6

A228

1	7		8			5		
				7				
9				1	2	7		
					8		1	7
4								5
5	1		6					
		2	9	5				3
				2				
		6			4		7	2

A229

8		4	7		1			2
							9	
1	6					7		
			1	3		6	7	
	4		6		9		5	
	1	3		7	8			
		9					6	5
	8							
4			9		7	8		3

A230

							2	
			3	4	6			
9		6	7			8		5
4	9			2	7	5		
		8		9		6		
		7	4	8			9	2
8		9			1	2		7
			2	3	9			
	1							

A231

3	2					9	6	
		7						
					1	2	8	
		3	5	7				6
	7	6				3	2	
4				6	9	1		
	8	9	1					
						8		
	6	1					3	4

A232

		7	1		5	6		
5	2						9	
6								
	9		5	6	2		8	4
4	6		8	1	9		2	
								2
	8						4	7
		4	7		6	8		

A233

1		5						4
							2	
3			1	7	6	8		
	4	3	5	1				6
9								2
8				9	7	5	3	
		9	7	6	8			3
	8							
5						2		8

A234

1					5	6	8	9
				8	9		7	
							5	
	6	7	1	4				
	1			3			9	
				9	6	7	1	
	7							
	9		2	5				
6	4	2	9					5

A235

9	2	7				5		
			2	5	7	1		
			5		4	8		6
	8			6			1	
7		1	8		3			
		6	9	8	2			
		3				6	2	5

A236

	6	5		8		9	2	
2					1			
9			2					
6	3		4					5
	2						6	
7					3		4	1
					9			2
			5					6
	8	6		1		4	9	

A237

		1						9
9						7		
				8	1	5	6	
				6	8		1	
	6	7				9	3	
	1		7	3				
	5	8	2	4				
		9						2
7						6		

A238

		3					7	
			9		4		2	
4	2							8
9					2	1		
		8	4	5	1	2		
		4	7					6
7							3	5
	6		2		5			
	4					9		

A239

			9					
					1		4	
		6		4	8		9	
7	2				5	4		
8	5						3	1
		1	7				8	5
	7		2	1		3		
	3		6					
					9			

A240

		4	6		3		2	
6	5					8	3	
	3			2		4		
3	7							
				6				
							8	9
		3		7			5	
	1	7					6	2
	4		9		5	3		

A241

			1	9	6	3	7	
						9	4	
		6		3	4			
					2		1	
		9		6		8		
	7		5					
			4	7		1		
	6	3						
	8	7	6	2	1			

A242

9				8	2			1
	3	8		1	6	7		
			5					
						5	7	
8		5				6		9
	6	1						
					8			
		2	4	6		8	3	
5			2	9				4

A243

	9		5			2		
3		7	4	1				
	8			2	7	6		
5					4			9
7			8					5
		3	1	4			6	
				7	3	8		4
		2			5		9	

A244

	5	8				2	1	
6				9	1		5	7
2								
	2							6
1			7	4	2			8
7							2	
								4
4	8		6	7				1
	1	6				3	7	

A245

	7							
		8			9			
		3	2			1	5	
		2		3			8	4
		7		6		2		
3	6			2		5		
	5	4			6	9		
			7			8		
							2	

A246

							3	6
		6					9	
			9			7	8	
9				2	7			
7			8	6	4			1
			1	5				2
	9	4			1			
	2					6		
1	5							

A247

4	3	9					1	
2				4	9	8	6	
	9	3	7		2			1
			3		4			
7			6		5	3	2	
	2	4	8	7				6
	6					2	9	8

A248

7	8	4			3		5	
						4	2	
					5		6	7
2			6		4	7		
		6	1		8			9
4	5		3					
	6	7						
	3		5			1	7	6

A249

5	4	6						9
				5	4			6
7	3		1					
		2						7
		5	4	8	1	6		
1						8		
					8		6	1
6			7	1				
8						9	4	5

A250

6				5	4			8
9	4						5	
		7		9		1	6	
				3			7	
			2		8			
	9			4				
	8	6		1		3		
	2						4	7
5			9	2				1

A251

	2	4	8			7		5
1					7	4		8
							6	
	5	6		9				
			4		6			
				1		5	8	
	4							
8		3	9					2
5		9			2	3	1	

A252

	2		5	7	6		9	
3					4		6	
			8					5
						4	3	
7			6		2			9
	3	9						
6					5			
	9		7					4
	7		9	4	1		8	

A253

					4			8
	8		7	9		4		
	4			6				
		9				8		1
	6		1		7		9	
4		2				7		
				3			7	
		6		2	9		5	
2			4					

A254

	1		7	4		5		
					1	2	8	
							6	
		6	8					4
	7	1		2		8	9	
3					6	1		
	9							
	6	8	1					
		3		9	2		1	

A255

1					7	5	9	4
2	7		5	9				
			4					
						7	1	
4	9		2		6		8	5
	2	7						
					2			
				8	9		4	7
9	4	6	7					3

A256

			7					5
	3							
	5	4			6	2		
	7				9			4
9		1	2		4	8		3
8			3				9	
		5	9			4	7	
							1	
2					5			

A257

1							3	5
6		2	7	8				
	4		2					
4	2			7				
		9				3		
				3			1	9
					6		8	
				9	1	6		2
2	6							4

A258

	1	8	9	2		4		
			3	6	4		7	
7								
							1	
5			6	7	2			3
	4							
								1
	8		2	3	5			
		2		9	1	5	3	

A259

6		1	3					
		9		8				7
		4						
	7		9				2	6
	2			5			1	
8	9				1		5	
						2		
5				2		4		
					8	3		1

A260

2				8		6	4	3
4	6	9			2		7	8
	8							
6								
		3	1	2	9	4		6
								7
							6	
5	4		6			7	3	1
9	7	6		1				5

A261

	4			8		5	2	
9			3				7	
			5	1				8
2		9					6	1
6	5					3		7
4				7	5			
	2				8			9
	7	8		6			3	

A262

	2	3						4
				2			5	
		7			3	8	9	
3	6	4	8	1				
			5		9			
				4	6	1	3	8
	8	6	3			2		
	3			5				
1						5	7	

A263

	5	7	2					8
4		8	9	7				
	6							
6		5	3	1				
9								5
				5	2	4		1
							8	
				2	7	6		4
5					3	7	2	

A264

9			7	1			6	
						3		
7	8			9	3	5		
1		2	5	7				
				4	9	7		6
		9	4	6			7	1
		5						
	6			8	7			9

A265

				9		3		7
9			4					
	8				1		5	9
							2	5
	4			8			9	
5	3							
3	9		8				4	
					6			1
8		2		5				

A266

8				2		7		
							1	2
7	6		1		8		5	9
1		5	2					
					7	6		1
9	8		3		5		2	7
2	7							
		6		4				8

A267

7								1
	2		1	5				6
		6		2	9			8
1	7							2
		5		9		7		
9							4	5
8			9	4		5		
4				1	3		6	
2								4

A268

	7	6			1			9
		8						
				2			1	7
6		5	1		4		7	
	2		6	9	3		4	
	4		5		2	9		8
4	8			6				
						8		
7			2			1	3	

A269

3		6		9		2		
			4				7	
			7		2			9
	5	1		7	9			
4								7
			3	2		8	5	
1			2		8			
	4				7			
		7		4		9		2

A270

4			8		3	2		
				7				
3	5							
6		3			9		7	
		1	2		8	4		
	9		7			1		8
							6	7
				9				
		6	3		5			1

A271

9		5		2		1		
			5	6		2		
					8	5		
	4	3	8				1	
	8			7			5	
	1				9	4	8	
		4	3					
		7		9	5			
		2		1		3		4

A272

4	9	5	1					
		2					6	
			8	4	2	7		
	5	4		8	6		3	
	8		9	3		4	2	
		9	4	2	8			
	2					6		
					1	2	7	8

A273

	6	8	3			4		1
	1			4	9	2		
2				1				
							8	
1		9				6		4
	5							
				7				6
		7	1	2			5	
9		6			8	1	4	

A274

	2		3				7	8
9				6	2		1	
		8						
8				1		5		
3								7
		2		3				4
						7		
	5		9	4				1
2	7				3		4	

A275

1						3		
							4	8
3			5	4	9			
	4		8			1	7	
			9	3	1			
	1	2			6		8	
			6	2	3			4
4	9							
		5						7

A276

								5
5	4	8					3	
7				8	1		6	
		2		4				
8			1		6			4
				2		8		
	1		9	7				8
	8					7	5	6
2								

A277

9			5					
	1			6				
6	2			9	3	1		8
	6	8	9					
3	9			7			5	1
					4	9	8	
2		1	7	4			9	5
				1			4	
					9			2

A278

	8		7			6	9	
		4					1	
				9			4	3
	2	7			1			
				3				
			6			4	7	
5	7			1				
	6					1		
	9	1			4		6	

A279

			2					
9		4	6	7		5		
	2					4		
	1	6			5		9	
		9	7	8	3	1		
	7		9			8	5	
		1					3	
		8		1	6	9		7
					7			

A280

2	1							6
9			5	3		1	8	
					4	3	9	
				9			7	
8		7				2		4
	2			8				
	4	2	8					
	7	9		4	5			8
5							4	3

A281

6			9		2			
7		1				4		
						9	3	8
8	7		2					
	6		8		1		2	
					4		8	3
5	2	7						
		4				8		6
			1		9			7

A282

	8		1	7	6		5	
9				2				7
		6				3		
7			8		2			5
5	2						3	8
6			7		5			9
		7				4		
2				6				1
	4		3	1	7		2	

A283

		4	7		9	2		
		1		5		9		
	7						4	
2			5		4			8
1	4						3	9
7			9		3			2
	2						7	
		7		8		6		
		8	6		7	5		

A284

1	7	9		8				
	8					4	7	
			5	2				
3		4			6			8
			4		8			
7			2			5		6
				1	2			
	4	6					1	
				4		8	6	2

A285

8		2	4		7			
			5	6			7	
4		6				8		
1	6			5				2
	4		9		2		6	
7				1			5	9
		5				6		8
	9			8	1			
			6		5	9		3

A286

					1		9	5
	5	6						8
	8		5		7			
9		8				3		2
			2		3			
3		1				5		7
			1		5		7	
8						9	3	
7	3		8					

A287

4		8		2				
			3		9			4
5		6				3		
	6				4		2	
	8		5	3	2		4	
	5		8				3	
		5				2		1
8			7		1			
				9		7		5

A288

6	2							5
			8	6	9			2
		1				7		
	9		2		4		5	
	7						4	
	1		5		7		8	
		9				1		
5			1	8	3			
1							7	6

A289

			1	8		5		
9	3							
			9			7		2
4	2			5				
	8		3		4		5	
				7			1	3
3		5			6			
							7	8
		8		3	9			

A290

4			9	1				
						2	9	3
7		9	2					
				3	1		4	
	8	5				9	3	
	6		8	9				
					4	8		2
6	4	7						
				5	9			1

A291

2	4					3		9
			8	5	4			1
1				9				
	8		6		5		9	
	1	5				6	8	
	2		1		8		7	
				4				7
6			9	8	7			
8		2					4	6

A292

			3	5	6		1	
9		2				7		
	1						8	
5			1		3			2
6								7
2			9		7			1
	2						7	
		8				6		5
	6		4	2	5			

A293

	4		9					
3	2					5		
			7	3			6	
		4				6		5
7			8		4			2
8		2				9		
	8			2	1			
		1					2	4
					5		3	

A294

	6		2	1			9	
3						4		7
	1			4	8			
		2	7		4			1
4		1				7		9
7			1		5	6		
			4	6			8	
8		5						6
	4			8	3		7	

A295

		6		9				5
5	7	3						4
			7					1
		9		2	4	4		
	5						6	
		2	8	4		1		
1					9			
3						2	1	6
6				8		5		

A296

7					5		8	1
8					9			
		5		3		4		
1	5		6		3			
		9				7		
			7		1		9	3
		4		1		9		
			9					5
9	3		8					4

A297

					6	4	1	
		2		5	1			6
	3	1						5
			8				5	7
	1						3	
7	5				4			
3						9	7	
4			9	8		1		
	7	9	6					

A298

	3	8		5			1	
5		4			3			2
				4			8	3
	9		3		5			
3		2				9		1
			4		9		7	
6	1			3				
8			2			1		9
	4			9		8	5	

A299

	9		5	6		1		
				1		2		4
7	8	1				6		
			1		9			6
3	2						1	8
6			7		8			
		6				8	5	9
9		8		7				
		4		8	1		6	

A300

7				9	6		1	
						4		3
			2	3	1		8	
		3			5	2		7
9		6				3		1
4		2	1			9		
	8		3	7	9			
2		7						
	9		6	2				5

第三章　数独初级题目

B001

9		3			4		5	
				9			2	3
7				3	5			
			2			4		8
	7	5				1	6	
1		2			6			
			4	6				1
2	3			7				
	5		3			2		7

B002

		4	9		8	3		
	7						9	
6			4		5			7
2		9		1		4		6
			2		4			
3		8		9		1		2
5			1		9			8
	8						3	
		6	3		7	5		

B003

	2					8	7	
4		7		3				1
1			4	7			3	
			9		3	7		
	1	3				4	2	
		9	7		1			
	7			5	6			2
8				9		1		5
	5	2					8	

B004

6						2	7	
			5		6			4
		1			7			8
	9			8		5	1	
			4		9			
	8	2		5			4	
4			8			3		
8			7		2			
	3	5						2

B005

	5		2		7		9	
1			8		9			7
		8				6		
5	2			9			4	6
			5		2			
7	1			3			2	8
		7				3		
4			9		3			5
	3		4		6		1	

B006

			3	9	2			
	2		8		4		3	
4		8				9		7
9				4				1
1		3				7		5
2				1				3
8		5				6		2
	7		5		1		4	
			6	2	7			

B007

	7		4		9		2	
3			2		8			9
		9		5		4		
7	5						1	4
		2				3		
6	4						9	8
		1		2		6		
9			6		5			1
	3		7		1		4	

B008

	1	6		9		7	5	
			6		1			
	2			4			3	
5		1				3		2
9			8		6			1
6		2				9		8
	6			5			8	
			4		3			
	5	4		8		6	9	

B009

				1	7		8	
5						4	7	
				3			9	
2		5			4			8
6			3		8			5
8			7			2		4
	5			7				
	2	3						7
	4		1	8				

B010

			6	8	4			
		1		3		6		
	6	9			7		4	
1						5		3
7	9						6	4
4		8						1
	3		1			4	2	
		7		2		8		
			3	7	5			

B011

			4	1	3			
		4				1	3	
	8			7			5	
6					1			9
4		5				7		2
8			7					5
	2			3			7	
	4	9				6		
			5	2	6			

B012

	3					4		
	8		1		5			
	6			9				5
9			4		3			
7		8				9		3
			5		9			7
4				3			7	
			7		1		3	
		1					5	

B013

		4	6			9		
				3	4			
7		6				2		8
	2			7				6
	7		1		9		3	
1				8			9	
8		2				1		7
			2	9				
		7			5	3		

B014

5			3		8			
9						2	6	
7				1		9		
	9	5					7	
			5		3			
	3					8	5	
		4		6				8
	8	9						6
			9		7			1

B015

			4	6	5			
	6	3				1	5	
7		2		3		4		6
	1						7	
			5		2			
	7						3	
9		6		4		5		3
	3	7				8	4	
			3	1	8			

B016

					5		3	2
1		2		3	8			
8			4					6
	4	1				3		
		9				5	8	
7					2			3
			9	6		7		1
3	1		7					

B017

8		3	1		2		6	
		2					9	
			6				4	
5				7				9
2				3				5
	5				7			
	2					1		
	1		5		8	2		3

B018

		5				1		
			6	8	2	7		
8	3							9
	6		8		7		9	
	9						7	
	2		9		5		6	
3							1	5
		4	3	5	6			
		9				2		

B019

1		2					5	9
			7		8			
8		4					6	
				7		5	2	
		5		8		7		
	9	8		6				
	4					6		1
			1		4			
3	1					2		5

B020

	3						7	
2			5		8			3
7		8				5		2
	8	4		5		9	3	
			4		6			
	2	7		1		4	5	
3		9				2		5
4			9		3			7
	6						1	

B021

	4		3		8	6		
		9		5		4		3
6	1						8	
3			2		4			8
	6						2	
5			1		3			6
	8						3	9
9		4		3		7		
		2	9		6		5	

B022

	3		9		2		1	
2		9				5		4
	6			4			3	
3			1		9			2
		5				3		
9			8		6			7
	9			7			4	
8		6				9		3
	5		6		3		7	

B023

	6					8	7	
5				1		9		6
2	8		6		4			
		8		6		3		
	1		3		9		4	
		5		2		7		
			2		6		8	9
8		9		7				2
	5	2					1	

B024

	4		7				1	5
5		1		4				3
	9		5		2			
1		7			9	8		
	6						4	
		4	6			2		7
			3		6		9	
7				9		3		2
6	3				7		8	

B025

		9	2				6	
			6		4	9		5
1		6				4	7	
7	9			8			3	
			3		7			
	3			2			9	1
	5	4				2		7
9		7	1		2			
	2				5	6		

B026

	6		2		9			
5		2					9	
	9			5	7			
4			6			8		5
		9				1		
6		8			2			9
			7	6			3	
	4					5		7
			1		3		2	

B027

		3					4	
			3	5				
2		5		9		7	1	
	4		7		5			9
5								1
3			9		2		5	
	6	1		4		9		8
				8	7			
	5					1		

B028

		9		2	1		6	
						9	4	1
1				4			5	
			2		9			7
7		8				4		9
3			1		4			
	7			5				6
5	1	2						
	8		4	1		2		

B029

	4		8	6	9			
1		9				8		
	8						7	
5			2		4			7
4								2
9			3		7			4
	5						4	
		1				7		3
			1	8	3		9	

B030

	2				4			1
	9					8		7
		6		1	5			4
4	5		1					
	3		5		6		8	
					2		7	5
9			2	8		5		
5		8					4	
2			4				9	

B031

8	6	2	9		4			
	1	5						
			8					2
	2			4	8		3	
		3				7		
	9		3	5			8	
6					9			
						6	4	
			4		2	1	9	3

B032

1				5			6	
		3				5		
	4		9	6		7	1	
						1		
3	8		5		7		4	9
		6						
	5	1		2	9		3	
		9				4		
	2			7				6

B033

6	5		9	2				8
3		2	4		8			
		7						9
	7		1				9	3
5	3				4		6	
7						9		
			8		2	4		1
4				1	9		7	6

B034

				4			5	
	7	4			3	8	6	
			7		6	1	9	
	6						8	5
			6		1			
3	8						1	
	4	3	5		9			
	9	8	2			5	7	
	5			7				

B035

3								
	6		4			1		9
	4			9	8	5		
4	1							
	8		1	2	6		9	
							1	8
		4	9	5			2	
9		1			3		7	
								6

B036

			4					
		6				8		1
				6	3	2		7
				4			3	2
	2	1	3		7	9	5	
9	7			5				
8		4	2	1				
1		2				3		
					4			

B037

	1							
			4	5			6	3
7		3			2			9
6	3	7	9					
					5	7	4	2
5			2			8		4
1	4			3	6			
							2	

B038

		3	5		7		4	6
4					6			
		5			4	9		
3	1			4			7	
		9				5		
	4			9			6	8
		4	7			6		
			2					5
8	2		4		9	1		

B039

				2				8
		2		9	5	3		7
		5	6					
	6	3						9
2		1		6		5		4
5						7	6	
					6	1		
4		6	2	5		8		
9				8				

B040

1	9	6			3			
7				4	5			9
					2			
	7	3	8				1	
				3				
	1				9	5	3	
			2					
9			3	6				1
			1			8	2	5

B041

1		5						
8	6				7	3	1	
			1		9			8
7	2					1	8	
				6				
	5	1					3	2
9			4		6			
	1	3	8				4	7
						9		3

B042

	1		8	9		6		
5			2	1	7			8
	2					1		
			1			4		
				7				
		2			9			
		6					9	
8			9	5	6			1
		5		8	1		7	

B043

								8
	5			9	6			7
		4			7		1	
		3		5		6		9
8				1				3
5		6		8		2		
	6		3			1		
2			5	4			9	
1								

B044

9		7		6	3			
		3						
8				7				5
			1			6	8	
3	6			5			2	4
	2	1			6			
2				3				6
						4		
			7	4		5		9

B045

	5	3	7			1	8	
				4		6		7
			1	9				
		6			9			
8		1				2		3
			6			4		
				3	1			
3		4		2				
	1	5			4	8	3	

B046

	1		4					2
7		2			8		4	
8	4				6	5		
						3		8
1		3						
		8	6				5	9
	6		9			7		4
3					7		1	

B047

8	9	1	2			4		
	7		3	5	9	1		
		2	8					
5	4			9				
				1			4	5
					8	7		
		4	1	3	7		8	
		8			5	9	3	1

B048

	6							
						6	9	
	7			6		2	4	8
		5	3					
	9	3	6		1	5	7	
					2	1		
4	2	7		5			8	
	3	8						
							3	

B049

8		2					9	
	1		6			5		
5	3		4		1	6		
				6	3	7		
		6	7	9				
		3	5		4		8	2
		7			2		5	
	5					3		4

B050

		1			5			
			1	4		2		
			6	3	2	1		
	3	2			4	6		7
		7				4		
1		8	7			9	2	
		9	8	5	1			
		4		2	7			
			4			8		

B051

		6	2				9	
	1	2			5			
	3	7	6	4		8		
1								
	2	3		7		9	6	
								1
		9		3	4	1	5	
			5			2	8	
	5				8	7		

B052

1	4		3		5			
9				7				
			4				2	9
7		1			9			
		3		2		9		
			8			6		2
2	3				1			
				4				3
			9		6		4	1

B053

	7	6	4			2		
	4					9	1	
9			6			4		
3								
			2	9	1			
								1
		3			2			8
	5	9					2	
		8			5	1	7	

B054

4		2	3			9		8
				6				1
		6			1	7	5	
						8	7	
6								2
	8	5						
	2	1	5			4		
5				9				
8		3			4	6		5

B055

7		9	8		2			
6				3	9		4	8
3				7	4			
4	1						2	5
			1	2				4
5	3		9	6				1
			3		1	5		7

B056

		4		8	3	7		9
	2	7	4			6	8	
	5		6					
	1							
7				3				8
							9	
					4		6	
	4	5			8	9	1	
9		8	1	2		3		

B057

			6					
			5					4
6	4					8	1	
			1		8	7	9	
		2	7	6	9	1		
	9	1	4		2			
	3	7					2	9
2					6			
					3			

B058

			3	8			9	4
		7	9			6		
9	3							
	7			1				
	1	9	7	4	6	2	3	
				3			7	
							4	7
		6			5	3		
3	8			7	1			

B059

				6	1			
1	2			7				6
	6				4		7	5
9		2				3		
		5				7		2
4	8		7				9	
3				4			2	8
			5	3				

B060

	8	1			2	7		9
6	7	5						
					1			
	3			9	7		6	
		2				8		
	1		5	2			9	
			2					
						1	2	6
5		7	6			4	3	

B061

	7	9		8	5			2
							7	
		4	7					
						2	3	6
		6	1		3	8		
3	5	2						
					4	3		
	4							
7			6	9		4	1	

B062

4		7		3	5		8	
		3						
		5	6	7				9
	5				6			
	6						7	
			4				2	
3				8	2	7		
						5		
	4		9	1		3		2

B063

7			8	9			3	
4	2			3		1		
	9			1	6			
	3	6			5			
			3			7	2	
			4	2			9	
		3		8			1	5
	1			5	3			8

B064

	6			5			9	4
		4	6	1				
					2	3		
7	2				6			
	1						2	
			7				3	6
		5	1					
				4	3	2		
8	9			6			1	

B065

	9		1			8		
				5	2			
	6		4					2
		7	3			6		
	8	9		1		7	2	
		3			4	5		
3					9		7	
			5	2				
		2			1		5	

B066

9			5				3	
2		1	3					7
				9	8			
	5	2	6					
3								6
					4	2	7	
			4	2				
7					9	3		5
	9				7			1

B067

	3	9	1					
		1	9		3		4	6
5								
				2			8	9
		2	5		9	4		
9	1			7				
								7
3	9		7		6	2		
					8	6	9	

B068

8	3		2		5	7		
		2	7				5	9
4				6				
1		4					2	
	2						3	
	5					1		4
				5				3
5	8				7	6		
		6	1		2		9	5

B069

		2			5			7
	3	4	6					
	9			4	7		3	
2								
5		6	4	1	3	2		9
								6
	5		9	3			6	
					6	5	7	
3			7			9		

B070

					5			
		2	6	7		1		
	5	7	1	2		3		
9						6		
	6		5	8	2		3	
		8						2
		6		3	7	2	1	
		1		6	9	7		
			8					

B071

		1	4	8			2	
6					5			
					2	3		1
	2			1			3	8
				6				
1	8			5			7	
9		8	6					
			5					7
	7			2	8	1		

B072

		1						
						7	2	8
	7		8				9	6
				2	5	9	1	
9								4
	5	7	3	4				
5	8				1		6	
7	4	6						
						3		

B073

		9	7	2	8			
3	8			5				
	4							
	1				5	4		7
9				1				2
4		5	2				8	
							3	
				3			9	5
			6	9	7	8		

B074

	9		7		4	1		
6				9		4		
		3		6				
					1		5	
	5	7	9		8	2	6	
	8		4					
				1		6		
		9		8				5
		1	5		6		2	

B075

5			2	4				
								7
3		7		1	9			2
6		9	4					5
		5	6	9	1	2		
4					3	6		1
9			7	5		8		3
2								
				2	8			6

B076

5	1			9		8		7
6			8	5	7	2		
8								
		3	1					
	2						8	
					3	6		
								6
		5	6	3	9			8
4		1		7			9	3

B077

1						2		
							1	5
5			1	8	9		3	6
			8					1
	6		4	9	1		7	
9					3			
2	1		6	3	4			8
7	8							
		4						2

B078

9	3	1		8				
2				3	6			9
6		5					7	
1		9	3					
					8	6		3
	7					9		4
3			4	9				8
				1		2	3	6

B079

	6	3	2					1
7	9						4	
		4				6		
		8			4	2	3	
2				6				4
	4	6	3			9		
		5				1		
	7						2	9
3					2	5	6	

B080

5						8	1	
	4			5			3	
2		3						
1					2			
		6	9		1	4		
			3					1
						3		2
	3			7			6	
	6	7						5

B081

	6		5		1		7	9
5	4	7		9				
9	1	4		8				5
3				5		9	2	8
				4		8	9	6
6	9		7		3		4	

B082

			7	9	6			
		5						
9			8			2	3	
3				6	7	1		8
6								2
5		1	3	8				6
	4	7			2			9
						4		
			6	7	4			

B083

9		3	1					
		1	9	8			2	
	5			6	7			
					2			7
7	8						3	6
1			6					
			8	3			5	
	9			5	1	4		
					4	8		2

B084

		5		6	2	1		7
7		4			8			
		2	3					9
		7	5					
8								5
					1	6		
2					3	9		
			9			7		4
9		1	2	8		5		

B085

				7	9			
			1			7	9	
				2	4		3	6
4								9
1	8		6		2		4	7
7								2
8	6		7	5				
	7	2			8			
			2	9				

B086

		7	1	3				5
2								
			4			7	3	
		6		4	2		9	
	2			8			5	
	9		5	6		1		
	5	3			4			
								8
4				1	5	9		

B087

6	8				9	2	4	
							7	9
				2				
	2				3		5	1
		1		4		6		
5	3		6				2	
				8				
2	9							
	5	8	4				9	2

B088

5		7					4	
			9		5	8	1	
		1	8					6
	4			5				
			3		4			
				7			2	
8					2	6		
	5	6	7		9			
	3					2		8

B089

7	9		5		8			2
	6				1	5		
5							6	7
		8	7	3				
				4	2	9		
9	2							6
		3	9				2	
4			6		5		9	8

B090

5						4		
		7	2	1			9	
					4	8		1
6		8					1	
3			8		1			2
	9					7		3
8		2	5					
	5			3	2	9		
		9						6

B091

		6	2			8	9	
8	7				4			
9		3	7					
		2						
	3		9	8	6		1	
						7		
					5	3		8
			8				7	5
	8	7			3	1		

B092

	1					2		
9					4			7
8		6			9		3	
		7	9					3
			1	4	3			
4					6	1		
	9		8			7		1
7			4					9
		8					5	

B093

				3		9		
							4	
		8	7			2	1	6
	4	5	8		3			
9	7			2			8	5
			9		1	3	7	
5	1	9			4	8		
	8							
		4		8				

B094

3		1		6	9			
	2		5			7	4	
4								
	6					5		
7		2	3	1	6	8		4
		8					6	
								2
	8	3			2		7	
			7	5		3		6

B095

4		1	5	6		7	3	8
		2						
6			1		8			
8	1			9		5		
		9		4			8	2
			7		5			3
						2		
1	3	7		2	9			4

B096

8		4	5		2	3		
3			4	1			6	
							1	
		7						3
	2	6	3		4	1	9	
9						7		
	9							
	6			8	5			4
		8	7		9	6		1

B097

	5	7						
							2	5
4	2		7	1				
6			9			8	3	
				2				
	3	5			8			6
				6	7		9	1
3	9							
						6	5	

B098

	3							
		6	4		9		5	7
2								4
		8		9	5			3
				4				
5			3	7		1		
4								6
8	9		2		7	3		
							7	

B099

						6	4	
		4	2	1		9		
			9			5		3
4			1	9				6
			3		7			
3				6	2			1
7		2			1			
		8		3	9	1		
	3	6						

B100

	1	6			8	5		
			2			3	4	
		3	5	9				7
								9
	9		8		4		7	
3								
2				6	3	8		
	3	1			5			
		5	4			9	2	

B101

		2			7		3	9
	4				3	2		6
	1		9		5	6	2	
4				6				3
	5	8	2		1		4	
5		4	3				9	
2	9		1			5		

B102

	6	9		4	7			5
4		5			3			
	1						9	
					1	6	3	
		8		6		1		
	2	6	3					
	4						6	
			1			9		3
5			6	7		4	2	

B103

8		9	7			2		
		3		2	6		7	
								5
	9			7	4			8
7								4
5			9	3			1	
9								
	3		4	8		5		
		4			7	8		1

B104

	6		1					
				8	2			9
5			7					2
	8	1					6	
6		4				8		3
	9					2	7	
9					7			1
7			8	4				
					5		3	

B105

4			6	7			1	3
6	2					5		7
1								
			7		8			
	6			9			5	
			2		1			
								5
5		3					8	2
2	7			4	6			9

B106

4				8				
9	3	1	7		2			
8			5	9	1			
		7					8	
			2		4			
	6					9		
			3	2	6			7
			4		9	3	5	2
				5				6

B107

1	3	7	5			8		
						6		3
	2							
7				4	9			1
3				1				4
8			6	2				7
							4	
6		3						
		5			6	1	2	8

B108

	9		1	7			4	8
4			6			7	5	1
				9			1	
		4				3		
	5			2				
1	8	3			6			7
7	2			1	5		9	

B109

	3	9		8	6		7	4
7				9	1			
3						2	4	
2		1				6		5
	9	5						8
			3	6				2
8	2		7	4		1	3	

B110

	6		5	8	9		3	
			1			2		
	3			4	7			5
4	2							
			7		4			
							5	2
7			8	1			2	
		8			5			
	5		3	7	2		4	

B111

	5		6		2	7		
6		3						1
		4						
	4			6		1		3
			5		7			
8		2		3			9	
						9		
1						6		4
		5	4		6		1	

B112

5		1		2		4	8	
8	6							
		9	5	6				7
							4	9
			6	5	4			
3	8							
6				4	5	3		
							9	8
	3	5		9		6		4

B113

		8	2			6		
					8			
9		4	1			2	8	7
	8	2		3		4		
	1						9	
		9		5		8	6	
6	3	7			5	9		4
			3					
		5			6	7		

B114

4	7	2			8			
	9			7		1	5	4
	3			2				1
9		6	3	8	1	4		7
2				4			3	
3	8	5		9			4	
			8			3	7	5

B115

7		2		9				
		5			2		7	8
3			4	5				
						7		4
	9						8	
1		8						
				7	1			2
8	2		6			9		
				3		4		7

B116

	2			8	1	5	7	
		6			5	4		3
	3				7			
7								
	9			6			5	
								2
			8				4	
4		2	1			8		
	8	9	7	3			1	

B117

		4	2	3		6		
3	7		6	1	9			
2							7	
					8	4	2	
	8	7	9					
	2							3
			8	2	3		6	1
		8		9	6	7		

B118

6	7		9					
				6				
8	5	1	4					6
1	3							8
		8		3		1		
7							3	5
2					5	9	8	3
				4				
					3		5	7

B119

	9	1			6			
2							3	
4			5	7				
8	1		2					
	5	6	3		7	4	2	
					9		5	8
				9	1			3
	4							6
			6			9	4	

B120

1	2		9					
6					1		2	4
		4	2				6	
	3							2
2	7			8			1	9
9							3	
	1				9	8		
4	6		1					7
					4		9	6

B121

						9		
					7		3	
	6		1	8	3	2		4
	8	2	5					1
	7	5		1		4	6	
9					4	8	5	
1		8	7	9	2		4	
	9		3					
		4						

B122

3				2	5		1	4
8								6
			1					
		7	4				2	
	4						5	
	5				3	9		
					4			
6								7
4	3		2	7				5

B123

				2	6		5	8
	9							4
7	2		1					
	5							
3		9	4		7	6		5
							8	
					8		3	2
1							6	
6	7		3	1				

B124

				8	3			
7	1		6				2	
9				7		6	8	5
2	3	7						
	6						9	
						3	6	2
1	4	5		9			3	6
	9				6		7	4
			3	2				

B125

				6				8
4		6	2		7	3		
5		1						
							4	5
2	3	4				7	8	6
6	9							
						8		3
		9	1		5	2		4
1				2				

B126

								9
	4	1	9	6				
3	2	9	4			7		
						6	9	
			2	4	5			
	1	8						
		7			4	3	1	6
				7	1	4	8	
1								

B127

					1			
6	2		8		5			
8	5						7	
	8		5		9		6	2
4								9
5	9		1		4		8	
	7						9	4
			9		7		3	5
			2					

B128

8				6	7			
						6	8	
						5	3	1
9		1	6			8	7	
		6	8		9	1		
	5	8			4	3		6
5	6	9						
	8	4						
			5	2				4

B129

		5			3		6	1
			5					
8	2	7						9
			8	4			5	
		2		6		7		
	1			2	5			
7						2	4	5
					2			
2	5		1			6		

B130

	7							
						4	9	5
	5	6	9	8	3			
		7	5					
2	1	8		4		3	5	6
					6	7		
			2	7	1	5	4	
3	2	1						
							2	

B131

5		1						
				5				
7	2			4	9		6	
		6			4	9		
		2	6	8	5	4		
		7	9			3		
	4		7	6			5	3
				1				
						7		4

B132

			9					7
9				8				
	6			3			2	8
	8	7	5			2		
		1				8		
		2			4	1	5	
8	4			5			1	
				4				3
3					2			

B133

1	6				8		5	
8				7	6	2		
			9					
						4		
	1	3	7	2	4	8	6	
		6						
					7			
		8	6	5				4
	7		1				8	5

B134

9	4					6		
					5			3
	2	5	9			7		
				5	4			7
8		3				1		6
2			6	1				
		9			1	3	2	
4			7					
		2					7	9

B135

		3	6	1			2	5
7	9		8					
6						3		
					5	9		
	7		4		6		5	
		9	7					
		2						3
					4		6	2
8	6			7	3	5		

B136

					6			
7		4					8	
		8		1	2			
		2		4		9	6	
		5	2	6	9	1		
	7	6		5		2		
			3	2		8		
	1					4		9
			6					

B137

						5	3	
4	7				2	8		
					6		4	1
6			4	2				
		7		9		4		
				3	5			7
3	4		9					
		6	2				9	4
	2	5						

B138

							7	5
			1	5	2	6		
				7	4	2		9
	6	8				1	9	
			6		7			
	2	9				5	3	
5		3	2	1				
		1	7	3	5			
6	7							

B139

	3			9		4		
				6		3	5	1
	8		2					
						5		
9			5		8			4
		1						
					7		2	
8	6	5		2				
		7		1			6	

B140

					7	5	1	8
		8						
	5				6		2	
		4	6		3			5
		3		4		6		
7			1		5	4		
	8		5				7	
						2		
4	6	2	7					

B141

				9				
			7			1	8	
8	4				6			
	7		3	6		8		
6	3						4	9
		5		7	4		1	
			6				7	2
	5	3			1			
				3				

B142

	9			7	5			4
		4	9	2		7	8	
				3		1	5	
4	2	5						
						5	4	8
	7	2		4				
	4	6		8	1	9		
9			3	5			6	

B143

3	1	5		9	4			
2	8		6		3			4
				5		8		
			3					
4				7				1
					2			
		6		2				
8			1		6		9	7
			7	3		2	8	6

B144

	6	1	2				4	3
		9		3				
			1			7		
5				9				7
		8	5		1	2		
6				2				9
		5			8			
				1		5		
8	7				5	9	6	

B145

4			1				5	7
	3	5					8	
		1			8			
	7	4	3					
		3		6		4		
					4	8	3	
			6			3		
	4					5	2	
6	5				9			1

B146

9				4			7	
								3
	4	3			7			1
5					3	2		
		2	9	5	8	1		
		7	2					6
3			4			7	5	
7								
	5			8				4

B147

								9
	3					7	1	2
	4			5			3	
		3		4	9	8		
		4				2		
		1	5	7		9		
	7			6			8	
9	6	8					2	
3								

B148

9			2	7		1		
5	8							3
	3		5					
						5		6
	9			1			4	
7		3						
					1		9	
8							6	7
		6		9	2			4

B149

	7	1						
						6		
5	4		8	1	6		7	
1	9				2			8
			5		9			
7			3				4	9
	2		1	4	7		8	6
		7						
						5	2	

B150

	2				7		3	9
1		4						
					5	6		1
6				9		8		
		9		3		7		
		7		1				6
4		8	2					
						9		8
5	9		4				7	

B151

	8	5	9					
3		4		7	5		6	1
2					8		1	
		1		4		6		
	4		3					2
9	1		2	5		8		4
					4	2	3	

B152

	2			4				
			8		7	6		
	3	4		9				
		1			9	3	4	
3		9				1		5
	4	8	6			7		
				3		4	7	
		2	7		8			
				6			2	

B153

	5	8						2
	2	6			1			7
			9		5		1	
					2			
	3			4			6	
			1					
	1		5		8			
5			3			8	7	
8						3	9	

B154

8	1	2	5					
7								
					2	9		
	5	4			8			
		9	2	4	3	1		
			9			6	3	
		8	6					
								7
					9	2	8	3

B155

	4							
	7	5	4					6
		8	2					
				3				4
1	6		5	8	4		2	3
5				7				
					6	9		
2					7	1	8	
							3	

B156

	7	6						
2				5				
			2				4	8
8		9	6			7		
		7	8	9	5	4		
		4			3	2		9
5	9				4			
				8				2
						9	7	

B157

				4			8	1
			2		8	9	7	6
5								
					3	1		5
	6			2			9	
8		2	7					
								7
3	9	4	8		1			
7	1			3				

B158

	7				3	8	2	6
			8		5			9
								1
5		8	1	2				
			9		6			
				5	8	6		4
9								
3			5		1			
6	4	7	2				5	

B159

1							7	
			9	4			6	2
4	6		2				8	
3	4		6					
2								6
					2		9	4
	7				8		4	9
9	3			5	7			
	1							3

B160

9	3		6				7	
								5
8	2			4			6	
	6		2	8	5			
5				1				8
			7	6	9		5	
	8			5			9	7
7								
	9				4		1	2

B161

	9	4	8					5
3	5					7	1	
		8				4		
	2	7	5		4			
			1		7			
			6		9	8	4	
		6				5		
	8	1					7	4
7					8	9	3	

B162

	2					3	7	
		3	6				2	8
4					8		9	
				6	5			
	9	5				4	8	
			8	3				
	3		1					2
8	6				7	9		
	7	1					6	

B163

6		4	1					
	3			9				6
	1				7	9	8	
2	5	1						
						3	7	2
	8	3	7				9	
1				4			5	
					3	2		7

B164

		2	7	5	4			
		7						
			3		2	7	1	
	7							6
3	6	5				1	4	2
8							7	
	1	4	6		8			
						6		
			2	1	3	9		

B165

		5				3	4	
1	7			3			5	6
						1		8
				8	3			9
6								2
3			2	9				
5		1						
4	2			7			9	5
	3	7				2		

B166

		4						1
6	1							
		9		6	1	2	7	4
					6			9
4	9			3			5	7
7			4					
5	2	8	6	7		4		
							6	2
1						9		

B167

	1	7				9	6	
							3	
		2		7		5	1	
2			6		7			5
				5				
1			8		3			9
	2	9		3		1		
	7							
	6	5				2	8	

B168

2			3	6				4
		9		7				
	4					1	5	
		8					1	
		3	9		7	8		
	1					7		
	8	4					9	
				8		6		
1				3	4			8

B169

1				6		4	9	3
	7					2		
4					3			7
6			2					
			3		8			
					1			9
2			5					1
		4					2	
7	9	3		2				8

B170

9					3	7		
7				8	6	5	4	
	8	1			9		2	
5			1	6	4			3
	3		2			6	9	
	4	5	6	3				7
		2	4					6

B171

8		1			3	7		5
7				8		6		
9	4		6	5				
							8	7
				9				
2	1							
				3	6		7	8
		6		2				1
4		3	5			2		6

B172

	9	6		7				
	1	4	2	9			7	
					4		1	
						9		8
4	8		6		7		2	1
1		2						
	5		4					
	6			1	3	4	5	
				5		1	6	

B173

			7				1	2
	5				1			
					8	6		
	9	6	5				3	
7			4	1	6			9
	1				2	5	6	
		4	6					
			1				7	
6	7				4			

B174

2	6		1					
				5		1		6
1	8		4	7				
3		7					8	
				8				
	5					6		7
				1	7		9	4
5		3		4				
					2		6	5

B175

2		5		8	1			3
1								
					7		6	
		2		3		6		
	7	8	9		5	4	3	
		4		6		9		
	2		5					
								8
9			8	7		5		6

B176

					3	9	8	4
7		4						
3		8	5					
	2			9	7	3		
		6	2	5			1	
					8	1		5
						7		2
1	5	9	6					

B177

3			9					8
			4			6	1	
		1		8			5	3
	8			6				
7		2				5		6
				5			8	
8	5			7		3		
	4	7			9			
9					8			5

B178

		9	8				6	4
	1					9		
			2				7	5
6			7	4		5		
			9		2			
		1		8	5			7
1	6				8			
		7					4	
2	5				6	7		

B179

		3	9	1	5		4	
	1							
9					8		5	
		7	1			5		
3	8			4			9	2
		4			9	8		
	3		5					9
							8	
	6		8	7	3	4		

B180

	3					1		7
5	2			1				
		4	3			9		
8			1	5			9	
9								3
	1			2	7			8
		5			9	2		
				8			7	9
7		1					8	

B181

							6	8
8	4					5		1
2	9	5						
	5			2	1			6
	7			8			9	
9			6	3			1	
						6	8	2
1		2					5	7
5	6							

B182

6	5	3	8				7	9
		8				6		
				6				5
3		9			7		2	
	2		1			9		3
5				7				
		6				1		
4	7				5	8	9	6

B183

								4
			9		2	6		
3	9	6			5			
	6			3		2	8	
				2				
	1	8		7			9	
			4			7	5	9
		9	7		6			
4								

B184

								5
		1		9				2
2	8		3	4				
		8			9		2	1
	6			8			5	
1	2		5			3		
				5	4		7	9
5				7		8		
9								

B185

	9				5	6		
	2	3	8					
				9	4			8
2	4				8			
		5		2		8		
			4				3	2
9			5	7				
					6	7	2	
		2	1				5	

B186

	6		1			4		2
2		7	4	5				
		2			1	6	4	
9	1			6			2	7
	5	6	2			3		
				4	9	7		3
3		4			2		6	

B187

		5			8	9		
				4		6		3
9	8							
	7	2						
		6	4		2	1		
						7	4	
							3	1
2		8		3				
		9	8			5		

B188

8								
	1	2						
7	9	4	3	6				
	6	7	1		3	9		
9				4				7
		3	2		9	6	8	
				3	1	7	2	8
						4	5	
								9

B189

		4		1				
		1		2	3	4		
				6		7	2	
					6	3		
	7			8			4	
		8	4					
	6	5		7				
		3	1	4		9		
				3		5		

B190

		7					8	
6			1					3
4					8		9	
	6	2	9	8				5
			2		5			
5				4	7	3	2	
	4		3					9
7					1			6
	5					8		

B191

						5		
	3	1	4					
4		5		9	3	8		
6				3				7
	8		2	7	6		5	
3				5				2
		3	6	4		1		5
					9	2	3	
		9						

B192

7			2	9		3		
		5			4		9	2
	9	4						
9							1	7
4				7				9
1	8							6
						1	8	
5	2		1			6		
		1		3	7			5

B193

		6	8			7	4	
7					6	8		
8	9				4			
					1		6	9
				2				
4	6		7					
			4				2	1
		4	9					7
	7	5			8	9		

B194

3	5					1	6	
								5
2	9		8					
			7				9	
		5	3		2	6		
	6				9			
					3		8	9
8								
	3	1					7	2

B195

7					2		3	6
6	1		8		3			
			7					
					7	5		
	4						9	
		5	2					
					6			
			3		4		8	2
5	7		1					3

B196

4	5				7	9		6
9	2				8	7		
		7						
			9					5
	1	5				3	9	
6					2			
						2		
		9	6				7	4
5		8	7				3	9

B197

	9				1		7	
5	6	1		9			2	
4				2	5			
					3	4		
		3		1		9		
		5	4					
			5	8				9
	8			6		7	5	1
	5		1				8	

B198

7	2				9			
		4						3
9	5			7				
5			9	6				
4		8		3		1		9
				1	7			5
				2			3	8
8						6		
			3				4	1

B199

4		1						6
9	2	8						
			2				1	
			9		6		4	
7								9
	4		3		2			
	3				4			
						9	6	8
8						4		7

B200

6			1	5				
				4	8			
					7	1	9	4
3	5						7	
		4	5	7	1	2		
	1						4	5
2	9	8	6					
			7	2				
				8	3			6

B201

1	4						6	
					4			5
					2	7	4	
9				6				
6		3	2		7	1		4
				5				7
	8	7	1					
4			9					
	9						2	3

B202

5		7	8			4		2
8				2		6		1
				5	4	8	2	
	4	6	9	1				
9		5		6				7
1		2			3	5		8

B203

	9				4		2	
	6	3		8			7	
								3
		6		5			9	8
3				6				2
4	8			2		5		
2								
	3			7		9	5	
	5		3				6	

B204

6	5	7	1					
	9		7				6	
		8		2				
		2						3
	8			7			4	
9						7		
				8		3		
	2				6		8	
					1	5	2	9

B205

4	7		6				3	
	8		1	2	3			
		8	5	3				4
5				8				7
9				6	2	1		
			2	4	7		6	
	5				6		8	2

B206

1	6						3	
	4		5			6		
			2					
9				7				2
	1	8	9	6	4	3	7	
6				2				8
					7			
		9			3		8	
	7						5	1

B207

				3		7	8	
4	5				7		3	
8				2			6	
1					9			
	6			7			9	
			2					1
	8			6				3
	3		5				1	8
	1	2		9				

B208

		5		8			3	1
4		8		3				
	7		1	6				
	6	2						
1								6
						3	2	
				1	4		7	
				5		9		4
3	4			9		6		

B209

8	7				5			
	5	6			7		2	
4			1					
		8	4					
	2		5		3		9	
					2	7		
					9			4
	3		6			9	5	
			3				8	6

B210

		1		3		7	2	
					7			4
3	4		5	9				
8		9					1	
	2					5		8
				7	5		3	2
4			9					
	1	3		6		9		

B211

1	8		9			3		
		6					8	4
					4			
	3	5						6
	1			3			7	
9						5	4	
			7					
8	6					2		
		1			2		5	7

B212

								5
	6				4	7		
4					3			1
	4		6			2	7	
		7	4		2	8		
	2	6			7		5	
7			5					2
		1	7				9	
3								

B213

4					2		8	
9				4				5
	7	8	1					
		2			9	5	4	
				3				
	4	9	6			2		
					6	9	7	
7				2				3
	6		3					8

B214

2		9			7			
6	5				1	4		
3					9			
	2	3				6		
4								1
		6				8	2	
			8					5
		2	7				4	3
			5			7		8

B215

		6			9			
					4			1
4	8		6		5			7
	5							4
9			8		7			3
2							1	
7			3		1		9	6
3			9					
			5			7		

B216

	6		7				4	
3								
			1			5		8
		9		3	1			
4	7	3				9	2	1
			2	7		6		
5		1			4			
								9
	3				8		6	

B217

	6							
		4			9		3	1
	2			3	4	5		
8								
			6	5	7			
								9
		9	4	2			1	
5	8		9			7		
							6	

B218

6	7		3	5				
		8		2		4		
					6	1		
9							8	
3		6	2		5	7		1
	1							9
		3	5					
		9		3		8		
				1	2		3	6

B219

	7	9	4	1		8		
	8	3	7					
5			3				7	
		2			7			6
4			6			5		
	2				5			4
					3	6	5	
		4		6	8	7	9	

B220

4	7	2						
	5		4	7		9	2	
6					1	3		
3			7	9	4			6
		1	6					4
	9	3		5	2		6	
						8	5	3

B221

			6					
	3				2	5	8	
	8			3	5	6	9	
8								
	6	9		4		2	3	
								9
	2	4	1	9			7	
	9	3	2				6	
					7			

B222

			2		3		6	
	2		7					
				6			7	5
	5	2						4
		3	9		1	5		
4						6	8	
2	6			5				
					7		9	
	1		8		6			

B223

1	6	7						
	9		5					
			3				9	1
5			2					7
2			1		8			3
6					3			9
8	1				5			
					4		1	
						6	8	2

B224

		4	2		7		5	
9	5							
			3					
5			4				3	8
4	6		8		3		2	9
2	3				5			6
					1			
							7	5
	4		7		8	2		

B225

				2	6	8	3	
	2	7				4		
					2			7
	3	2		4		1	8	
4			9					
		9				6	7	
	8	4	3	7				

B226

	7	1		2			9	
8								
			1	7	8			
	9			8		1		
7	1						8	4
		2		5			6	
			2	6	3			
								6
	4			9		5	2	

B227

	2			7		9		1
			1		6	2	8	
	3	8	9				5	
		7		8		4		
	9				4	7	1	
	6	9	3		5			
2		4		9			3	

B228

5		2	6			4		7
9					4		5	
	6		5					3
			2					
	2			5			9	
					8			
1					7		4	
	3		9					8
2		8			3	6		5

B229

1	9		2					
5		4						
		6	5	9				
6				2			7	
	1	9				2	4	
	8			3				5
				7	9	4		
						3		1
					3		5	6

B230

		6			5			
7							9	
5				9			1	3
			2				6	4
6			3	8	4			9
8	5				6			
4	8			2				1
	1							8
			8			3		

B231

					7	2	9	
		9	2			1	6	
			6	9			5	
6			1	4			7	
	2			3	6			5
	7			8	9			
	6	1			4	5		
	4	8	3					

B232

						3	6	
7		3	4			5		
			7	9	3	1		
3								
	7	8	1		5	6	3	
								1
		7	3	5	9			
		1			4	7		2
	4	6						

B233

			8		1		2	
	7	4	2					
						1	5	4
		9			7	6		
	8						7	
		7	6			3		
7	3	6						
					2	5	9	
	9		1		3			

B234

	6		7	8		4		
	7	9						1
			2					
		3			4		8	
	1						3	
	5		6			9		
					8			
7						5	2	
		1		2	9		7	

B235

4								
	3			6	8			
						5	2	3
		6	9		5	4	7	
5								9
	2	8	4		3	6		5
2	9	1						
			1	8			5	
								1

B236

	1	2		3				8
				8	7		3	4
						1		
5							1	
2			7		4			5
	8							9
		1						
6	5		8	4				
8				9		6	4	

B237

6	8				9	7	5	
		2	3	7				
								9
8			7					
7			5	6	2			8
					8			5
1								
				9	1	3		
	4	9	2				1	7

B238

		5	8	1				2
	6				7		4	
					4	1		
						8		6
7	8						3	1
5		6						
		2	4					
	4		5				8	
1				7	8	5		

B239

	9		3					1
				6		2		
1	4							
5	3		6					9
	7			8			6	
2					1		8	7
							3	5
		7		5				
6					2		7	

B240

5			7	9				
2	7		5		4			
	1	4						
	4							5
6	2			3			9	7
8							6	
						1	7	
			1		8		4	6
				5	7			8

B241

	9				3	2		
	4	5		8				
					9			8
	5			3			4	
8		2				7		5
	1			2			3	
4			2					
				9		1	8	
		3	7				2	

B242

7	9				3		4	
		8		9				
				8		9		
3					7			5
	2		8		9		7	
4			5					1
		6		1				
				5		3		
	3		9				8	6

B243

				6				8
7			5		9	2		
5		3				9		
			9	1		8		
9								1
		5		2	6			
		7				1		3
		4	7		5			2
3				8				

B244

						9		
	3				1		8	
			8	3	2	1	5	
9		5	7					
		8		9		5		
					6	7		8
	5	1	3	4	8			
	9		6				2	
		4						

B245

						1		
	7		8		4			
			2		1		5	6
2	8	6		4				
				7		5	2	8
8	5		9		3			
			5		7		3	
		2						

B246

		1	9			6		
							4	2
	8	2	4			1		
2		8	5	7				
				6	2	8		3
		6			8	4	5	
8	5							
		7			9	3		

B247

7			3			5	9	
	3	6	8				2	
		8						
				1		3		
			4	6	3			
		9		5				
						2		
	1				9	8	4	
	5	2			7			3

B248

							7	2
5		3			9	6	4	1
4								
	3		9	5			1	
1				4				6
	7			8	1		2	
								9
7	1	9	2			3		4
3	5							

B249

	8		1					
3					4		1	
	4			6	2	8		
2	6	5						
9								1
						6	5	2
		9	7	3			6	
	3		4					7
					1		9	

B250

				3	5	1	6	7
2				6		5	4	
				1				8
		4		5	8			2
1			6	9		3		
3				2				
	5	8		7				6
4	7	2	5	8				

B251

9	2	6		1				
	3							7
				3		9		
	5	2	6				1	
		8				5		
	9				5	6	4	
		1		2				
3							5	
				8		3	9	4

B252

1		6						
	3		7		2			
		4			1		2	
		8		9		4	5	
4				5				3
	6	7		4		1		
	5		8			2		
			6		5		3	
						6		5

B253

				2	8			
	2			7			8	1
			6				7	3
8						4	2	
			1		4			
	6	4						8
5	8				9			
6	9			5			4	
			7	6				

B254

	3							
9					6	3	5	
	6		5				2	1
2				8		5		
			7		5			
		8		6				4
8	4				3		9	
	7	6	4					5
							4	

B255

					7	5		2
								7
		1		5		6	8	
	3			6				
2		4	5	1	3	9		6
				8			5	
	4	8		3		2		
3								
5		6	8					

B256

9			5		4			
		8						
		6	7	9				1
			3			5	2	7
7	2	4			9			
6				1	7	9		
						1		
			6		8			3

B257

				5			6	
5				7	2			
	2	7	1	8			5	3
3				2	9			
4								5
			4	3				1
2	9			4	5	1	3	
			2	9				4
	3			1				

B258

								6
				2	5			7
3					9		2	4
						4	9	
9		7		1		2		5
	4	1						
8	1		6					2
5			8	9				
4								

B259

							1	8
				5		6		
1	9			4	3	2		
			2			4		
2			5		1			3
		1			4			
		3	9	1			6	5
		5		3				
8	6							

B260

						5		1
	9		6				8	
		4		1		6	3	
				6				8
		7	5		2	1		
5				4				
	4	5		8		9		
	3				7		1	
2		6						

B261

		1		9	5	3		
	2		8					9
8	5	9			6			
	6		4					
					2		4	
			5			8	1	7
9					7		6	
		7	1	6		4		

B262

1	4		2					
						2		7
8				7	3			
				2	4	9		5
9				5				2
2		8	9	6				
			7	3				1
3		1						
					8		6	9

B263

	2		1	9				
	4	8	5		6		1	
9				6				2
	5	2				3	4	
7				5				1
	9		7		5	8	2	
				2	3		5	

B264

		5	3					
						5		7
		2	7			6	1	
4			2	5				
	6	1		7		4	9	
				1	6			5
	3	4			7	9		
7		8						
					4	1		

B265

	6		8				3	
7								
					5	8	4	1
	5	4			2	7		8
6		8	1			9	5	
3	1	6	4					
								9
	9				1		8	

B266

				8				
						8	4	3
			3		2	1	6	7
5				1	9	3	8	
	3	7	8	5				9
7	9	6	4		8			
8	4	2						
				7				

B267

					7			
6					4	7		2
	2						4	6
	9	1			8	2		
7		4		9		6		1
		2	7			8	9	
2	1						8	
8		5	4					3
			8					

B268

5	9		1			6		
			6					
	1	6	3		5	8		
6						1	8	
	3			8			5	
	7	5						4
		9	7		6	4	3	
					9			
		8			2		7	1

B269

							8	
7		5						9
6		8	1			7	3	
			2		9			6
	2			4			7	
5			6		8			
	6	7			4	9		1
3						6		8
	8							

B270

	9				4		8	2
1			5			9	3	7
8								
	6		1					
		5		6		1		
					7		2	
								9
9	5	4			1			8
3	8		4				1	

B271

2	5				9			
3	1		5	2				
		6						
	9	2		5		4		
	7			8			3	
		8		1		7	9	
						6		
				9	7		2	8
			2				5	7

B272

9			5			2		
				2	1	3	6	
		4						
					7		4	5
1			8	5	2			9
8	5		4					
						5		
	1	9	2	4				
		8			6			3

B273

1	7	2					4	
						2		
6	3				9			
					8		9	2
		4	9		5	8		
7	8		3					
			8				1	9
		7						
	1					4	3	8

B274

5			6	3	9			2
		6				3	8	
3								9
				5	8	4		
		2	4	6				
1								4
	2	7				8		
9			5	7	6			1

B275

				7				
2	1						5	
7	5	4						3
8			3	5		1		
			4		1			
		9		2	8			4
4						8	3	5
	8						6	7
				6				

B276

	1				2	8		
				4				
		3			9		4	2
7	2	5					8	
3								4
	9					2	3	5
1	8		5			3		
				6				
		7	3				1	

B277

	2							
			9	5			4	3
				7		5		9
	1	2			3		9	
		7		4		8		
	3		7			6	5	
2		1		6				
7	9			1	8			
							7	

B278

		4	6	1	2			
	2	3		5	8	4		
								5
								7
7		1				8		2
4								
9								
		5	9	7		2	1	
			3	2	6	9		

B279

9				2	5			
		8		7	9	5	2	3
	5		3					
	1	5						6
6						2	7	
					6		5	
2	8	6	5	1		7		
			7	9				1

B280

1	2				8			7
8						9		4
					7		8	
	9				5			
2		6				7		1
			4				3	
	7		8					
9		5						2
6			3				7	5

B281

		4		1		6		
	1		6	8	3		9	
	8						3	
7		3				5		6
8			5		7			9
9		6				7		4
	3						7	
	7		4	2	9		6	
		9		7		1		

B282

			1		9			
4		8				9		7
	1			4			8	
2			4		8			6
6	3						4	9
5			9		7			1
	6			5			3	
3		2				1		5
			3		4			

B283

			7			1	3	
1		5						
2			4	1			8	
				3		7		4
		3	2		1	6		
4		1		5				
	9			8	4			7
						3		9
	5	6			2			

B284

	7		3		2		6	
4			9		5			2
		9				7		
9		1				3		6
			4		1			
7		3				1		5
		4				9		
3			2		6			8
	1		5		4		7	

B285

			7	4	9			
		5				2		
7	3						6	9
4		6	1		7	3		5
	8						9	
3		1	9		6	7		8
1	5						3	4
		3				1		
			8	3	1			

B286

4		7				8		6
				4			7	
2			8		9			4
		2		6		9		
	9		5		4		2	
		5		1		6		
8			3		6			7
	1			5				
7		3				4		9

B287

	4		1	3			6	
3			2			1		5
					8		3	
2	6					9		
1				7				2
		5					8	3
	1		5					
8		6			3			9
	7			6	2		4	

B288

		4				7	1	
2			3	8				
6					1			4
		2	5		3		7	
	5			7			4	
	8		4		9	5		
8			9					3
				1	7			6
	1	9				2		

B289

	7		9		3		8	
6			7			1		3
			8				5	
7	3	4						2
				1				
8						5	3	4
	6				8			
2		8			9			1
	9		5		6		2	

B290

			1	5	8			
3		2				9		1
	5			9			8	
6		8				3		4
	9		2		4		7	
4		7				2		5
	4			6			3	
7		5				8		9
			5	8	9			

B291

	1	7	8					
								4
		8	5	3			9	
4	8							3
		5	3		6	1		
7							6	9
	6			4	2	7		
1								
					9	4	3	

B292

5		2				8		
			2	9				
9		7	3					2
	9	6		5				
	2		1		7		8	
				6		2	5	
2					6	3		1
				1	4			
		4				9		6

B293

5	8						6	
			5	3	4			
	7						4	
			9			2		4
9			7		8			1
4		7			1			
	1						2	
			6	9	2			
	6						8	5

B294

	6		8		1			
2		1				6		
	5				6		9	
9				3		2		5
			9		2			
7		6		1				8
	9		4				6	
		2				8		3
			2		3		4	

B295

			6		3			
6		7				9		3
	2		4		9		5	
7		3				2		1
		1		3		7		
5		2				4		8
	8		1		4		7	
1		4				8		9
			9		7			

B296

4		9				3		
			9	3	2			
1				6				2
	6					1	9	
			6		4			
	5	1					3	
9				5				4
			3	2	1			
		7				6		3

B297

	1		8	6		5		
						2		9
5	7	8		3		6		
			5		1			3
2		9				1		4
1			4		2			
		5		2		4	9	6
4		6						
		1		4	6		7	

B298

	2		6		8		9	
			1		9			
	9	3				6	5	
3				6				4
4		9				7		3
2				7				6
	3	1				2	4	
			4		1			
	7		5		3		6	

B299

1		2			4	6		
				6	7		5	
9		6			3			8
						9	6	2
	2						8	
8	6	9						
3			6			2		1
	4		7	3				
		1	8			5		7

B300

			2	3	8			
		9				5	2	
	1			9			6	
2					3			6
7		1				2		4
9			5					3
	5			6			3	
	2	4				9		
			8	4	2			

第四章　数独中级题目

C001

				2	7			
6			1				2	
		3				9		5
				6	2		5	
	3	6				8	4	
	7		5	3				
3		1				5		
	9				3			6
			2	8				

C002

1		4			8			
		8			3		5	4
				9	6			8
	4					8		
			8	6	1			
		7					2	
7			6	1				
8	1		9			3		
			3			2		7

C003

		6	5		4	7		
2								4
	5						1	
		9	8		1	4		
	4						9	
		8	9		7	2		
	6						8	
8								3
		7	3		2	9		

C004

6		3		8				
5			7				1	
		1				9	8	
3			4		2			
	4						6	
			5		9			2
	3	9				7		
	1				7			5
				1		8		9

C005

5		6					4	
			7	4				
1				5		2		8
					4		2	5
	5	3				8	7	
6	1		5					
3		5		6				2
				8	3			
	2					3		9

C006

		4		1				8
			9		6			
		6				5		4
	8				1		6	
	1		2		4		7	
	9		8				5	
8		1				2		
			1		3			
5				7		9		

C007

				7	1		8	
			4				3	6
	1	4		6				
1						3		5
9			5		6			4
2		5						9
				3		7	5	
5	9				4			
	7		1	5				

C008

		4		3			5	
6		5		4				
					1		8	6
		7	3		4			
5	8						6	4
			9		5	7		
3	7		1					
				9		5		3
	5			7		2		

C009

	2			7		4		
1			8		3			
				6		8		1
	8		3				9	
9		7				1		8
	5				9		4	
8		5		2				
			1		5			4
		4		9			6	

C010

		1		4				
			9		5	4		
7		5					8	
	7		8		9		4	
2								6
	3		7		6		5	
	9					2		5
		8	3		2			
				9		3		

C011

2		5					9	7
9		3		7				
					1		3	5
		7	1		8			
	5						8	
			6		7	4		
7	2		5					
				9		6		3
6	3					5		8

C012

		7	3					
		1		2	4			
			6				1	2
	3					4		5
	8			7			2	
1		4					8	
7	4				1			
			5	4		1		
					6	9		

C013

	8	1						
2			3			8		
6			5		2		1	
	9	7		5		6		
			9		7			
		8		4		5	9	
	2		8		5			4
		5			9			1
						3	8	

C014

		1				3		8
					8		2	
4		2			1			7
				9		6	3	
			1		5			
	3	5		7				
9			2			7		3
	1		9					
8		7				4		

C015

	4					8		
			6	9	3			4
3				8				
	1		5		6		4	
	9	4				5	3	
	5		9		4		6	
				4				7
8			3	2	9			
		9					8	

C016

9		6	3					
			8	5	4			9
4	5					3		
	1	4		8			5	
	6			7		1	9	
		9					3	5
6			5	3	7			
					1	7		6

C017

8			7			1		
			4		3			9
9	6							8
		6		3		5	9	
				2				
	2	8		4		3		
6							3	7
1			3		2			
		2			9			6

C018

6		1		5	9			
			2		1		9	
7		9				1		
	6			7				
3		8				7		2
				1			6	
		2				6		9
	8		6		4			
			5	2		4		8

C019

	1		2		7			
3		5		4		2		
	6			5			1	
6								2
	7	1				8	5	
5								7
	2			3			4	
		6		2		5		9
			7		9		2	

C020

6		1				4		
			8				7	
7		3		6				
	2		5		1		6	
9								8
	7		3		9		2	
				2		9		3
	6				5			
		9				6		1

C021

	7		6		1			
8						4		
				8	2		5	
3				1		5		9
		7	8		4	6		
1		8		2				3
	2		1	9				
		1						5
			2		5		7	

C022

		9		7			5	
			8		9			2
	5	2					7	
			5			2		7
		6				4		
3		4			1			
	9					3	1	
1			4		5			
	8			9		7		

C023

		8		9		1		
			3		5			
6				4		7		8
	2		4		6		7	
	9						4	
	7		9		1		2	
9		7		2				5
			5		3			
		1		6		4		

C024

2	1				4			
7			8					
	9		2			4		
		6		9				2
		9		8		3		
4				7		8		
		2			7		8	
					5			6
			6				7	5

C025

		4	8					
				2	6			5
		1			5		7	
4						1		9
			9	6	2			
6		3						7
	8		5			9		
5			2	1				
					7	4		

C026

1				9			8	
						3		7
			7		3		5	
		2	8		7	9		
8				4				2
		9	2		5	8		
	2		1		8			
9		1						
	7			6				4

C027

		1						
5			2		9		3	
		3				4		7
				1	3		7	
		9				2		
	6		4	2				
2		6				8		
	9		7		8			1
						7		

C028

			4		9			
6		4				8		1
	5						6	
9	7						8	3
4			3	7	2			6
3	1						2	5
	6						3	
2		3				5		8
			2		8			

C029

			3	5	7			
7		8					1	
		5					3	
				3	8		2	
1								8
	9		6	1				
	1					4		
	4					3		9
			2	7	4			

C030

5		2						
				2	7			6
1		6			4			7
				4		1	7	
			3		5			
	8	5		7				
6			1			9		4
8			7	6				
						7		3

C031

8			4					
				6		3	2	
		6		9	2			
1					6			5
	9			2			1	
3			7					9
			8	1		7		
	8	1		5				
					7			2

C032

5	7	6						2
3			8					7
						9		
	5			4	2			8
	2			8			5	
6			7	9			4	
		3						
2					4			9
9						1	2	6

C033

5		4			1		7	
1	9		8					
						6	4	
		8		9	3			4
9			5	4		2		
	5	9						
					6		1	5
	2		7			3		6

C034

							2	
	2		7	3			8	
	7	5			9	1		6
		9						
7			5	6	2			3
						6		
1		7	6			4	5	
	5			1	4		3	
	9							

C035

				8		2	5	
			2	5	9		1	
					1	6		
7	8					3	4	
				2				
	9	3					8	2
		4	5					
	6		9	4	8			
	3	9		1				

C036

7				2		9		
						3		6
				3				8
9			5				6	
6	1		3	9	2		8	4
	3				6			5
4				8				
5		9						
		2		5				9

C037

6	4				8	2		
	2	8			1			
					2			1
4						7	6	
	7			4			9	
	5	3						4
5			1					
			7			6	4	
		7	8				1	9

C038

6	3	9	5					
					7			
	4		8			1	6	
1		2	3					
		3		2		9		
					5	3		7
	7	8			6		4	
			7					
					4	7	9	3

C039

5		7	1					
	3							
1	8	6	2	3				
		2		8			4	
4	9						3	5
	6			4		2		
				9	2	4	8	6
							5	
					4	3		2

C040

		3	2					
	2				3	5		
	1			8				7
		6		7			8	
5								4
	4			2		6		
6				9			1	
		2	1				4	
					5	8		

C041

3					5			2
					3			4
						6	8	3
	8	2	1		7			
	7			9			1	
			5		2	7	4	
2	9	6						
7			2					
4			7					6

C042

8	1		7					3
3		5		4				
	7							
		9	1			2		
2				6				1
		4			3	6		
							4	
				5		7		6
7					4		1	8

C043

	2			7			6	8
7	8			1				
3	6				5	7		
			9			3		
	7			3			2	
		3			1			
		2	1				8	6
				8			5	3
8	4			9			1	

C044

	1	6	8	3		5		2
5	7							
								4
					7		8	
		9	4	5	8	1		
	4		1					
7								
							3	8
6		3		9	5	7	4	

C045

	9		1			3		6
			3					
					6		8	7
	2		8				7	
	7	1				4	6	
	5				9		3	
5	1		4					
					1			
4		8			7		9	

C046

	8						3	
5		2						8
			3	2				6
				1	9	4		
		7				8		
		4	5	6				
9				8	5			
4						7		1
	7						2	

C047

							6	2
				4	8	1		3
		1		6			5	8
8		3	7		2			
			9		4	3		7
4	1			2		9		
9		5	6	3				
2	3							

C048

2			6		7	9		
						7		8
	4	5						
			8	3			2	7
				5				
5	8			9	4			
						3	5	
9		1						
		6	5		9			2

C049

1		2		8		9		
	8		4					
5		3	2	7				
	7	9						1
			9	3	5			
2						3	9	
				6	8	7		9
					4		2	
		6		2		5		4

C050

7		6	1			4		
		5	9					
							1	
		4		6	1			3
		2	3		8	6		
6			7	2		5		
	8							
					9	2		
		3			2	8		6

C051

9					4	7		3
	4							
		8			3		6	
	6		5					
5		9		8		3		2
					2		9	
	5		3			2		
							1	
1		2	4					9

C052

5						2		
	2	7						4
		4	7		1			
					3		8	9
	6		8		7		1	
1	9		5					
			4		2	7		
8						5	4	
		6						1

C053

	9							
6				1	4	2	7	
8	2	4						
	7		4	9			8	
	4		2	8	5		3	
	5			7	1		9	
						7	2	8
	8	3	1	4				5
							4	

C054

	5							
			2	8	7		4	
2		1		9				
9		2	6			5		
		7			4	9		8
				1		4		6
	9		3	4	8			
							5	

C055

8		9		3				7
2					5		1	
			1	8	7			
		5						
1	7						3	5
						4		
			5	1	8			
	4		6					2
6				2		9		8

C056

				8		7		4
5	7		1				6	2
4						2		
	6		9		5		7	
		5						3
2	4				6		5	9
3		1		5				

C057

8							4	3
	9				7			1
		6	9	8				
	4							7
			3	4	1			
9							6	
				1	8	7		
7			4				2	
4	5							9

C058

6				7	5		8	
5	8				3		6	1
2	5			6			4	3
7	4			8			2	5
8	3		4				1	9
	9		8	3				2

C059

8						3	4	6
1	5				8			7
9			1	6				
		1	8		7	5		
				2	3			1
6			2				1	4
3	2	8						9

C060

6	5			8		4		
2		4			9			
	9			7				
								3
4	3	6				8	5	1
9								
				2			4	
			5			2		9
		1		6			3	5

C061

				3		8		5
4		8	5		2		1	
					1		6	
			3					8
5	2						3	4
3					7			
	5		2					
	4		7		5	6		3
9		3		6				

C062

		1	4				3	
	3	5	9	6		8		1
6								
1	7							
		4		8		3		
							6	8
								2
8		2		5	6	4	7	
	9				1	6		

C063

		9	8				1	4
		1			3	8		9
2			1				7	
		6	2	3	4	5		
	9				5			8
9		2	4			6		
7	3				8	1		

C064

						9	7	
			6				3	8
3			9		5			
		1	5				8	4
2				1				5
8	6				2	3		
			7		1			6
1	8				6			
	9	7						

C065

		8	9					
			1		5			
				3			9	7
		3	7			5	2	1
8		1				7		9
5	7	4			9	3		
9	4			2				
			5		3			
					1	4		

C066

			8	6	3	9		
		3					7	
				9			6	
1					9			
3		8	5		6	1		9
			1					7
	2			8				
	4					5		
		6	2	5	7			

C067

	4	1		3				
		2		9			5	
3			2	8		1	9	
6			4					
		3				9		
					3			5
	7	9		4	6			3
	6			2		8		
				1		4	6	

C068

		4	8	9		2		
	2				3		7	9
7			1					
9		5			4		8	
	8		7			3		4
					1			6
2	1		6				9	
		7		5	2	1		

C069

			1			6		
	1	4				2		
		8	4	6	5	9		
					9		5	
	4						7	
	5		6					
		1	2	9	3	7		
		3				1	2	
		7			6			

C070

		2			6	7		
	7	1	4			3		
	1	6			7			3
9				5				1
8			9			5	2	
		9			4	6	8	
		3	5			4		

C071

					5			9
	7	5	8			4		
				6		8	2	
1	4							
		6	9		8	1		
							4	6
	3	9		2				
		4			6	3	8	
5			3					

C072

			8	3		2		6
5						3	1	
6	9							
		4			1			
			7	8	9			
			4			5		
							4	2
	7	2						8
4		5		6	7			

C073

						3		
6				1	4		5	
4			3	9	6			
		5					1	
		3		8		7		
	1					8		
			9	7	8			1
	2		4	3				6
		8						

C074

	8			7			6	3
	6	9			5	4		
			5	9			8	
4								2
	2			8	1			
		6	3			1	5	
5	7			6			3	

C075

	5	2				7		
		6			4	1		
			3				8	5
					9	4	7	1
9	4	7	2					
1	6				5			
		8	4			5		
		9				6	1	

C076

			9		8	6		
				3			9	2
1								
7				6		4		
2	5		7		1		6	9
		6		4				7
								1
3	8			5				
		7	1		4			

C077

		1	6	4				
2	8						9	
9						1	3	
	4		1					
		7	4	3	6	8		
					8		7	
	6	5						3
	2						8	5
				2	5	7		

C078

7								
	8	2					1	7
	4		5		7	6		
		8	3		5			
		3	8	4	2	9		
			1		9	3		
		5	2		8		4	
1	6					8	3	
								9

C079

6		1					8	
8		5			7			1
4	9							
			2		8			
		6	7	1	5	3		
			9		3			
							1	3
3			4			9		2
	7					6		4

C080

	5	8	4			3		2
	4		7				6	8
1	3				2			
						8	9	4
4	9	1						
			2				1	3
3	7				4		5	
2		4			3	9	8	

C081

	5			2			6	1
6		1			3			7
	9					5		
			3		2			9
3			1		4			
		8					9	
5			4			6		8
4	7			3			5	

C082

6	9		5	1		3		
7		1		6				9
							2	
3								
		4	8	2	9	7		
								5
	1							
9				7		6		1
		6		3	8		5	4

C083

	1							
		8			7		3	
			9	3	2			7
6	7					2		1
				7				
9		1					4	6
3			7	9	8			
	2		5			6		
							7	

C084

3				2				
			4			5		
	9		3				2	1
		2	6	3			9	7
				1				
8	3			5	4	2		
9	5				3		8	
		6			1			
				6				9

C085

2			8					
4	8	9		7	3			
		7	5					
						4	1	9
				6				
8	5	3						
					2	6		
			7	3		9	2	5
					9			7

C086

1		8	9					
				8		2		
4	9		3			6	1	
6	5							
			7		3			
							8	4
	8	2			4		9	7
		1		9				
					7	4		1

C087

	6				3		2	9
9				2				
		7			6			
					4			7
7	1			5			6	3
8			6					
			5			8		
				9				4
2	7		1				5	

C088

			8	6			5	9
						1		
			4	2		7	3	
5	3		1					
	6						8	
					6		7	4
	2	1		3	7			
		9						
8	5			1	9			

C089

	9							
			8	1	2			5
3						4		7
				7			8	
		8	4		9	6		
	1			6				
8		3						2
4			2	5	3			
							6	

C090

	5	8			1		7	3
3		6			8	5		
					5			
				9		3		
	2	3				7	1	
		4		5				
			5					
		2	4			8		5
4	7		8			1	9	

C091

8		5	2				3	
				5	9		8	
1								6
5					3	4		
		9		7		6		
		2	4					5
6								2
	2		1	4				
	1				2	5		3

C092

				5				
					7	8		2
7			3			1	4	
5			9			2		
		8	4		2	3		
		2			1			6
	1	5			3			7
4		9	8					
				1				

C093

7			2				5	
				8		7		1
	4	8						
				2				3
9		6	5	7	3	8		4
8				9				
						3	6	
1		9		4				
	2				9			7

C094

3			8		1	5		
		1		9				
			6		7		4	
4		7		2			5	
		2				1		
	5			7		4		6
	8		7		3			
				6		8		
		9	5		4			3

C095

			4	2	6			8
								6
		2	7					9
	7			8				3
9								2
5				1			9	
1					7	3		
4								
6			5	9	2			

C096

					6	8	1	5
8			2		5	6		4
				4				
			9			5		8
		3				9		
2		5			3			
				1				
1		8	6		9			2
3	2	6	7					

C097

	8			6		7		5
2		6		8	4			
	5		3					
	6							7
5				4				2
1							3	
					9		2	
			4	3		8		1
6		8		7			5	

C098

		5					2	
	8	4		3	6		7	
			8			4		
		6	5		7			4
3			1		8	7		
		9			3			
	7		9	8		5	6	
	2					1		

C099

						3		
			5	3			2	6
2					6	4	7	
1				8	4			9
	6			2			4	
4			1	6				3
	2	4	6					1
6	7			9	1			
		5						

C100

	2		5	9	1	7		
				2	6		1	3
		4			5			1
2								8
6			9			4		
8	7		2	5				
		3	6	4	7		5	

C101

					8	6		
		8					1	
9			6	2	5			
3			5	1			6	
1			8	4	2			5
	4			6	3			2
			9	5	7			1
	1					7		
		7	2					

C102

3	9	5	1					4
			6	9				
							8	
6		9				3	7	5
				3				
5	3	1				9		8
	4							
				1	6			
7					2	1	9	3

C103

				1	4			
	1			8	2	6		5
4	9							
7					5	3		
	5						6	
		6	8					9
							5	3
9		5	1	6			2	
			7	5				

C104

	7					5		
1				8	7	9	3	
		9				8		
2	8		5	9	4			
			3	6	2		8	5
		1				3		
	2	8	6	3				7
		6					4	

C105

		6	2	5		3	4	
					8	2		
4							1	
	1	2		4				
				6				
				8		7	2	
	3							7
		1	8					
	5	9		3	7	4		

C106

	5	8					1	
		4		1				
	2		6			7		4
	6	7	2					
				8				
					7	5	4	
7		5			3		2	
				9		6		
	1					4	7	

C107

		1			4			
	3			6		8		
5						3		9
			5		1	6		
		2				1		
		5	8		2			
6		3						8
		4		7			5	
			4			7		

C108

						9		
					6		2	
2	6			1	5			4
		2			3	7		
3			5		7			2
		8	4			3		
5			7	6			4	1
	4		1					
		7						

C109

1		2	8			3	7	
					5	9		
	3		1	4				
							4	9
		7	2	1	6	5		
2	8							
				9	1		6	
		1	6					
	9	6			8	1		3

C110

	7		6	8	5	3	1	
							2	7
		7	5			6	8	
			7	1	4			
	1	5			8	4		
9	2							
	8	1	2	9	6		3	

C111

					3	6		2
	6	9			8			
			5					
	5						9	
	8	2	9	4	6	1	5	
	7						2	
					9			
			7			3	8	
4		1	3					

C112

								8
3		7				6		1
	8				3	4	7	2
	3	2	5					
			3	6	4			
					8	1	9	
1	6	3	8				4	
2		8				3		9
4								

C113

			6	7				1
3					1			
6						4	2	
1	3							
	9	8		3		1	6	
							5	4
	4	2						5
			4					7
5				1	7			

C114

1	9				4			
8							9	4
7		4	9	8				3
6	4			2				
			7		1			
				4			7	2
9				7	2	5		1
4	7							9
			4				3	8

C115

						1	8	7
			8	4			5	
		2		5		9	6	
						7		5
			9	6	4			
4		8						
	4	9		8		6		
	1			7	6			
7	3	6						

C116

	9			5		2		
4	5		1				9	7
8					6			
						1	7	
9			8		7			2
	6	3						
			6					4
2	7				8		6	3
		9		7			2	

C117

			2				5	9
1				6	9	4	2	
				4			8	
2			4					
	5						9	
					7			8
	7			3				
	2	6	5	9				3
3	9				4			

C118

		1		6				3
	9					8	5	
5							1	
8	5		4			6		
		4		2		5		
		9			3		4	8
	1							9
	6	7					8	
2				8		3		

C119

			7	2				
					6			8
	1		4	3		9		
	7	1			9			2
8								9
4			8			7	5	
		5		9	4		8	
3			5					
				8	7			

C120

		6					7	
9		5	4					
	2		6		9			
					3		9	7
	1	4		8		2	3	
7	9		2					
			8		1		4	
					5	3		2
	8					9		

C121

4		8				2		
		1	9		6	5		
						9		7
2			3		4		9	
	5		1		2			3
9		6						
		4	7		1	6		
		2				4		8

C122

		6			3		4	
			4			2		1
	5	2				3		
2		8	6					
				1				
					9	1		7
		1				4	8	
8		5			1			
	2		5			9		

C123

			2	4	5		3	1
7		2					9	
				1				
	2		9					
		4		7		5		
					3		2	
				9				
	8					1		3
1	7		3	8	6			

C124

6		1	7			5		
					5		6	7
				8				
4		9		1				
		2	6	4	9	3		
				2		8		9
				5				
7	9		2					
		8			4	6		1

C125

3	5	1		8				
8					7			
			5					6
	2			5	9	4		
1	8						2	5
		7	8	3			1	
4					5			
			9					3
				2		1	5	4

C126

3								
9	2	5			1		4	
1				3	6	7		
	1			9				
4		2				1		8
				2			7	
		9	6	5				7
	8		3			2	5	9
								6

C127

	4		2					3
		1			9		8	4
		3	7				2	
3								
			1	4	6			
								6
	2				7	8		
8	5		9			2		
9					8		1	

C128

			9					
						1	3	5
	8				6	2		
			2	7			6	4
		7				8		
2	6			3	9			
		3	8				4	
4	7	5						
					1			

C129

	5				2	7		
				7				5
		2			1	3	6	
6	9	7						
						2	5	8
	7	3	8			6		
5				6				
		6	1				4	

C130

4			1		3	7		
								4
			7		2	1	9	
7							3	
	5			8			7	
	6							5
	2	8	3		5			
1								
		5	9		1			7

C131

					4	8		3
		9		8			5	
2								4
					6		4	5
			8		1			
4	6		5					
8								2
	3			7		1		
1		7	2					

C132

7		1			8	5		
	9				7			
	8		9			6		
			3				2	8
				5				
6	3				9			
		4			5		8	
			2				9	
		5	4			7		3

C133

4			1		2	7		
3				9				
							2	8
7			4		9	1		
2								9
		1	5		6			4
6	8							
				4				7
		5	6		3			1

C134

4	8					3		
		1	8	3				6
3	2							5
				2	3			
6				4				7
			5	8				
7							6	2
5				1	6	9		
		9					4	1

C135

	2							
			3	6	2	4	5	
		5		9		3		
			2					8
		2	1	5	6	9		
9					4			
		7		2		5		
	3	4	9	7	1			
							7	

C136

					1	5		6
	3	7	6			9		
				8		2		
	6		3			7	9	
	1	3			9		6	
		9		6				
		6			2	3	4	
4		8	7					

C137

3			2	1	7			4
	5							
		4	5	9	3			
	3					6	4	
				2				
	8	9					2	
			9	7	6	5		
							1	
2			8	5	1			3

C138

9	5		7				2	
				9	4		6	7
8			2			5		
5	2			4			9	3
		6			9			8
7	8		9	3				
	9				5		3	4

C139

	4	3		5	6			
						3		4
			3		2		7	
1			5			6		
	9						5	
		2			4			3
	6		8		3			
2		1						
			9	2		7	1	

C140

								8
			8	3		9		6
4			6					
5			2					
		2	9		5	3		
					4			9
					3			7
1		7		6	2			
2								

C141

5	6				4		3	
1		3	7	5		6		
2		7						
7	5		1					
					3		1	6
						4		8
		6		9	7	1		2
	1		6				7	3

C142

8	5	2						
7	4		3	2				
		1					6	
		7	4		8			
6	3						8	5
			5		6	3		
	6					9		
				9	3		1	4
						5	3	6

C143

			4	9	5		8	
					6			
3	4	5				6		
		9	8		2	3		
6								2
		8	7		9	1		
		1				7	3	5
			5					
	5		9	2	3			

C144

3				5		6	4	
					4		2	
							1	8
1	7		4		2	5		
				8				
		3	6		1		7	4
7	3							
	2		9					
	1	5		7				3

C145

					7		3	
3			1	4		5	7	
	5			6		9		4
9	1		4					
					1		4	8
5		1		2			6	
	8	4		1	6			9
	9		3					

C146

			6		2	3	8	
	8						5	2
9		2				1		
1					6		4	
			3		5			
	6		2					5
		6				7		4
2	9						6	
	4	7	9		3			

C147

					5			
			6					3
				4		2	5	7
4	8				9	5		
	1			7			6	
		6	5				3	9
2	5	9		1				
8					7			
			4					

C148

				8	1			
		5	7					
				2	3	1	6	7
4	8					3		
6			8		4			9
		1					8	6
9	1	8	6	7				
					2	6		
			9	3				

C149

8		7	4				9	
9	5				3			1
	1			9				
		1		6	8			
5								3
			1	5		8		
				8			1	
6			5				8	2
	4				2	9		5

C150

9	6	2		5		3		
		5			2			6
	7			1	8		3	9
5				3				8
2	3		4	9			7	
1			8			4		
		4		2		8	5	3

C151

		9	1	4	6			
1			5				3	
		4		2				
	2							
	8	3		9		7	6	
							5	
				3		8		
	1				9			6
			6	1	4	9		

C152

							9	4
	5	1		2				
					3	1		7
	8		2			9		
	9		1	5	7		8	
		3			8		7	
2		5	4					
				6		7	4	
3	7							

C153

5	1				4		3	
						4		
	3		9	7				5
	6	3		1	7			
			8	3		1	9	
3				8	9		7	
		6						
	7		2				1	3

C154

						4	1	2
	5		9					
		8				6		
5	1			4	6			
		2	5	1	9	7		
			7	2			6	5
		5				8		
					4		9	
7	4	6						

C155

				7		1		8
4		3	2					
	8			9	3			
						9	7	
7	5			8			2	3
	3	9						
			7	4			1	
					1	2		6
1		2		5				

C156

7	5		6					
	1			5				
4					9	1	3	
			3	1	4		9	
	3		7	2	8			
	2	6	9					4
				4			7	
					5		1	9

C157

		7		3				
	6	4	9					
8		3					2	
	5				2			7
6				7				9
7			8				3	
	7					8		5
					3	6	7	
				2		3		

C158

	9	6		2	8	3		
2					3	7	4	
9			5		6		3	
	6		8		4			1
	8	2	3					7
		3	6	5		1	9	

C159

5			9		1	3		
2	9	4	7					
		3		5	9			1
				1				
7			6	8		5		
					4	7	2	9
		1	2		5			4

C160

						5		
	3			1			6	4
		2			4			
	4		7		5			9
	5			3			7	
7			4		2		8	
			8			6		
6	8			9			5	
		9						

C161

		2		9	4	5		
								2
5	9	7	1					
			6		5		8	
7	1						4	6
	2		4		9			
					3	1	2	4
2								
		4	2	5		6		

C162

	4							
	3	7		2			8	1
			5			3	9	
2			6					
		6		9		4		
					8			3
	8	2			4			
7	1			5		9	2	
							4	

C163

5						2		7
			4		1			
	6			8		4		
1			3		4			
	8			6			9	
			8		5			3
		2		1			3	
			9		8			
8		5						4

C164

8			5	2			6	
				3				8
	9		8			4	2	
1		4				9	3	
	8	3				6		4
	3	9			1		4	
6				4				
	5			6	2			7

C165

	6			7				9
					1			
	7	2	8				1	
		7			4	9		
3								5
		1	6			3		
	2				9	5	4	
			2					
9				1			2	

C166

	1		3				2	5
								8
	6			2	1			
		9	5					3
		7				2		
6					2	4		
			8	7			9	
2								
5	7				3		8	

C167

3						4		
	2	9			1			
1			5	7				
			1				5	3
			8		4			
5	1				9			
				2	7			4
			3			9	2	
		5						8

C168

2	4	1		8				
9	5		4		7			
3								
	2	9	5				8	
			1		8			
	8				4	9	5	
								7
			6		9		4	8
				5		6	9	3

C169

		1					8	9
			9	3			2	
	6			9	3	4		
3		8		4		2		5
		4	1	8			6	
	2			5	6			
7	5					1		

C170

		7	6		1	4		3
	1		7				6	
		2		3				
9						3	1	
	2	6						9
				5		1		
	8				3		7	
5		4	9		8	2		

C171

8					2		5	
	9			5		1		4
3						6	2	
	1		6		5			
			3		7		1	
	8	4						1
6		7		8			4	
	3		9					7

C172

	5			8			7	
		8	6					9
			7				1	5
2				4	7		8	
	8		2	5				4
3	2				4			
4					8	9		
	7			3			6	

C173

				4	5		1	
			1			6		7
							5	9
6	3		9			4		
		4				3		
		1			2		6	8
9	2							
1		7			6			
	4		7	9				

C174

		4			1	2		
			2			9		5
3							1	
7		2		8				
5	4			9			6	2
				2		5		8
	7							9
2		1			3			
		6	5			8		

C175

		2			1			
9		6		4		2		
3								7
1					2			
		8	4	9	7	6		
			5					8
2								9
		9		6		8		2
			8			5		

C176

8	2				6			3
			8	4				
5	6		1					
	1				8	9	5	
6								2
	9	5	2				7	
					7		9	1
				8	4			
9			6				2	7

C177

1			8	4			7	
	8				2	9		6
		4		3		6	5	
6				7				9
	2	3		9		4		
7		6	4				3	
	4			2	3			1

C178

						5	8	
	4		1					
	7		8	3		4		
		7				6		
	8		4	6	5		1	
		4				9		
		8		4	2		7	
					6		5	
	3	9						

C179

		6			1		9	
					6		1	8
2				7			3	
1				2		7		
	3						5	
		9		6				3
	4			3				2
8	9		6					
	2		8			5		

C180

4			6	3		1	2	
					1		6	7
8								
			4				1	3
				6				
7	9				2			
								6
9	8		5					
	5	3		7	8			2

C181

3	7	9				8		
		2					5	7
					2			
	2		6		3			
	3			4			7	
			5		8		1	
			3					
1	6					3		
		3				4	2	9

C182

								2
	7		8			6	9	
				7			1	
6					1	8		
4		8	2	3	6	9		5
		7	5					6
	8			2				
	4	1			3		5	
7								

C183

1								
					7		2	9
		2	6	5	9	1		
		1	3					
	8			4			6	
					6	5		
		3	9	6	1	4		
2	6		7					
								3

C184

								1
				6	9	3	2	
			3				7	6
	9		2		3	7		
	3			1			6	
		8	4		6		5	
5	6				2			
	7	2	8	4				
4								

C185

	7		5	3	1	2		
		1						
3	5			4				
		6			2	1		
			8		3			
		2	4			5		
				2			7	8
						9		
		7	1	9	6		2	

C186

			7				5	
					4			
5	6	1			2	4		3
			2			5	8	
1		2				9		7
	5	8			7			
2		7	5			3	4	1
			3					
	1				9			

C187

9	4					2		
	6			9				
5		8	3				9	
	8							4
	1		4		5		8	
2							5	
	9				1	4		5
				7			2	
		7					3	6

C188

4				7	8		2	
5		2	6			3		
				3				
							8	6
	7			4			1	
1	3							
				9				
		6			5	4		1
	4		1	6				9

C189

				8				9
	2				5	6		7
		4					1	2
				2		8		
	3			5			6	
		7		9				
6	4					2		
3		1	6				9	
8				1				

C190

2	8	7				3		
9								
						1	7	2
	2	4	6	5				
			1	2	4			
				7	8	6	2	
6	5	3						
								1
		8				4	9	6

C191

		8						
9	5					3		1
	2	1	9	7		6		
			6	4				
6								3
				8	5			
		4		6	2	9	3	
8		9					1	6
						7		

C192

	1	7		8	9		5	
			2					
		9						7
7	9							6
5		2		6		1		9
8							4	2
9						7		
					3			
	7		6	4		9	8	

C193

					6			
			4				8	1
1		3				4		2
	3	6						
5	2	4				3	9	6
						7	4	
3		8				1		7
6	7				5			
			9					

C194

				6		7		
					7	4	2	1
			2		3	5	8	
1	3	4			2			
			5			2	1	9
	4	3	7		5			
5	1	6	3					
		2		1				

C195

8		2						
	6	7			1	4		
3				8			7	1
		3		9				
		8	4		3	5		
				2		3		
4	2			6				9
		6	5			1	4	
						8		6

C196

		7		8	9			5
		2					6	
3	5		7					8
9			4					
			5	6	7			
					2			6
6					8		1	9
	8					6		
2			1	3		8		

C197

								3
			9		8		1	
	5		7	1			8	9
		5					2	
		2		3		6		
	9					8		
4	3			5	2		7	
	2		1		6			
7								

C198

					6	9	4	
		1					7	
4	3		8					
	2		7		9			
	4	7				5	3	
			4		1		6	
					2		5	6
	9					1		
	1	8	6					

C199

					5		6	1
								5
	6	5	4			9		3
		3	7					
5			9	8	6			2
					1	8		
8		4			2	7	9	
9								
3	1		6					

C200

								8
		1	2	3		9		
					7		1	3
			7	6			9	4
	9			8			7	
2	4			5	1			
4	2		1					
		9		2	5	6		
3								

C201

							9	1
8	4							7
				6	9		3	
				5			7	6
		4	8		6	1		
9	6			2				
	1		5	9				
6							1	3
4	5							

C202

9	1		4	5				2
						1	4	6
6			2					
	5	2			9			
8								4
			6			2	7	
					5			3
5	8	4						
3				2	4		5	8

C203

9								
				9		5	3	
4	2			1		7		
7	9		1					5
	5						2	
8					2		9	4
		8		5			7	3
	3	6		8				
								6

C204

						6		
	7	8	6		1		9	
1	3	6	4					
				7	4			
	2	7				9	3	
			5	3				
					5	1	6	9
	4		9		6	5	2	
		5						

C205

	7	1	9		3			4
3				4				
					6		2	
5		4	7					
		2		6		1		
					9	7		3
	4		6					
				1				2
2			5		7	4	9	

C206

					6		1	8
	7			5				
9	6						5	
	1	6			2	8		
	9						4	
		3	6			2	7	
	5						9	1
				9			8	
3	2		8					

C207

	5	1			7			
		7					2	8
	3		8	4				
						9	3	
3			2		4			5
	2	9						
				5	6		1	
7	9					2		
			4			5	9	

C208

3				4	8		6	5
5						8		
				1		2		
	5	7						
			7		6			
						4	2	
		8		3				
		9						1
7	1		4	2				6

C209

5	1					9		
			1					
9				3		6	8	
1	4		8	2				
				9	3		4	2
	6	1		7				9
					4			
		8					5	3

C210

6		8	2					
4	7		8					
2				1	4			
							1	9
8	6			9			4	3
7	1							
			9	8				6
					3		7	2
					5	3		4

C211

4	3			2	7		1	
					8		3	
8			1					
					5	6	9	4
5	4	9	2					
					6			1
	7		4					
	2		9	7			8	5

C212

4				6				
9		7	5					
	6					4		9
5	1				9			6
	2			3			9	
8			2				1	4
2		8					3	
					7	6		1
				9				7

C213

3				6		4		
4			9					2
	1	8		2	7			
5	8			7		9		
		4		8			2	3
			1	3		2	7	
1					6			9
		7		4				6

C214

				7		3		
					6	2		4
	7	2	9					6
1		9		8				
8	4						3	1
				3		4		5
2					7	1	6	
7		3	6					
		6		4				

C215

	7				2	8	6	3
	4							
	9		1	6	8			7
			2					1
				3				
7					6			
2			6	9	7		4	
							1	
5	6	9	4				7	

C216

			5					
	2				4	9		
			6	9		3	2	8
	1	4	9					
7				4				1
					8	4	3	
8	4	3		6	5			
		1	3				7	
					9			

C217

8		4	6	2		1		
6			7		4			
	3							
7	2			6	5			
			4	8			2	3
							9	
			2		9			1
		5		1	6	7		8

C218

			4			3		8
9								
		5	8	1	3			
	8	9	5					
		2		7		8		
					2	6	5	
			3	2	1	9		
								5
3		7			8			

C219

5	3	9						
			3	5		4		
			2					
	7	6					9	
8			4		1			6
	5					7	3	
					8			
		1		6	3			
						2	7	3

C220

4	3	6			7	5	9	
1					3	7		2
2					8			
	4			7			1	
			3					9
8		1	9					5
	5	4	6			9	2	8

C221

5	2	7	6			1		
				7		2		
	4		8					
						3		9
3	6						8	5
1		8						
					8		4	
		4		1				
		1			9	8	5	7

C222

	8							
		4	1		5			
7	9				3	1		
	6	3		7		8		
		8	2		6	5		
		7		4		3	6	
		9	8				3	1
			3		2	4		
							2	

C223

1					5			
	8	2	1		9	5		
				8				
8		7						4
4		3				2		5
5						6		9
				3				
		5	9		8	1	6	
			2					3

C224

	3	6	1		7			
5		8		4			3	
	8			5			1	7
1				7				6
9	2			1			8	
	4			8		1		2
			2		4	3	9	

C225

	6			7			4	
							8	3
8	7		3			2		
						1	2	7
	5						3	
6	8	1						
		9			4		6	5
5	1							
	4			5			9	

C226

3				7				
		9	6	8				3
2	8					6		
						4		
	1		2	5	3		7	
		5						
		3					1	7
8				4	6	2		
				3				4

C227

1	5		9		2	8		
				6		3	2	
					7			5
5	6							8
2							3	1
8			3					
	9	6		4				
		2	6		8		7	3

C228

5	6							3
					4	8	7	9
				9	3			
			3				8	
7								6
	5				9			
			8	1				
6	9	1	2					
8							3	7

C229

2				1				
					7		6	4
		9	4	6				8
							9	
4	8			2			5	3
	1							
1				7	4	5		
7	2		5					
				3				6

C230

6				3	9			5
3	9	8	4					2
			1		6		7	
	6		5		3		9	
	5		9		7			
1					2	8	5	9
2			7	9				3

C231

					1	8		
2		3	8			9		
						2		
3		9	2	6				
	5			8			9	
				1	4	6		5
		2						
		5			2	3		1
		8	7					

C232

		6		8	1			4
	9		7	3				
			9			5		8
					6	3		
			8	1	9			
		5	3					
1		7			8			
				9	3		2	
9			1	7		6		

C233

					8	4		
6	3			7	9		8	
	8	4				9	3	
				2			7	
			1		7			
	6			4				
	4	9				3	5	
	1		7	5			9	8
		8	3					

C234

				5	3			
	3	8	9					
					4	9	2	3
					7	1	5	
		9		4		3		
	8	1	3					
6	7	2	5					
					9	8	7	
			1	7				

C235

					7		9	
			9	8				6
9	2			6		7		5
5		4						
	3	9				6	8	
						5		4
3		7		4			6	2
2				5	3			
	4		2					

C236

	1		4	7				
						5	9	1
6		3						
7		6	3	1			2	
	3			9	8	1		5
						3		9
9	7	1						
				6	9		4	

C237

5	8							
2	7	1		9				
9					5			
		9		3		8		
4			9	1	6			2
		2		5		1		
			5					6
				7		9	2	1
							5	7

C238

		7		3			4	
2					6	1		
1							2	
			9		8			3
	8			2			6	
5			6		4			
	5							1
		9	3					8
	2			5		7		

C239

	4				9	8	3	
		1		8		2		
	6		4		3			
3			7			9		
		9			1			5
			9		4		5	
		5		7		1		
	8	3	6				2	

C240

				6	9			
		3				9	5	
	4							7
	2			3	4			
5	6						3	4
			8	7			6	
8							9	
	7	1				8		
			3	8				

C241

		7	2	3	9			
						7	9	
3	9		4					
6			9					7
		8				1		
2					1			4
					4		8	5
	4	3						
			8	9	6	4		

C242

		6			8			
			1	5			3	4
				3		9		
9			3				5	
	3		5	6	9		2	
	7				1			6
		3		9				
8	5			4	3			
			2			7		

C243

							5	
				5	4		3	1
4	5				6	8		
		6			1		9	
8				2				4
	9		7			5		
		3	8				1	5
5	6		4	7				
	8							

C244

					7	5	4	
9			8		5	3		
				3				
	6			7		4		1
2								8
5		4		9			2	
				1				
		1	9		4			2
	3	8	7					

C245

					9		4	1
				5			6	
5				1			7	9
			3					6
1	2						8	7
9					7			
2	1			9				4
	3			2				
6	4		8					

C246

					8	2	1	
4								
3		6	2					
				7			4	
2		8				6		1
	6			9				
					9	7		3
								8
	5	3	4					

C247

		6		8		4		5
3	1		7				2	
	4							
			3					
	8		5	9	1		4	
					4			
							9	
	3				8		5	2
6		4		7		1		

C248

		1	2	8		3		
6		2						
			1		3			
		3	7					8
7				1				4
4					2	6		
			4		7			
						9		5
		6		3	9	1		

C249

			4	9	8	2	5	3
2				7				
					3			
	7				6			1
	4	2		1		7	6	
1			7				9	
			8					
				5				4
5	1	9	6	4	7			

C250

7						9		4
					6	2		
			1		7	5		8
6		5		1				
	4						2	
				8		1		5
2		6	9		8			
		7	5					
4		8						7

C251

	4	1		2				
2		8	3					7
		3	8				4	
9	1	6						
				8				
						7	9	6
	5				7	8		
1					8	6		2
				9		4	7	

C252

					6	3	5	
6	2	7						
9								
1					8	2	3	
2		4		3		1		9
	3	9	2					4
								3
						8	2	7
	8	2	1					

C253

					6	2	5	
3	9	2						
			2	4		7	1	
	4	7						
			7		5			
						6	7	
	2	3		8	9			
						3	9	8
	8	1	6					

C254

8	5				3			6
				5		8		
1				2	9	5		
	3					6		
			7		5			
		1					8	
		6	9	4				1
		9		1				
7			5				4	3

C255

8		3	1					4
2	5	4		7				
			5					
	1		6					
3				4				9
					9		3	
					7			
				1		7	8	2
4					2	5		3

C256

3		7	8		1			
1	4			5	7			
		2						
5		6						
		4	3	9	5	8		
						4		7
						9		
			6	8			3	1
			5		9	6		8

C257

	7		8				1	
					7	8		
6				9	1	5	3	
8	3					1		
	1						4	
		5					2	3
	8	4	9	1				2
		9	7					
	6				2		9	

C258

							1	
	4			5	7			9
2		3					8	
	8			4		6	7	
			1		6			
	5	4		7			3	
	7					1		6
3			6	9			5	
	2							

C259

3	6					9		
		7	4		3			
8						1		
				7	6		2	
4								9
	7		9	5				
		2						6
			8		7	3		
		9					4	8

C260

	2							
	7	5	2	8				
4					3	5		
		4	5					1
	3			2			8	
6					8	4		
		1	6					9
				5	4	6	2	
							7	

C261

3	8	7		2	4			
					1		3	
	6						5	
		1	2				9	
2								3
	5				8	4		
	2						7	
	1		6					
			4	7		8	1	9

C262

		3	6				1	
						5		8
			1		4		7	6
			5	2		8	3	1
1	3	7		9	8			
3	7		9		5			
6		8						
	5				6	7		

C263

2					8	6		
	4				3			7
					4	1	2	
		6	9					
	3		4	8	2		9	
					5	4		
	8	2	1					
5			3				8	
		9	8					1

C264

							8	
		7		8	2		9	
3		8				2		7
			3		5		6	
			1	6	4			
	4		2		8			
9		3				8		5
	7		5	1		9		
	6							

C265

				6	3	2	5	
							3	7
5							4	
		6			4		2	
8			5		6			9
	7		9			1		
	5							2
4	8							
	2	7	3	1				

C266

						7	1	
			5			6	8	9
		1			3	5		
	8		3				5	
			9	2	5			
	5				8		7	
		3	4			8		
1	9	8			2			
	4	5						

C267

			5			4	3	
8				4				5
	4	3					2	
9	7			6	5			
				3				
			7	9			4	2
	1					7	8	
6				7				4
	5	4			8			

C268

6	2				8	1	7	
3			2	4				8
5		1	6					
	6						8	
					7	9		6
9				3	1			5
	3	4	5				2	7

C269

	9	4		8	5		3	
2			3			7		9
		5		2			1	
9	1						7	3
	8			1		9		
5		6			4			8
	3		1	7		5	6	

C270

			1	8			7	3
1								
	3			5		8		6
5		3			1		9	
				9				
	6		7			5		4
3		9		4			2	
								9
7	5			1	3			

C271

5	9	6					2	
	3			1	2			
						6		
		5	9					4
		4	2	6	7	5		
9					8	1		
		9						
			8	7			4	
	6					7	1	8

C272

8				1		3	5	6
	7		9					
					2			
		1				6		
	2		6		9		7	
		5				2		
			3					
					4		8	
5	4	9		8				7

C273

				6		7	4	9
	2					3		
7		3		8				
	3					6		7
			1	5	3			
8		9					3	
				3		9		5
		1					7	
3	4	6		9				

C274

			7		6	9		
	2			5		6	1	
						3		
	4	6		9				
	5		1		2		9	
				7		4	2	
		7						
	6	2		1			4	
		1	8		4			

C275

1	8		9		5	4		
				7				
4	7				1			
	1					8		
	2			9			4	
		7					9	
			7				2	8
				6				
		5	2		3		1	6

C276

					4	9		
		8		9		3	7	
	9					8		
	3			5		2	9	
4				1		5		6
	2	5		8			3	
		3					5	
	8	4		3		7		
		2	9					

C277

5	8						1	
				8		6		
			3			9		7
	5	6		4				
3			1	9	2			8
				6		4	2	
7		5			8			
		2		5				
	6						4	5

C278

					4			8
5			3				4	
						5	9	6
8	3				6			9
	4						6	
9			7				3	4
6	8	5						
	2				8			5
1			9					

C279

4	5		7					
				6		5		7
				2			4	
		7	3			4		
3			2		4			9
		2			7	6		
	7			1				
5		9		4				
					9		8	5

C280

8	9		3	7			6	
6	2	7	4				8	
4			2					
	7	6		8		1	2	
					5			4
	6				8	2	9	7
	1			2	3		4	8

C281

				4		1	5	
5		6						2
2				3	9			
			4		7		9	
	7			8			1	
	6		3		5			
			7	5				8
7						6		1
	4	3		6				

C282

	2			6	7		1	
6						2		7
	1		2	3				
5						3		
3		2				8		4
		4						5
				7	1		8	
4		6						1
	7		3	4			2	

C283

	1	6			2		7	
7							2	9
9			3		8			
		1		3		7		8
			8		9			
2		4		5		9		
			1		5			7
1	7							4
	5		9			3	1	

C284

			9				1	5
		5		8				6
	9		6	1				
2		8						
	7	3				8	2	
						3		1
				3	1		8	
4				6		9		
8	5				2			

C285

4	7							
9			2		6	8		
				7		5	2	
	6		1				7	
		8				3		
	9				5		4	
	5	9		6				
		4	8		7			9
							8	5

C286

		3	9					
			4			8	3	
8						7	6	
	2				9		8	
			5		8			
	7		6				4	
	8	9						1
	1	6			4			
					2	3		

C287

4				6	1			
3						2	4	
1				8			5	
			7		2		8	
		1				7		
	5		8		4			
	1			4				2
	4	2						5
			9	2				6

C288

		9		7				
			1		8		3	
						8	5	1
	4			6	5			
	2	3				5	7	
			7	3			9	
3	5	2						
	9		6		1			
				2		4		

C289

4				6	5			
5					4			
		2				5		4
	4			8	9		3	
	9	1				7	8	
	3		7	2			9	
7		3				1		
			4					2
			8	1				7

C290

4	6		5					
				6		8		7
7						9		
			7		2			
	2	7				1	5	
			8		1			
		9						1
3		4		8				
					5		7	6

C291

			7				3	
3		4			6			
		1		4		2	5	
	3		8		2			7
		7				3		
4			3		9		6	
	6	2		3		8		
			5			6		2
	4				7			

C292

	2	6		3		9	5	
3								7
		7	6		4	8		
	9		4		7		3	
		1				4		
	6		3		5		7	
		3	5		9	7		
6								2
	7	5		6		3	1	

C293

	9		4			3		8
	2			9	7			
							2	
8		4		7		2		
			6	4	3			
		3		8		9		7
	5							
			7	5			9	
1		6			9		8	

C294

					1			6
5	7	8						
		3		7		5		4
	9				3			
	8		1		2		3	
			9				6	
8		6		9		3		
						2	9	5
3			7					

C295

	9			8			2	
				9				
2	6	8				1	9	5
5			4		9			7
8								1
4			1		8			3
6	5	3				4	1	8
				1				
	4			6			3	

C296

	2	1				3	4	
9			4		3			5
		5		9		7		
	9		8		7		5	
7								8
	5		3		1		9	
		6		2		8		
4			7		5			1
	7	9				5	2	

C297

	9		4		7			
		7				3		
	2				1		6	
		4			3	8		
7				6				5
		6	8			7		
	7		3				8	
		1				6		
			1		5		9	

C298

5				3	9			
		9				3		2
1				5		4		
	1		9		7			
	2						6	
			3		2		8	
		5		4				9
8		7				6		
			7	9				5

C299

	3		9					1
8				3				9
			1			4		6
				2	4		9	
		3				8		
	8		6	1				
3		6			1			
2				7				8
7					9		5	

C300

	4		2	8	1		6	
		2				5		
	1			5			7	
5			1		7			4
		9				7		
2			5		6			3
	5			6			3	
		3				1		
	2		8	1	3		9	

第五章　数独高级题目

D001

2		6		3		1		7
	8					2	4	3
9	3		5					
			3	4	7			
					1		3	2
7	6	4					1	
1		5		8		7		6

D002

1	3				6		9	
	8			2	7			3
7								
			2	4		3		
2								5
		5		3	1			
								2
9			7	5			8	
	6		8				5	7

D003

3							6	9
			7					
				6	2	8	3	
	4	9			7	5		
8								3
		6	4			1	9	
	7	3	9	4				
					5			
6	8							4

D004

		6	8					
	2							8
			4	2	6	5		
				5		8		4
		1	6	4	2	7		
4		9		1				
		8	1	6	9			
3							7	
					3	9		

D005

6			3		7	4		2
			2			5		3
	9						7	
	2	4						
			7		8			
						8	2	
	4						3	
9		1			4			
2		3	1		5			9

D006

	4							
	3					6	2	7
			1		7			3
				1	2		7	
3		7		9		8		6
	5		6	7				
9			5		4			
5	1	2					3	
							6	

D007

1	8	4						6
				6		2		
		3	4					
					1	7		
4	6			7			9	5
		5	2					
					5	9		
		1		3				
2						8	5	7

D008

					4			
9					2	3	8	
1	5							
5							9	4
	8	9		1		2	5	
7	2							1
							4	7
	9	1	2					6
			3					

D009

			7	6			5	3
	8	3	4			2	7	
					5			
		8						9
		1				5		
7						4		
			2					
	7	4			6	3	9	
2	9			4	8			

D010

2		6	7					
	7				3			
	9	4	1	5				
	8	3	4			5	9	
4								8
	5	1			6	4	7	
				9	4	2	3	
			8				1	
					1	8		9

D011

						6	4	5
6		1	5					7
	5	2				8		
					2			
	7		1	6			5	
			7					
		7				5	3	
9					8	1		2
2	8	3						

D012

				1		3	2	5
		2			5		4	
			3				9	
		8		2	3			9
				4				
2			9	5		7		
	7				8			
	2		5			6		
3	9	1		6				

D013

7								
		2	9	4	5			
	1			2			4	
5				7			8	
1	3			5			7	2
	8			9				5
	5			1			3	
			4	8	2	7		
								8

D014

		4			1			
		6		2			4	5
9		3	5					7
2			8				6	
	4				6			3
6					9	7		4
3	8			7		5		
			3			2		

D015

1	5						7	
		3		6		5		2
					5			8
	3	4		8				
	7	2				8	5	
				4		7	2	
7			1					
3		6		5		2		
	2						6	1

D016

					4		5	
					8		6	9
5	4		9				2	7
						6	7	2
1	9	7						
9	5				3		4	1
3	7		5					
	6		8					

D017

			6		5			7
3	2	7		1	9			
							9	
			5			9	4	3
	6						8	
5	8	3			1			
	5							
			8	5		2	7	6
8			3		6			

D018

	1		8	9				
	5	7	6		4	9	1	
		2					3	4
	4		3	1	8		5	
7	3					1		
	2	3	1		6	4	7	
				8	3		6	

D019

5			7	8			6	
		3	5	4	6			7
				9			3	1
	1		6	7	8		2	
9	4			3				
1			2	5	9	8		
	7			1	4			5

D020

9	1				4			
							5	
		3		5	8			
8		1		4		7		
		9	3	1	2	6		
		2		9		3		1
			2	3		8		
	9							
			4				7	2

D021

1		2	3	7				
7	3	9						
					8			
	2	1		9		4	3	
	4	5		3		6	2	
			7					
						5	7	6
				4	5	2		9

D022

						6	2	
		9			3			
1	2	3	5			4		
4			6		1			
		7				2		
			7		9			1
		5			7	9	1	6
			1			8		
	4	1						

D023

1				5	3		8	9
		5	1	9				
								7
	2							8
		9	3		6	4		
5							7	
6								
				3	8	6		
4	1		2	6				5

D024

								1
		8					7	
	1			5	6	9		
		6		9	1		8	
2			6		5			4
	3		4	8		7		
		3	8	4			2	
	6					4		
5								

D025

					3	2	9	5
		3	2					6
2	4							
			3		7		4	
		4		6		5		
	1		8		2			
							7	2
7					4	1		
5	8	1	7					

D026

			1	3			2	
								8
4		2			6			7
	6							4
	7		9	5	8		1	
2							7	
1			4			2		9
5								
	2			6	3			

D027

		8						
	5		7		4	1	8	
				5	1		2	
	9					5		2
2	6						3	8
4		5					9	
	8		1	6				
	4	6	9		7		1	
						7		

D028

	6		7					
2	1							
		5		1	3		2	
					1			8
3	5			6			4	2
4			2					
	8		6	3		7		
							3	9
					9		5	

D029

		7			5	8		
			4	2			3	
					6		9	2
5	9						1	
8								3
	3						2	9
6	2		8					
	7			6	4			
		4	5			3		

D030

6	8		4					
5			8					1
	4					3		
		2			1		6	9
			2		9			
1	9		3			2		
		3					7	
4					2			3
					5		1	4

D031

			7	1	4			6
1		8	2					
	9							
3	4			8	2	1	6	
				4				
	5	1	9	6			2	8
							8	
					1	7		5
8			4	2	5			

D032

	7	8		2				
5				3				
	9				4		8	
						6	5	
3	6			9			2	8
	8	9						
	2		3				4	
				6				5
				8		1	7	

D033

8	5	7			3			1
9	3	1	4	8				
						2		3
	2		8	9	6		5	
5		8						
				5	4	3	6	7
3			7			8	4	9

D034

8			1					
	6		3		2			5
	5							
	3						1	7
4	9		7		5		3	6
6	2						9	
							7	
9			2		3		8	
					9			3

D035

			1		4		7	3
		3				9	8	
7					8			5
		5						
1	6						4	2
						1		
9			6					8
	4	7				6		
6	8		2		9			

D036

7	3				2			
	6	2	4	3				
1						4		
	8	6		5	7			
			1	8		2	6	
		9						6
				2	3	9	4	
			7				8	3

D037

	8	6	5					
		7	2		1			
1	3			6				
							8	4
8	1						5	6
2	7							
				3			4	2
			8		5	3		
					2	5	7	

D038

				2			8	7
8	7				9			
				6	8	1		3
	5	2	9					
					1	5	4	
2		5	1	7				
			6				2	1
7	9			3				

D039

4	2	5			8			
	8	1			4	9		
6			5					
			6			5		
	6						7	
		7			9			
					1			2
		9	3			1	5	
			8			7	6	9

D040

9	5			2				
	2	6	8	3				
	8	3						
			3			2		6
		2				1		
4		1			2			
						9	5	
				6	4	8	1	
				5			7	2

D041

9		4					2	6
						3	9	
			4	3		1		
		2	1			7		
	1			8			6	
		8			6	4		
		1		4	7			
	4	9						
7	5					8		9

D042

6		7		1	4			
2					6	3		
	8		2					
8						2		
		4	7		8	1		
		3						9
					9		4	
		9	8					2
			1	3		9		6

D043

5	9							
			7			8		1
		7		1			3	2
9						5	8	
	3						7	
	5	2						9
3	1			2		7		
4		9			7			
							4	3

D044

	2	7				6	3	
8		3						9
		9	4					
			6		8	2		
3			5	7	2			1
		2	1		9			
					4	5		
2						8		4
	4	5				9	6	

D045

6					9	1		
8			5					
		9		3			6	7
1	9					6		
		6				7		
		5					4	3
9	8			7		4		
					2			1
		7	9					6

D046

	8		6	2				3
2	6		4					
5		4			1			
		9						
1			3		9			4
						6		
			5			8		9
					4		6	1
7				3	6		5	

D047

6			9			5		
	2							4
	7				2		8	
	5			2				
		2	6	1	8	7		
				7			2	
	3		5				4	
2							6	
		8			6			5

D048

	7							1
	8				5			
		6		9		3		7
		8		5	3			
	9			8			5	
			4	7		2		
2		7		4		8		
			3				6	
6							3	

D049

6	9		4				3	7
4								
			6		7			
		6				9		
	8		1	5	3		4	
		1				7		
			8		2			
								6
2	3				4		8	1

D050

2								
8		9	1					
3		5	2	4	6		1	
				9		1		
9	8						5	6
		2		6				
	9		6	7	5	4		8
					4	9		7
								1

D051

1					2			
			8	5		9		
	9		6					8
	8	1	2	3				6
6								2
9				6	8	3	1	
7					6		4	
		5		8	3			
			9					7

D052

3					6			5
			5			1	3	
				9	4			
	5				8	9		
6	8						2	4
		4	1				5	
			9	4				
	6	7			5			
2			6					7

D053

				7	8		9	2
	9					5		
			2				1	6
2			5			7		
1				3				4
		6			4			1
8	4				7			
		1					7	
7	2		1	8				

D054

4	8	5			3	9		
						6		4
	1			8				
3			6	7				
	6			1			4	
				9	2			3
				4			9	
9		3						
		4	9			8	7	1

D055

			8		6	5	2	
9			7					
	6			4				
	2	4						
5	3	6				2	7	4
						8	3	
				5			8	
					3			6
	1	2	6		7			

D056

3		5						
				1	9			8
9				6			7	
		8	2			4	9	
1				9				2
	9	2			6	8		
	4			8				5
7			6	3				
						7		4

D057

	8				6			2
3		6	9					
	2			5		7	3	
								7
6		8	7		4	5		9
7								
	5	3		4			8	
					1	4		3
4			8				6	

D058

						5		
				7				8
5	6			1			9	
		7			4			1
	5		2		9		8	
3			7			2		
	9			6			1	5
2				9				
		8						

D059

							1	
5				8				7
		6			7	5	2	
	5			1			6	2
			5		9			
8	6			7			4	
	2	3	6			7		
7				9				4
	4							

D060

3		6	8		7			
8	5						1	
						4		
					8	5		
	4		2		1		3	
		8	9					
		1						
	6						4	5
			1		5	9		8

D061

		6	1					
						4	2	
9			8				7	6
	2		4		1	6	3	
	4	8	7		6		9	
5	1				8			9
	9	7						
					3	5		

D062

			3		6			
3	7			4				
	6	1		2		9	4	3
6	5	4				8		
		2				3	6	1
1	8	6		9		5		
				5			9	6
			6		2			

D063

1	8	9	7		5	2		
						8		
5	3							
8				2	7		4	
				9				
	2		5	6				8
							5	9
		4						
		5	2		1	4	8	6

D064

	4	8	3					
		2		1	5			
1			2			9		
5	8	3						
		9		8		7		
						5	8	6
		6			3			1
			4	5		3		
					8	2	6	

D065

1								7
2	9	3			7			
		7		4			2	
7	2							
			3	2	1			
							8	9
	3			5		9		
			7			6	4	1
9								2

D066

					8	7	1	3
					5			
		2	4	3				
						6	2	7
3				9				5
5	7	1						
				8	7	9		
			9					
9	4	7	6					

D067

6								
7	4		1			3		
		1	6				2	
2			3	9		1		
				6				
		8		5	1			7
	8				4	2		
		4			3		9	6
								3

D068

					3			
	2	3		9		1	4	
4					7	3		2
2					1			
	1			8			3	
			9					6
3		9	5					7
	7	5		2		4	6	
			7					

D069

		6					5	
			2	4				
4				9	7			1
5					9	3		
		7		6		8		
		1	3					2
3			1	5				6
				2	3			
	5					1		

D070

9		7						8
			6	7		2		5
6					1		7	
			1	5			8	
	7			4	6			
	4		3					6
7		2		1	9			
3						1		7

D071

			6					
		4	8				1	3
		8	9		5	7	6	
	4							2
	9	2				8	5	
7							4	
	8	7	5		9	6		
9	3				6	5		
					1			

D072

5								
	4		7			2	5	
			8		4		1	9
6			1					
3	1			6			2	8
					2			1
7	3		6		1			
	6	4			7		9	
								5

D073

	6					9	4	
		1	6	9	8			3
	7							8
				3	7			
		4		2		5		
			8	6				
8							2	
1			9	5	2	4		
	2	5					9	

D074

6								1
			5	9	8			3
				6		5	8	
1				2		3		
	3		6	4	1		2	
		2		3				5
	4	7		5				
9			2	8	6			
2								9

D075

		6	5	7		2		9
	5		3		6	4		
2		9		8				4
4				9		1		3
		8	2		9		1	
6		7		3	1	5		

D076

	1	2					9	
6					7			
	4	8	2				1	
						9	7	8
		9	8		1	5		
4	8	5						
	2				8	4	6	
			5					2
	9					7	5	

D077

6		5					7	1
		4				8		
2			5	1				
			7			3		8
	7		1		9		5	
4		8			6			
				9	1			7
		9				1		
7	6					5		3

D078

		7				9	3	
		4	3	8			2	7
3							4	
				4	5		6	
			8		6			
	2		1	3				
	5							2
9	4			5	2	1		
	6	2				5		

D079

6	5		2			7		
			4	7	3			
		8						
4	6						8	
			1		9			
	2						1	3
						8		
			7	5	2			
		3			1		5	2

D080

	8	9	7	6				
		5	3				9	
	7				5	2		8
8					3			
			6					7
2		1	5				3	
	5				9	1		
				8	6	5	2	

D081

	5		2	4		7	8	
	1							
		6	1				3	
5			3					2
		7	8		4	3		
1					2			8
	9				8	1		
							2	
	6	1		9	5		4	

D082

				4			3	
3	2							4
7			9					
	7				3		6	9
	4	3		1		7	8	
9	6		2				5	
					1			5
8							2	3
	3			5				

D083

								3
		3		7	5			1
			1			8		
	2	7			6			9
8			9	4	7			2
9			2			3	7	
		5			2			
1			4	8		9		
3								

D084

				8		5	2	6
5				2		9		
			5				7	
					8	3	4	
7	2						8	1
	8	4	3					
	7				3			
		1		4				7
2	9	8		1				

D085

9		1			4			
			9					
3	7			2			8	
	2		8			1		
1								4
		4			6		3	
	6			3			5	8
					8			
			2			9		7

D086

5								
		2			3		1	
	3			4				2
		6	4				8	9
2	9						5	1
7	8				5	2		
9				1			4	
	7		3			6		
								8

D087

	7				6			
	9					2		
2		6	1			8		3
6						1		
		9	8		3	7		
		4						8
5		8			9	6		2
		3					5	
			6				8	

D088

6	7					2		
					6		1	
	5			1				9
7				5	2			
	2		8		9		7	
			1	7				5
8				2			6	
	1		3					
		4					9	1

D089

4				7			5	8
			8	4	6	7		1
2	9	1				8		
		8				2	3	6
6		9	5	3	7			
3	1			9				7

D090

6					5		4	
3								
	7	9	2		6			
		7	6					4
1	2						5	8
4					1	2		
			4		2	5	3	
								6
	1		9					7

D091

1	9		6				4	
						8		
	4				7		2	6
		3			1			
		1	7	2	6	4		
			4			6		
3	1		2				8	
		8						
	2				5		1	7

D092

	2	8	9		6	7		
6	7							
			8					1
	3	5		2				
				1		5	4	
4					1			
							7	8
		6	2		8	3	5	

D093

								8
9	4				6			7
3			9	4			6	5
	1	4		9				
				1		8	5	
4	9			5	1			6
6			8				7	9
7								

D094

9		8						2
	1				4	3		7
5								
					8	6		
		1	7	2	5	8		
		9	6					
								6
4		7	9				1	
8						7		3

D095

		9	5					
3	7							1
	4			6	3			7
					1	8		
7		1				3		6
		5	8					
6			4	1			9	
9							7	5
					2	6		

D096

				2			7	
			7	3		1		8
	5	8						
						9		2
8			2	6	1			4
2		6						
						2	3	
3		7		4	8			
	6			1				

D097

							4	
6		3						
9			5	1	3		8	6
1				4				5
	5	2		6		4	3	
4				5				9
8	4		2	9	1			7
						1		4
	7							

D098

6		8	9					
	9			2			8	
						6	9	
				6		7	4	
3								9
	5	7		8				
	4	2						
	6			5			3	
					2	5		7

D099

2			9	8	1			
					5		7	
	8		7					6
		2					9	7
4	1						8	5
8	7					3		
1					9		4	
	5		1					
			8	3	7			1

D100

8		5			3			
			6		1		4	
	4					5	7	
4	5	6				2		
				1				
		9				6	5	7
	6	4					9	
	3		9		8			
			2			3		6

D101

			7	9		5		
					3		8	4
3			4					
1							4	
5	4			2			7	3
	6							9
					8			2
7	8		6					
		6		1	5			

D102

3					9	6		7
5	4		1					
		9	6					
		3				7	1	
9								2
	2	7				3		
					4	1		
					3		8	6
2		8	5					9

D103

	1				3			
3					1	2		
		2		4				
7			1		6	4		2
8				7				5
4		9	8		5			7
				6		8		
		5	4					9
			9				1	

D104

	6	4		1				
3		1						8
	2	5	4					
				5	1		2	
2			6		8			7
	5		7	2				
					4	2	9	
4						3		1
				6		4	7	

D105

5		2						
		1		3	7			
		7	8	4				1
6	4						8	
				1				
	5						7	3
2				8	6	9		
			4	5		8		
						3		4

D106

						7		
			6				8	1
		7	8				5	6
							9	3
	9		5	8	2		4	
4	6							
9	5				3	2		
8	3				1			
		1						

D107

			7					
	5			1		8		
7	4		2			5	3	
						6	1	4
				2				
4	3	9						
	2	3			4		7	5
		6		5			9	
					7			

D108

6								
		5				4	8	
3	8				1	7	2	
			6		9	2	5	
			1		3			
	9	2	5		7			
	5	7	2				4	3
	2	3				1		
								2

D109

4	8	6		3				
	1		8		9	3		
					7			
							7	6
2		4				1		9
8	6							
			9					
		5	1		2		4	
				4		9	8	5

D110

3	8		4					
1		9				6		8
5				9	8			3
			9			8		
			7	4	6			
		5			3			
9			1	3				6
4		1				9		2
					9		3	4

D111

7			3	1				
					4		3	
5		3					8	
	8		9			3		
		9		8		4		
		1			2		9	
	1					7		8
	6		4					
				9	6			5

D112

		4			2	3		
	3					5		2
2	5					8	9	7
			7	2				
				3				
				9	4			
8	4	9					1	6
1		3					8	
		6	1			9		

D113

		1			9	5		
9				6	8			
		6				2		3
3			6	9				
				3	4			7
5		7				1		
			2	4				8
		4	5			7		

D114

6								8
9	5						4	3
4				6		1	7	5
			4	2				
			7		1			
				5	9			
1	9	3		7				2
5	6						8	4
8								1

D115

1				3				7
						5		
2				9	7	8	1	
	8	6	3					
				7				
					9	6	8	
	5	7	1	6				4
		2						
9				5				6

D116

		5						
	9	7			6			
1			8	5	9			
7		2		1		6		
6		3	5		7	4		2
		9		6		5		7
			3	4	5			9
			6			7	4	
						3		

D117

9							7	
	2					6		
			7	1	8	2		
			1	4		8	5	
			6	8	9			
	4	8		5	3			
		4	9	3	6			
		1					4	
	9							7

D118

				3				
								1
	3	4	6	5			7	
		8	9			7	4	
4				7				3
	6	7			2	5		
	8			4	1	3	5	
6								
				2				

D119

				3				
6					2			3
2			4	6	9		8	
						1	9	
	1			5			2	
	6	3						
	8		5	4	1			7
7			3					5
				8				

D120

9	7			5		6		
2			4	6	8			
		5				8	2	
6				1				3
	8	2				4		
			3	9	7			1
		3		2			6	9

D121

6	8				4	3	7	
	7		6	1			4	5
8	3			6	9			
			1	2			6	9
2	1			9	6		3	
	6	5	3				2	7

D122

								9
3	9		6	7		5		
4							2	
6		4	5					
		9	7		4	8		
					8	4		6
	6							1
		8		2	1		6	5
5								

D123

				1	9	8		
	4							3
2			5	3		4	6	
		6						9
			3	5	2			
7						3		
	6	1		9	5			8
8							9	
		7	6	4				

D124

	8					9	2	
		6	1					
		3			4			
9				3	2			
	5	2		1		6	3	
			5	9				8
			6			8		
					7	4		
	2	7					1	

D125

7					4		3	6
		5	6	7				4
	3					9	8	
		1		8		6		
	4	2					5	
2				1	9	4		
1	6		2					7

D126

							1	4
2	4	8	1					
			4					5
		7	5					9
		3	9	4	6	7		
9					7	8		
3					4			
					1	3	6	8
7	9							

D127

			5		8			9
3	8							
	9	6		1				
6				8		7	4	
		5				2		
	4	2		9				5
				2		6	3	
							1	7
9			7		4			

D128

8				3			9	
		5	2			7	3	
					6			8
				1	2	9		
		8		5		3		
		1	4	7				
7			1					
	1	6			3	2		
	8			2				3

D129

					6		3	
5	1		7					
9	7							
	4	8	3		7			
	2		6		5		4	
			4		8	3	2	
							6	4
					4		9	8
	5		2					

D130

					8		2	3
				4				9
	6		7	2				
5						2		
3	9						6	8
		1						7
				7	9		1	
8				3				
4	5		2					

D131

9					3	8		
		1	8				6	
						7	2	4
				3	5			7
4								3
5			9	6				
2	1	4						
	8				4	9		
		9	3					2

D132

		3			1			
1			9	2		7		8
		5			7	4		
			8				6	
				1				
	7				4			
		4	3			6		
2		7		4	8			3
			5			2		

D133

					1		5	7
7	1		4			6		
					6		1	4
			3				9	
		6				5		
	2				4			
8	3		2					
		5			8		7	9
1	4		5					

D134

		9						
1	3	8					5	
4			3	1	6			
7	9				3	6		
				5				
		4	1				3	7
			7	6	5			8
	2					1	7	5
						4		

D135

			3	8				1
							9	
2			9		1	3	6	7
		9			6			
8				4				3
			7			9		
9	1	6	4		7			8
	7							
4				9	8			

D136

7	5	6			2			3
	1		8					
					3	1		
								6
	8	7		5		4	9	
5								
		9	3					
					7		5	
4			1			7	2	9

D137

7								
				2		6	9	5
						4	8	
8	4				2	3	6	
				1				
	6	1	7				5	9
	1	5						
4	9	2		5				
								4

D138

5		2			9			
	3					9	1	
							6	8
		6	3		7			2
2								3
8			9		2	5		
9	2							
	4	1					5	
			5			6		9

D139

						2	7	
9		6					8	
		4	9	2				
	4		3	1				2
		8		4		1		
2				6	7		4	
				9	1	7		
	6					3		5
	7	2						

D140

9				6				
4	5	8			7			
	1	3			9	7		
		1		2	8	3		
		4	3	9		8		
		9	5			1	8	
			7			9	5	2
				8				7

D141

	6	7		9			2	
	2	5			4	6		
	4			8	2	3	6	
			3		5			
	8	6	7	4			5	
		1	6			4	3	
	5			2		1	8	

D142

		8	7			4		
			8					1
	4				2	5	6	
4				7				
	6	2				3	9	
				9				7
	8	3	6				5	
1					7			
		4			3	8		

D143

					8	2		
	4							5
3	7	5	4					
	6	4						7
		1		2		6		
2						5	3	
					1	7	6	3
4							8	
		3	9					

D144

5			9				7	
			3	5		4		8
					4			
	4				8		2	
6	7			2			8	5
	2		1				3	
			8					
1		8		3	7			
	5				9			1

D145

6	3	1						4
2			5		3			
							6	
1	9				6			
		3		5		8		
			9				5	6
	7							
			2		4			5
4						6	8	7

D146

8	6		1		3			7
				5				
	9			7		8		
5	1	3						
				8				
						5	7	9
		4		2			6	
				3				
3			6		1		4	2

D147

4	8							
				9		6	7	
		7	1					8
		1	8				4	
	9	5				8	3	
	3				5	1		
5					7	3		
	4	9		1				
							5	6

D148

	7					6		
	4	8	1	9		2		
	3		7			4		
					1		4	
8		6		7		9		2
	2		9					
		4			7		9	
		2		3	8	1	5	
		3					2	

D149

			3		9		5	
		6		1	2	7		
4							6	
9		8			6			3
3			1			8		4
	3							7
		5	7	9		2		
	8		6		1			

D150

3					5			
		4			8		1	
				7	4	2	3	
9	5							
		6	7		2	3		
							2	6
	7	3	8	9				
	1		4			9		
			6					8

D151

3			9			6		
		7						4
		9		7	4			
4	7			9				3
			2		1			
8				4			2	5
			5	1		7		
2						3		
		1			3			8

D152

							9	3
		8	4					7
1		9		2		4		
					4		3	
		3	5	6	8	1		
	5		9					
		2		8		3		1
8					7	6		
6	1							

D153

		4		3	9			
	8						9	
			8	5		3		
	5	6						7
	1						2	
7						6	8	
		2		4	3			
	9						1	
			6	2		9		

D154

5	8	1		2				
3				7				
	7	9		5	3	1		
		6	7				3	
	4				9	2		
		7	6	9		4	2	
				1				6
				8		3	7	1

D155

			2		3	9	4	
6	3				9	2		7
	7							3
2	1			6			9	8
4							6	
8		7	1				3	2
	2	1	8		5			

D156

			4					
	8						9	
9					1	5	3	4
		8	3					
	4	7	6	9	5	3	8	
					2	7		
3	5	4	2					1
	9						6	
					4			

D157

	1			6				
3	6		9		7	1		
		9						
	5				8		1	3
8								6
1	4		7				2	
						3		
		3	2		1		5	9
				5			4	

D158

					2	3	5	6
			1					4
4	5		7			2		
	8					6		
		6		5		4		
		1					8	
		4			9		7	3
2					7			
7	9	5	4					

D159

					9	1		
				4	5	8		2
2	7			1				9
	3							
		2	5		1	9		
							3	
7				9			8	3
4		8	1	2				
		6	8					

D160

8					9			
			3					
		4		7		5	8	
	5			6	7			8
1	3						5	6
2			8	5			1	
	1	6		2		4		
					4			
			9					1

D161

	1	7			5			
		2		6			8	4
5			3					
	6					2		
			5	1	2			
		9					7	
					4			7
1	9			2		3		
			1			6	9	

D162

3	8	4			9		2	
			3					
		2		5				
2	9		4					1
6					3		7	9
				9		8		
					7			
	3		6			1	9	5

D163

	1		8				3	6
2	8		5	6				
					9	8		
8			3					
		2				9		
					1			2
		4	7					
				9	4		1	5
7	6				8		4	

D164

4		7					2	5
1		6						
			5	7	6			
		9	7				3	
8				9				6
	2				8	5		
			8	6	3			
						4		2
7	1					3		8

D165

6	8							
	4			5				3
		9		4	1			
		3	4				6	
		5		9		4		
	9				2	1		
			1	3		7		
3				2			8	
							5	6

D166

						2	7	
			7	9			1	
				4	8	3		
			8		4		5	
		2		3		8		
	4		1		6			
		9	2	8				
	7			1	5			
	2	5						

D167

		4			8	5		2
	2				6		8	
1		3				7		
	6			7	9			
			8	1			4	
		2				9		7
	1		9				2	
8		6	4			1		

D168

		5	1		7			
				3				
		6				2		8
7					4	1		
	1		2	5	6		3	
		2	7					5
2		1				8		
				2				
			5		9	3		

D169

8	6	1	2					
				5			8	
		3						
	2		1					4
		6	8	2	4	7		
7					5		9	
						4		
	7			6				
					8	5	1	9

D170

9	4		1			6		5
					4			
		8					9	
	3	9			5	7		
	8			4			5	
		5	9			1	2	
	7					5		
			2					
3		6			8		7	4

D171

7	6	1		9	5	8		
2		4						
		9	4		8			
			9	5			1	6
9	1			2	4			
			8		9	3		
						1		2
		8	1	7		6	9	5

D172

			4		3			
3		6		8	5		4	
9							8	
6		7		2				
		2				9		
				1		4		7
	7							5
	5		2	3		1		4
			5		8			

D173

	7		9				1	6
	9		7	3			4	
5		3						7
8								
			1	8	6			
								2
7						6		4
	2			6	3		5	
6	8				5		2	

D174

7		8			9		6	
						7		8
6	2						3	
8					7	3		5
			5		8			
9		7	6					2
	8						9	1
5		6						
	3		4			8		7

D175

			1			7	3	2
		4	5		6	9		
	7							
4			2				5	
		5		8		3		
	8				5			9
							9	
		3	6		8	5		
7	6	2			1			

D176

		7	8			3		
2				7		1		
6	3	5						
				4			5	
		9		3		8		
	8			1				
						5	2	1
		1		9				8
		4			3	7		

D177

6		5			8	4		
	9							
		2		7		1		9
3	2	7					4	
	4					8	7	3
5		3		4		2		
							6	
		9	1			5		4

D178

3	8				6			
			9					
	2		3	8	1			
	3			2			5	6
1								4
9	6			4			8	
			8	9	2		3	
					5			
			7				1	5

D179

						7	9	
6	1	9						5
	7	5						3
			8		6		5	9
		8	1	3	9	6		
3	9		5		2			
9						5	4	
2						9	3	7
	8	7						

D180

1	6						3	4
		3		6	5			
4			8					
						1		5
7	4						8	3
2		1						
					2			1
			6	5		7		
6	3						5	9

D181

		4	3	7			6	
1		2			5			
		3	6					
	2			5			4	6
		9				5		
5	3			4			8	
					9	4		
			5			2		8
	1			2	7	6		

D182

		1					9	
					8	7		
2	4						1	6
	1				2			
7	5	2		9		1	3	8
			5				6	
5	9						8	1
		3	6					
	8					4		

D183

			4	9	6	7		
6				2			9	5
7								
		7			2		1	
			5	4	8			
	4		1			2		
								1
2	9			7				8
		5	8	1	4			

D184

5						8		
1		6			3			2
2		8	1	5		4		
					4	1	9	
	5	9	6					
		4		3	1	6		5
9			2			3		1
		2						4

D185

	9					4		
2				4	9			
			2	8				5
		1				5	7	
	6	9		2		8	1	
	7	2				6		
9				6	3			
			5	1				8
		3					5	

D186

			4	7		2		
			2	5		7		
		6			8			3
7						8	5	
	4						2	
	9	8						6
8			6			9		
		1		3	2			
		7		8	5			

D187

					9			8
2	4			7		1		
9			6	1				4
	2		8					
		1				3		
					1		5	
1				4	3			5
		9		8			6	2
8			5					

D188

	1				5	8		
7	3		8			2	5	
5		8						
					7		9	6
			5		8			
1	6		9					
						6		4
	7	9			4		8	5
		3	7				2	

D189

	3		1			5	8	4
			5	4				1
			3			9		7
		9				4		
3		6			2			
1				6	3			
4	7	8			1		9	

D190

					3	4		9
6		1	4					
				6		7	8	
2	6							
		8		4		2		
							7	3
	4	5		1				
					4	3		5
3		7	5					

D191

		7	5					
	5				7			
8		2		9				3
5					9	2		8
	1						3	
7		3	8					4
9				7		1		6
			9				4	
					6	9		

D192

					8			
		4			7	9		1
8				1		6	2	
	1				4		3	
			7	2	3			
	7		1				6	
	3	2		7				6
9		8	3			7		
			8					

D193

		7					3	
				5	3			9
1	2		4					
	3	8						
		1		6		3		
						7	5	
					4		6	2
2			1	8				
	6					5		

D194

					5			
			9	1	8	5		
3						1	8	6
		2					7	3
		5				4		
8	9					2		
1	7	6						9
		3	4	7	9			
			6					

D195

		2			9			
			4			2		6
	4		6	1				
7						3		
4			3	9	8			2
		6						5
				4	3		8	
5		9			1			
			2			6		

D196

							9	4
	4		5		8			
2	7	6	3			8		
4						2		
		5		8		6		
		7						9
		1			5	4	6	2
			1		4		5	
7	5							

D197

2		4	6				3	
3	7							
	1			9		2		
		7			1		5	
			4	6	9			
	3		5			6		
		3		4			6	
							9	2
	9				6	4		7

D198

					9	6		
4				6		8	1	
	7							
		9	4	2				
		8		9		7		
				1	6	9		
							2	
	2	1		8				3
		6	3					

D199

1				2				
					6	1	9	7
	9		5			2		
3	5							
	7		1		3		6	
							7	2
		7			5		8	
4	8	9	7					
				4				9

D200

								3
	7					1	2	5
6	1	3	2					
3		2	8		6			
			5		3	2		7
					7	3	4	1
1	3	4					5	
9								

第六章　1100题的答案

A001

4	8	7	5	9	2	6	1	3
2	9	6	1	8	3	4	5	7
1	5	3	6	7	4	8	2	9
3	2	4	8	1	5	9	7	6
7	1	9	4	3	6	2	8	5
8	6	5	9	2	7	3	4	1
9	7	8	3	4	1	5	6	2
5	4	2	7	6	9	1	3	8
6	3	1	2	5	8	7	9	4

A002

6	5	7	9	3	1	8	2	4
1	2	3	5	8	4	9	6	7
8	4	9	7	6	2	3	5	1
2	7	6	4	5	3	1	9	8
3	8	5	6	1	9	7	4	2
4	9	1	8	2	7	5	3	6
5	1	2	3	4	8	6	7	9
7	6	4	1	9	5	2	8	3
9	3	8	2	7	6	4	1	5

A003

5	4	9	3	7	1	6	8	2
3	7	6	2	5	8	9	4	1
2	8	1	4	9	6	7	5	3
6	3	5	1	8	7	2	9	4
4	1	7	9	6	2	8	3	5
9	2	8	5	3	4	1	7	6
1	5	3	8	2	9	4	6	7
8	6	4	7	1	5	3	2	9
7	9	2	6	4	3	5	1	8

A004

3	2	8	5	6	7	1	9	4
6	7	4	2	1	9	8	5	3
5	1	9	4	8	3	2	7	6
9	8	2	7	3	1	4	6	5
7	4	5	6	2	8	3	1	9
1	3	6	9	5	4	7	2	8
8	9	3	1	7	6	5	4	2
4	5	1	8	9	2	6	3	7
2	6	7	3	4	5	9	8	1

A005

4	2	1	9	6	5	3	8	7
6	3	9	8	7	4	1	5	2
8	7	5	2	1	3	9	6	4
1	9	6	4	5	2	7	3	8
2	5	7	3	8	1	6	4	9
3	8	4	6	9	7	2	1	5
7	6	8	1	4	9	5	2	3
5	1	3	7	2	8	4	9	6
9	4	2	5	3	6	8	7	1

A006

9	2	8	6	7	1	5	4	3
7	4	1	8	5	3	6	9	2
3	6	5	4	2	9	8	1	7
2	3	7	5	4	8	1	6	9
5	1	9	3	6	2	4	7	8
6	8	4	9	1	7	2	3	5
8	9	6	1	3	5	7	2	4
4	7	3	2	8	6	9	5	1
1	5	2	7	9	4	3	8	6

A007

6	9	5	3	2	1	4	8	7
1	8	2	6	4	7	9	5	3
4	3	7	8	5	9	1	2	6
3	5	4	1	9	2	6	7	8
7	6	1	4	8	3	2	9	5
8	2	9	5	7	6	3	1	4
2	4	3	7	1	5	8	6	9
5	1	8	9	6	4	7	3	2
9	7	6	2	3	8	5	4	1

A008

2	7	8	1	5	4	3	9	6
4	5	1	3	6	9	7	2	8
3	9	6	2	7	8	1	4	5
5	6	4	8	3	7	9	1	2
7	8	3	9	1	2	6	5	4
9	1	2	6	4	5	8	7	3
1	2	9	4	8	6	5	3	7
8	4	7	5	9	3	2	6	1
6	3	5	7	2	1	4	8	9

A009

8	7	2	4	5	1	3	6	9
4	9	6	7	2	3	8	5	1
5	1	3	6	9	8	4	7	2
3	8	7	5	4	9	2	1	6
2	4	1	8	7	6	5	9	3
6	5	9	3	1	2	7	8	4
1	2	4	9	8	7	6	3	5
9	6	8	2	3	5	1	4	7
7	3	5	1	6	4	9	2	8

A010

3	6	7	2	4	8	9	5	1
4	8	1	7	5	9	2	6	3
9	5	2	6	1	3	4	7	8
7	1	6	4	9	5	3	8	2
5	3	4	1	8	2	7	9	6
2	9	8	3	7	6	1	4	5
1	4	3	8	6	7	5	2	9
8	2	9	5	3	4	6	1	7
6	7	5	9	2	1	8	3	4

A011

5	9	8	2	6	1	7	3	4
2	4	1	8	7	3	9	5	6
7	6	3	4	9	5	2	8	1
8	5	7	1	4	9	3	6	2
9	3	2	7	5	6	1	4	8
4	1	6	3	2	8	5	7	9
1	7	4	6	3	2	8	9	5
6	2	5	9	8	7	4	1	3
3	8	9	5	1	4	6	2	7

A012

9	2	4	8	5	1	6	3	7
6	5	3	2	7	4	1	8	9
1	8	7	6	9	3	2	5	4
8	4	6	9	1	2	3	7	5
5	7	9	3	4	6	8	2	1
2	3	1	5	8	7	4	9	6
4	9	2	1	3	5	7	6	8
7	6	5	4	2	8	9	1	3
3	1	8	7	6	9	5	4	2

A013

4	6	8	7	2	1	9	5	3
7	1	5	9	8	3	2	4	6
2	3	9	5	4	6	7	1	8
3	7	4	8	5	9	6	2	1
6	5	2	1	3	7	4	8	9
8	9	1	4	6	2	3	7	5
1	2	6	3	7	5	8	9	4
9	4	3	2	1	8	5	6	7
5	8	7	6	9	4	1	3	2

A014

8	6	7	1	5	2	4	3	9
3	9	4	8	6	7	2	1	5
5	2	1	3	4	9	7	6	8
9	8	6	4	2	5	3	7	1
7	4	5	9	3	1	6	8	2
2	1	3	6	7	8	5	9	4
1	5	2	7	8	3	9	4	6
6	7	8	5	9	4	1	2	3
4	3	9	2	1	6	8	5	7

A015

1	7	8	3	4	6	5	9	2
5	4	9	1	8	2	7	3	6
6	2	3	7	9	5	1	8	4
8	6	7	2	3	9	4	1	5
9	1	2	8	5	4	6	7	3
4	3	5	6	1	7	9	2	8
7	8	4	9	6	3	2	5	1
3	9	6	5	2	1	8	4	7
2	5	1	4	7	8	3	6	9

A016

4	5	9	2	8	3	1	6	7
1	6	2	7	4	9	8	5	3
8	7	3	6	1	5	4	9	2
7	8	1	3	6	4	9	2	5
2	4	5	8	9	7	3	1	6
9	3	6	1	5	2	7	4	8
5	2	4	9	7	8	6	3	1
3	1	7	4	2	6	5	8	9
6	9	8	5	3	1	2	7	4

A017

6	9	4	3	1	5	2	7	8
3	5	8	9	2	7	4	6	1
1	2	7	6	4	8	3	5	9
8	6	2	7	9	4	5	1	3
4	3	1	5	6	2	9	8	7
5	7	9	8	3	1	6	2	4
7	1	3	4	5	6	8	9	2
9	8	5	2	7	3	1	4	6
2	4	6	1	8	9	7	3	5

A018

2	1	8	9	5	3	4	6	7
4	3	7	6	1	8	2	9	5
9	5	6	7	4	2	3	1	8
8	6	1	2	7	4	9	5	3
7	4	3	5	9	6	8	2	1
5	2	9	8	3	1	7	4	6
6	7	2	4	8	5	1	3	9
1	8	5	3	2	9	6	7	4
3	9	4	1	6	7	5	8	2

A019

9	1	6	2	7	3	8	4	5
2	4	7	5	8	1	9	3	6
5	3	8	6	4	9	1	7	2
4	8	9	3	6	2	5	1	7
3	6	5	9	1	7	2	8	4
1	7	2	8	5	4	6	9	3
7	9	4	1	2	6	3	5	8
6	5	3	4	9	8	7	2	1
8	2	1	7	3	5	4	6	9

A020

4	3	7	1	5	8	2	9	6
9	6	2	3	4	7	8	1	5
1	5	8	2	6	9	3	7	4
7	2	3	8	1	4	5	6	9
8	4	5	9	7	6	1	2	3
6	9	1	5	2	3	4	8	7
2	7	9	4	8	5	6	3	1
3	8	4	6	9	1	7	5	2
5	1	6	7	3	2	9	4	8

A021

9	8	6	5	7	4	3	1	2
2	1	7	3	9	6	8	4	5
5	4	3	1	8	2	9	6	7
6	7	9	4	5	8	1	2	3
4	2	1	6	3	7	5	9	8
3	5	8	2	1	9	4	7	6
1	3	2	7	4	5	6	8	9
8	6	4	9	2	3	7	5	1
7	9	5	8	6	1	2	3	4

A022

2	8	5	1	6	4	7	9	3
3	6	7	8	9	5	1	4	2
9	1	4	2	3	7	8	6	5
8	4	9	3	5	6	2	7	1
5	7	2	9	4	1	6	3	8
1	3	6	7	2	8	4	5	9
4	9	3	6	8	2	5	1	7
7	5	8	4	1	9	3	2	6
6	2	1	5	7	3	9	8	4

A023

7	3	9	2	5	6	8	1	4
4	2	6	3	1	8	9	7	5
8	1	5	4	7	9	2	6	3
6	7	3	9	8	1	5	4	2
2	5	4	6	3	7	1	8	9
1	9	8	5	4	2	7	3	6
5	6	7	1	9	4	3	2	8
9	4	1	8	2	3	6	5	7
3	8	2	7	6	5	4	9	1

A024

9	4	8	5	7	6	3	1	2
6	3	7	8	1	2	5	9	4
1	2	5	9	3	4	8	7	6
3	9	6	4	2	5	7	8	1
5	8	4	7	9	1	6	2	3
7	1	2	6	8	3	9	4	5
2	7	1	3	5	8	4	6	9
8	6	3	1	4	9	2	5	7
4	5	9	2	6	7	1	3	8

A025

5	7	9	2	3	8	4	6	1
1	6	8	7	5	4	2	9	3
2	3	4	1	6	9	5	8	7
6	1	5	9	7	2	3	4	8
3	8	7	5	4	6	1	2	9
4	9	2	8	1	3	6	7	5
7	2	3	6	8	1	9	5	4
8	4	6	3	9	5	7	1	2
9	5	1	4	2	7	8	3	6

A026

9	2	1	8	7	4	3	6	5
6	4	7	9	5	3	2	1	8
8	5	3	6	1	2	7	4	9
4	8	5	2	9	7	6	3	1
7	3	6	1	8	5	4	9	2
2	1	9	4	3	6	8	5	7
5	9	4	3	2	8	1	7	6
1	6	2	7	4	9	5	8	3
3	7	8	5	6	1	9	2	4

A027

8	6	4	9	3	5	2	7	1
7	5	1	2	4	8	9	3	6
2	3	9	7	1	6	4	5	8
4	7	5	8	6	3	1	2	9
6	2	8	1	9	7	3	4	5
9	1	3	4	5	2	6	8	7
5	4	6	3	7	9	8	1	2
3	9	2	5	8	1	7	6	4
1	8	7	6	2	4	5	9	3

A028

4	6	9	5	8	3	7	2	1
2	8	7	9	4	1	5	3	6
5	1	3	2	7	6	8	9	4
1	3	2	7	5	9	6	4	8
7	9	6	4	1	8	3	5	2
8	5	4	6	3	2	1	7	9
3	4	1	8	9	7	2	6	5
6	7	5	1	2	4	9	8	3
9	2	8	3	6	5	4	1	7

A029

2	4	3	6	1	8	9	5	7
5	8	9	7	4	3	6	1	2
1	6	7	5	2	9	8	4	3
6	7	1	8	5	4	2	3	9
8	3	2	9	6	1	5	7	4
4	9	5	3	7	2	1	8	6
3	1	6	2	8	7	4	9	5
9	2	8	4	3	5	7	6	1
7	5	4	1	9	6	3	2	8

A030

5	7	2	1	3	8	9	4	6
9	6	3	5	7	4	1	2	8
8	4	1	2	9	6	7	5	3
1	8	4	3	6	2	5	9	7
7	3	9	8	1	5	2	6	4
2	5	6	7	4	9	8	3	1
4	2	5	6	8	1	3	7	9
6	1	7	9	2	3	4	8	5
3	9	8	4	5	7	6	1	2

A031

1	8	6	3	5	4	2	7	9
4	5	7	2	8	9	6	3	1
3	2	9	1	6	7	5	4	8
6	4	2	7	1	5	9	8	3
9	1	5	6	3	8	7	2	4
7	3	8	4	9	2	1	5	6
8	6	3	5	7	1	4	9	2
2	7	1	9	4	3	8	6	5
5	9	4	8	2	6	3	1	7

A032

1	4	6	7	3	8	5	9	2
7	8	9	4	2	5	1	3	6
2	3	5	9	6	1	7	8	4
3	1	7	8	4	6	9	2	5
5	6	4	2	1	9	8	7	3
8	9	2	3	5	7	6	4	1
4	5	8	1	9	2	3	6	7
9	2	1	6	7	3	4	5	8
6	7	3	5	8	4	2	1	9

A033

4	9	8	6	1	2	7	3	5
6	1	7	8	3	5	2	4	9
2	3	5	9	7	4	8	6	1
5	6	9	4	2	1	3	7	8
7	4	1	3	8	6	5	9	2
3	8	2	7	5	9	6	1	4
8	5	3	1	9	7	4	2	6
1	7	6	2	4	8	9	5	3
9	2	4	5	6	3	1	8	7

A034

2	1	5	7	8	9	4	6	3
7	8	6	3	2	4	5	1	9
3	4	9	5	1	6	2	8	7
5	2	1	9	3	7	6	4	8
4	7	8	2	6	1	9	3	5
9	6	3	8	4	5	7	2	1
1	5	2	4	9	8	3	7	6
8	9	4	6	7	3	1	5	2
6	3	7	1	5	2	8	9	4

A035

6	1	3	4	7	9	8	2	5
9	4	8	2	1	5	7	6	3
7	2	5	3	8	6	4	9	1
5	6	2	9	3	8	1	7	4
4	3	9	7	2	1	5	8	6
1	8	7	5	6	4	2	3	9
8	9	6	1	5	7	3	4	2
3	5	4	8	9	2	6	1	7
2	7	1	6	4	3	9	5	8

A036

9	6	1	3	7	2	8	4	5
8	3	5	6	4	1	9	2	7
2	7	4	9	8	5	3	1	6
5	4	3	8	1	7	6	9	2
6	1	9	2	5	3	4	7	8
7	2	8	4	6	9	5	3	1
4	5	2	1	9	8	7	6	3
3	8	6	7	2	4	1	5	9
1	9	7	5	3	6	2	8	4

A037

5	1	3	4	9	8	6	2	7
2	6	7	5	1	3	4	8	9
4	9	8	2	7	6	5	3	1
6	4	9	8	3	7	1	5	2
8	5	2	1	4	9	3	7	6
7	3	1	6	5	2	8	9	4
1	7	6	9	8	5	2	4	3
9	8	4	3	2	1	7	6	5
3	2	5	7	6	4	9	1	8

A038

1	5	4	8	9	7	6	3	2
8	6	3	2	1	5	9	4	7
9	7	2	3	6	4	5	8	1
6	4	7	1	8	3	2	5	9
3	8	9	7	5	2	1	6	4
2	1	5	9	4	6	8	7	3
7	2	1	5	3	8	4	9	6
4	9	8	6	7	1	3	2	5
5	3	6	4	2	9	7	1	8

A039

8	1	5	7	2	9	3	4	6
4	9	7	3	6	5	8	1	2
2	6	3	1	8	4	5	9	7
1	3	2	4	9	6	7	8	5
7	8	6	5	1	3	4	2	9
5	4	9	8	7	2	1	6	3
3	2	8	9	5	1	6	7	4
6	5	1	2	4	7	9	3	8
9	7	4	6	3	8	2	5	1

A040

2	6	4	5	1	8	7	3	9
3	8	7	4	9	2	5	6	1
1	9	5	7	3	6	8	4	2
6	5	1	9	4	7	3	2	8
8	4	9	2	6	3	1	7	5
7	2	3	8	5	1	6	9	4
5	1	2	3	7	9	4	8	6
9	7	6	1	8	4	2	5	3
4	3	8	6	2	5	9	1	7

A041

9	5	6	7	3	1	8	4	2
8	4	3	2	5	9	6	1	7
2	7	1	8	6	4	9	3	5
3	1	7	9	4	8	5	2	6
6	8	5	3	1	2	4	7	9
4	2	9	6	7	5	1	8	3
7	3	4	1	9	6	2	5	8
5	6	2	4	8	3	7	9	1
1	9	8	5	2	7	3	6	4

A042

5	2	6	1	7	8	9	4	3
9	8	3	2	4	6	7	1	5
7	1	4	9	5	3	6	8	2
6	7	8	4	2	5	1	3	9
4	9	2	3	8	1	5	6	7
3	5	1	6	9	7	8	2	4
8	6	9	7	3	4	2	5	1
1	4	7	5	6	2	3	9	8
2	3	5	8	1	9	4	7	6

A043

8	2	6	5	1	4	3	7	9
3	5	1	6	9	7	4	2	8
4	7	9	2	3	8	6	5	1
5	6	8	1	4	2	9	3	7
7	3	4	8	5	9	2	1	6
1	9	2	7	6	3	5	8	4
2	4	5	9	8	1	7	6	3
6	1	3	4	7	5	8	9	2
9	8	7	3	2	6	1	4	5

A044

7	2	3	6	4	5	8	1	9
5	1	4	8	2	9	7	3	6
6	9	8	1	7	3	5	4	2
4	8	9	5	3	6	1	2	7
2	6	5	7	1	4	9	8	3
1	3	7	2	9	8	4	6	5
8	5	2	4	6	7	3	9	1
3	7	6	9	8	1	2	5	4
9	4	1	3	5	2	6	7	8

A045

3	8	7	1	4	6	2	9	5
2	9	5	3	7	8	6	1	4
4	6	1	5	9	2	7	8	3
7	3	6	4	8	9	1	5	2
1	2	9	6	3	5	4	7	8
8	5	4	7	2	1	3	6	9
5	1	2	8	6	3	9	4	7
6	7	3	9	5	4	8	2	1
9	4	8	2	1	7	5	3	6

A046

2	7	4	8	3	6	1	9	5
9	5	6	2	1	4	8	7	3
3	8	1	5	7	9	2	4	6
7	9	5	6	8	2	3	1	4
8	6	3	9	4	1	7	5	2
4	1	2	3	5	7	6	8	9
1	3	9	4	6	8	5	2	7
5	2	8	7	9	3	4	6	1
6	4	7	1	2	5	9	3	8

A047

7	9	4	1	5	3	6	2	8
2	6	1	7	9	8	5	4	3
8	3	5	2	6	4	7	9	1
5	4	3	9	2	6	1	8	7
1	8	2	4	3	7	9	6	5
6	7	9	5	8	1	4	3	2
4	2	8	6	1	5	3	7	9
9	1	6	3	7	2	8	5	4
3	5	7	8	4	9	2	1	6

A048

7	9	1	4	8	2	5	3	6
3	6	8	1	5	9	4	2	7
4	2	5	7	3	6	8	9	1
6	1	7	5	2	8	9	4	3
8	3	4	9	7	1	2	6	5
9	5	2	3	6	4	1	7	8
1	8	3	2	9	7	6	5	4
2	7	6	8	4	5	3	1	9
5	4	9	6	1	3	7	8	2

A049

9	2	7	6	4	8	5	1	3
4	8	5	3	1	2	6	9	7
6	3	1	7	9	5	8	4	2
5	6	9	4	3	7	2	8	1
7	4	3	2	8	1	9	5	6
8	1	2	5	6	9	3	7	4
3	9	8	1	2	4	7	6	5
1	7	6	8	5	3	4	2	9
2	5	4	9	7	6	1	3	8

A050

5	7	6	8	2	4	1	3	9
8	4	2	3	1	9	7	6	5
1	9	3	7	5	6	4	8	2
9	8	7	2	4	3	5	1	6
3	2	5	9	6	1	8	4	7
6	1	4	5	8	7	2	9	3
7	6	8	1	9	2	3	5	4
2	5	9	4	3	8	6	7	1
4	3	1	6	7	5	9	2	8

A051

7	6	9	8	3	2	5	4	1
8	3	1	4	6	5	7	9	2
2	5	4	9	1	7	6	3	8
6	9	2	5	4	3	1	8	7
5	1	8	6	7	9	4	2	3
4	7	3	1	2	8	9	5	6
9	4	7	3	8	6	2	1	5
3	2	5	7	9	1	8	6	4
1	8	6	2	5	4	3	7	9

A052

1	2	5	8	6	3	4	9	7
6	9	7	4	1	2	5	8	3
4	3	8	7	9	5	6	2	1
3	8	4	5	7	1	2	6	9
2	7	6	3	8	9	1	4	5
5	1	9	6	2	4	3	7	8
8	5	3	2	4	7	9	1	6
9	6	2	1	5	8	7	3	4
7	4	1	9	3	6	8	5	2

A053

5	9	6	7	2	4	3	1	8
4	3	8	9	5	1	2	7	6
1	7	2	3	6	8	9	5	4
8	5	3	2	4	9	7	6	1
2	1	4	6	3	7	8	9	5
7	6	9	8	1	5	4	3	2
3	8	5	1	9	2	6	4	7
6	4	7	5	8	3	1	2	9
9	2	1	4	7	6	5	8	3

A054

8	3	2	4	9	6	5	7	1
7	5	1	2	8	3	6	9	4
4	9	6	7	5	1	3	2	8
5	2	7	1	6	4	8	3	9
1	8	4	5	3	9	2	6	7
9	6	3	8	2	7	4	1	5
6	1	9	3	4	5	7	8	2
3	4	8	9	7	2	1	5	6
2	7	5	6	1	8	9	4	3

A055

7	4	8	2	5	9	6	1	3
1	6	2	7	3	4	9	8	5
9	3	5	8	6	1	4	2	7
8	9	4	3	1	2	5	7	6
6	1	3	9	7	5	8	4	2
5	2	7	4	8	6	1	3	9
4	5	9	1	2	7	3	6	8
3	7	1	6	9	8	2	5	4
2	8	6	5	4	3	7	9	1

A056

2	8	4	7	9	5	3	6	1
6	7	1	2	3	4	9	8	5
9	3	5	8	6	1	2	4	7
1	6	2	5	7	3	8	9	4
7	4	8	9	2	6	1	5	3
3	5	9	1	4	8	7	2	6
4	9	6	3	8	7	5	1	2
5	2	7	4	1	9	6	3	8
8	1	3	6	5	2	4	7	9

A057

7	6	5	2	4	8	3	1	9
3	9	8	6	1	5	7	2	4
4	1	2	3	7	9	8	5	6
8	2	4	1	9	3	5	6	7
6	7	1	5	8	2	9	4	3
5	3	9	4	6	7	2	8	1
2	5	6	9	3	1	4	7	8
9	4	7	8	2	6	1	3	5
1	8	3	7	5	4	6	9	2

A058

4	5	6	9	7	1	3	2	8
9	3	1	5	2	8	6	7	4
8	7	2	6	3	4	9	1	5
1	4	7	3	5	6	2	8	9
2	8	3	4	9	7	5	6	1
6	9	5	1	8	2	7	4	3
5	6	8	2	4	9	1	3	7
7	1	9	8	6	3	4	5	2
3	2	4	7	1	5	8	9	6

A059

2	6	4	8	3	5	9	1	7
8	3	7	2	1	9	5	6	4
9	5	1	4	6	7	3	8	2
3	4	5	7	2	8	1	9	6
1	7	2	6	9	3	4	5	8
6	8	9	1	5	4	7	2	3
7	9	3	5	8	6	2	4	1
4	1	8	9	7	2	6	3	5
5	2	6	3	4	1	8	7	9

A060

4	1	5	6	8	2	9	7	3
2	9	8	3	7	5	4	6	1
3	7	6	4	1	9	5	2	8
6	5	7	8	9	3	1	4	2
9	4	3	1	2	6	7	8	5
1	8	2	5	4	7	3	9	6
5	3	9	2	6	4	8	1	7
8	6	4	7	3	1	2	5	9
7	2	1	9	5	8	6	3	4

A061

1	7	2	8	9	5	6	4	3
3	4	9	6	7	2	5	1	8
6	5	8	3	1	4	7	2	9
8	9	5	1	6	3	2	7	4
4	3	1	5	2	7	8	9	6
7	2	6	9	4	8	3	5	1
9	6	3	2	5	1	4	8	7
5	1	7	4	8	6	9	3	2
2	8	4	7	3	9	1	6	5

A062

5	2	7	8	4	9	3	1	6
8	6	1	5	3	7	9	2	4
9	3	4	6	2	1	5	8	7
3	7	5	1	6	2	8	4	9
1	9	6	4	8	5	7	3	2
4	8	2	9	7	3	6	5	1
2	5	8	7	1	6	4	9	3
7	4	3	2	9	8	1	6	5
6	1	9	3	5	4	2	7	3

A063

1	8	9	2	5	3	6	7	4
3	5	6	1	4	7	2	8	9
2	7	4	8	9	6	5	3	1
9	2	7	3	8	1	4	6	5
6	1	3	4	7	5	9	2	8
5	4	8	9	6	2	7	1	3
4	9	1	6	2	8	3	5	7
8	6	5	7	3	9	1	4	2
7	3	2	5	1	4	8	9	6

A064

4	7	9	6	2	1	3	8	5
1	5	8	7	9	3	4	2	6
6	2	3	4	8	5	1	7	9
9	4	7	2	5	6	8	3	1
2	3	5	8	1	7	6	9	4
8	1	6	3	4	9	2	5	7
5	6	2	1	7	8	9	4	3
3	9	4	5	6	2	7	1	8
7	8	1	9	3	4	5	6	2

A065

5	8	2	3	9	1	4	6	7
3	9	7	5	6	4	8	1	2
1	6	4	7	8	2	3	9	5
8	3	9	6	2	7	5	4	1
6	2	5	4	1	9	7	3	8
7	4	1	8	3	5	6	2	9
2	5	3	1	4	8	9	7	6
4	1	8	9	7	6	2	5	3
9	7	6	2	5	3	1	8	4

A066

6	2	5	7	4	3	8	1	9
1	3	8	9	2	6	5	7	4
4	9	7	8	5	1	2	3	6
2	7	3	1	6	4	9	8	5
8	5	1	2	9	7	4	6	3
9	4	6	5	3	8	7	2	1
7	6	4	3	8	5	1	9	2
3	8	2	4	1	9	6	5	7
5	1	9	6	7	2	3	4	8

A067

8	1	9	2	4	7	5	6	3
3	5	4	1	6	9	8	2	7
7	6	2	8	3	5	1	9	4
6	8	1	9	5	3	4	7	2
4	7	3	6	8	2	9	1	5
9	2	5	4	7	1	3	8	6
1	4	7	3	9	6	2	5	8
5	9	8	7	2	4	6	3	1
2	3	6	5	1	8	7	4	9

A068

4	9	7	5	1	3	6	2	8
3	2	6	7	4	8	1	9	5
1	5	8	9	2	6	7	3	4
5	6	2	1	7	4	9	8	3
8	4	9	3	6	5	2	7	1
7	3	1	8	9	2	5	4	6
9	1	5	4	3	7	8	6	2
6	7	3	2	8	1	4	5	9
2	8	4	6	5	9	3	1	7

A069

1	5	8	2	3	6	7	9	4
2	9	6	4	8	7	3	1	5
4	7	3	5	9	1	6	2	8
5	3	9	8	6	4	1	7	2
8	6	1	7	2	3	5	4	9
7	2	4	1	5	9	8	3	6
9	1	7	6	4	8	2	5	3
3	8	5	9	7	2	4	6	1
6	4	2	3	1	5	9	8	7

A070

6	2	9	5	7	1	4	8	3
4	5	7	2	8	3	6	9	1
8	1	3	9	4	6	5	2	7
5	8	4	3	9	7	1	6	2
3	7	2	1	6	5	9	4	8
9	6	1	8	2	4	7	3	5
1	4	5	6	3	2	8	7	9
7	3	8	4	5	9	2	1	6
2	9	6	7	1	8	3	5	4

A071

7	6	1	4	9	5	8	2	3
8	5	9	2	7	3	1	4	6
3	2	4	1	6	8	5	7	9
4	8	7	9	5	1	3	6	2
5	1	6	3	4	2	7	9	8
9	3	2	6	8	7	4	5	1
6	9	5	8	3	4	2	1	7
1	4	8	7	2	9	6	3	5
2	7	3	5	1	6	9	8	4

A072

5	7	8	3	4	2	9	1	6
9	1	3	6	7	8	2	5	4
4	6	2	1	5	9	8	3	7
6	4	7	9	3	1	5	2	8
1	8	5	4	2	6	3	7	9
2	3	9	7	8	5	6	4	1
8	5	6	2	1	7	4	9	3
3	2	1	8	9	4	7	6	5
7	9	4	5	6	3	1	8	2

A073

2	7	9	8	4	5	6	1	3
4	3	5	9	1	6	2	7	8
1	6	8	2	7	3	4	9	5
5	9	4	7	2	1	8	3	6
3	8	7	4	6	9	5	2	1
6	1	2	3	5	8	7	4	9
7	5	6	1	9	2	3	8	4
8	2	1	6	3	4	9	5	7
9	4	3	5	8	7	1	6	2

A074

1	4	8	2	9	3	6	7	5
9	2	3	5	7	6	1	4	8
7	6	5	1	4	8	9	2	3
8	9	7	6	2	1	5	3	4
4	3	2	7	5	9	8	6	1
5	1	6	8	3	4	2	9	7
3	7	1	9	6	5	4	8	2
2	5	9	4	8	7	3	1	6
6	8	4	3	1	2	7	5	9

A075

1	2	6	3	4	8	5	9	7
8	3	5	2	9	7	4	1	6
7	9	4	1	6	5	3	8	2
5	4	1	9	3	6	7	2	8
9	7	2	5	8	1	6	4	3
3	6	8	4	7	2	1	5	9
6	5	3	8	2	4	9	7	1
4	8	7	6	1	9	2	3	5
2	1	9	7	5	3	8	6	4

A076

5	9	1	2	7	6	4	8	3
7	4	3	5	9	8	2	1	6
8	6	2	4	1	3	7	5	9
6	7	8	1	3	9	5	4	2
2	3	9	8	5	4	6	7	1
4	1	5	6	2	7	9	3	8
9	2	4	7	8	1	3	6	5
3	8	6	9	4	5	1	2	7
1	5	7	3	6	2	8	9	4

A077

5	7	1	2	6	9	3	8	4
4	9	3	1	7	8	6	2	5
2	8	6	3	4	5	1	7	9
9	4	2	5	8	3	7	1	6
1	3	5	7	2	6	4	9	8
7	6	8	9	1	4	2	5	3
8	1	4	6	9	2	5	3	7
3	2	9	4	5	7	8	6	1
6	5	7	8	3	1	9	4	2

A078

3	1	5	9	8	7	2	6	4
9	7	6	3	2	4	1	8	5
4	8	2	1	5	6	3	9	7
1	2	4	8	3	9	5	7	6
8	6	3	5	7	1	9	4	2
7	5	9	4	6	2	8	3	1
6	3	8	7	1	5	4	2	9
2	9	1	6	4	3	7	5	8
5	4	7	2	9	8	6	1	3

A079

1	2	3	5	4	7	6	8	9
8	9	5	1	2	6	3	7	4
7	4	6	9	8	3	2	5	1
9	6	8	7	3	2	1	4	5
5	3	2	8	1	4	9	6	7
4	7	1	6	9	5	8	3	2
3	1	9	4	5	8	7	2	6
6	8	4	2	7	1	5	9	3
2	5	7	3	6	9	4	1	8

A080

7	8	3	1	5	4	6	9	2
2	1	5	6	3	9	7	8	4
9	4	6	8	2	7	3	1	5
3	2	9	4	1	6	8	5	7
5	6	1	7	8	3	2	4	9
8	7	4	2	9	5	1	6	3
1	5	7	9	6	2	4	3	8
6	9	2	3	4	8	5	7	1
4	3	8	5	7	1	9	2	6

A081

8	7	9	6	5	1	4	3	2
3	2	6	4	9	7	5	8	1
1	5	4	8	2	3	9	6	7
4	9	5	3	7	2	8	1	6
7	1	8	5	4	6	3	2	9
6	3	2	1	8	9	7	5	4
2	4	3	7	6	5	1	9	8
9	8	1	2	3	4	6	7	5
5	6	7	9	1	8	2	4	3

A082

7	2	8	3	6	1	9	5	4
1	4	5	9	2	7	3	8	6
9	6	3	4	5	8	1	2	7
8	5	2	7	4	3	6	1	9
4	3	9	6	1	5	8	7	2
6	1	7	2	8	9	5	4	3
2	8	6	1	3	4	7	9	5
3	9	1	5	7	2	4	6	8
5	7	4	8	9	6	2	3	1

A083

9	7	1	6	5	2	4	3	8
4	8	6	3	7	1	9	5	2
5	3	2	4	8	9	6	1	7
1	4	7	9	3	8	5	2	6
6	2	9	5	1	4	7	8	3
8	5	3	7	2	6	1	9	4
7	1	4	2	9	3	8	6	5
3	6	8	1	4	5	2	7	9
2	9	5	8	6	7	3	4	1

A084

4	5	1	2	8	6	7	9	3
8	7	2	9	5	3	6	1	4
9	6	3	4	7	1	8	2	5
6	4	9	7	3	2	5	8	1
2	8	5	1	4	9	3	6	7
3	1	7	8	6	5	2	4	9
5	9	4	6	2	7	1	3	8
7	2	8	3	1	4	9	5	6
1	3	6	5	9	8	4	7	2

A085

5	1	8	2	9	3	4	6	7
2	9	7	6	8	4	5	3	1
3	4	6	7	5	1	2	8	9
7	3	4	8	1	5	6	9	2
6	8	9	3	7	2	1	4	5
1	5	2	4	6	9	8	7	3
9	2	3	1	4	8	7	5	6
4	6	5	9	2	7	3	1	8
8	7	1	5	3	6	9	2	4

A086

1	7	2	3	8	6	4	5	9
3	8	5	9	4	2	7	1	6
6	4	9	7	1	5	3	8	2
9	1	8	6	3	4	5	2	7
2	6	3	5	7	8	1	9	4
7	5	4	1	2	9	6	3	8
5	2	6	4	9	3	8	7	1
4	9	1	8	5	7	2	6	3
8	3	7	2	6	1	9	4	5

A087

1	2	5	3	4	9	8	6	7
3	6	9	5	8	7	2	1	4
8	4	7	6	1	2	5	9	3
6	8	2	9	5	4	7	3	1
5	9	4	7	3	1	6	2	8
7	1	3	2	6	8	9	4	5
9	5	6	1	7	3	4	8	2
2	3	8	4	9	5	1	7	6
4	7	1	8	2	6	3	5	9

A088

8	3	7	9	5	2	1	4	6
1	4	2	3	8	6	9	7	5
5	9	6	7	4	1	8	3	2
2	6	5	8	7	4	3	9	1
7	8	9	5	1	3	6	2	4
4	1	3	6	2	9	7	5	8
9	7	4	1	6	5	2	8	3
6	2	8	4	3	7	5	1	9
3	5	1	2	9	8	4	6	7

A089

6	7	1	2	5	3	9	4	8
4	3	5	1	9	8	2	7	6
9	2	8	4	7	6	5	3	1
3	5	2	8	4	7	6	1	9
7	8	9	6	2	1	4	5	3
1	6	4	5	3	9	7	8	2
8	4	7	3	6	2	1	9	5
2	9	3	7	1	5	8	6	4
5	1	6	9	8	4	3	2	7

A090

6	2	8	1	9	3	5	7	4
7	5	9	6	2	4	1	3	8
3	4	1	5	7	8	6	9	2
1	3	5	7	8	2	9	4	6
8	9	7	3	4	6	2	1	5
4	6	2	9	1	5	3	8	7
9	7	4	2	5	1	8	6	3
5	8	3	4	6	9	7	2	1
2	1	6	8	3	7	4	5	9

A091

6	4	8	7	9	2	1	3	5
9	5	1	3	8	4	2	7	6
7	2	3	5	1	6	9	8	4
5	7	9	4	2	3	6	1	8
3	1	4	9	6	8	5	2	7
8	6	2	1	7	5	4	9	3
4	9	7	8	5	1	3	6	2
1	3	6	2	4	7	8	5	9
2	8	5	6	3	9	7	4	1

A092

4	7	5	3	9	8	6	2	1
2	3	6	5	1	4	8	9	7
1	9	8	2	7	6	4	3	5
5	1	4	9	6	7	3	8	2
7	6	3	8	4	2	1	5	9
8	2	9	1	3	5	7	6	4
6	8	2	4	5	1	9	7	3
3	4	7	6	2	9	5	1	8
9	5	1	7	8	3	2	4	6

A093

3	8	6	1	2	5	4	9	7
4	9	2	3	8	7	1	6	5
7	5	1	4	6	9	8	2	3
2	6	5	8	7	3	9	1	4
9	7	4	6	5	1	2	3	8
8	1	3	2	9	4	5	7	6
1	3	7	9	4	8	6	5	2
6	4	9	5	3	2	7	8	1
5	2	8	7	1	6	3	4	9

A094

7	5	6	4	1	2	8	3	9
8	1	9	5	6	3	4	2	7
2	3	4	8	7	9	5	6	1
5	2	3	1	9	4	6	7	8
6	8	1	7	3	5	9	4	2
9	4	7	2	8	6	3	1	5
4	7	2	3	5	8	1	9	6
3	6	8	9	2	1	7	5	4
1	9	5	6	4	7	2	8	3

A095

9	2	1	4	8	5	3	7	6
7	4	3	1	6	9	8	2	5
8	5	6	2	7	3	1	9	4
6	8	9	5	2	4	7	1	3
3	1	5	7	9	6	2	4	8
4	7	2	3	1	8	5	6	9
5	3	7	6	4	2	9	8	1
1	9	4	8	5	7	6	3	2
2	6	8	9	3	1	4	5	7

A096

4	5	7	2	6	8	9	3	1
2	9	3	7	1	5	6	8	4
6	1	8	9	4	3	2	7	5
5	2	6	8	3	1	7	4	9
3	8	1	4	7	9	5	6	2
9	7	4	5	2	6	8	1	3
1	6	9	3	8	2	4	5	7
8	4	2	1	5	7	3	9	6
7	3	5	6	9	4	1	2	8

A097

1	2	5	6	7	8	4	9	3
4	8	9	3	2	1	7	5	6
6	7	3	5	9	4	8	2	1
7	9	1	4	8	3	5	6	2
5	6	4	9	1	2	3	8	7
2	3	8	7	6	5	9	1	4
8	4	7	2	5	6	1	3	9
9	1	2	8	3	7	6	4	5
3	5	6	1	4	9	2	7	8

A098

3	8	7	5	1	9	6	2	4
5	2	6	3	7	4	1	8	9
1	9	4	2	8	6	7	3	5
4	1	9	8	6	7	2	5	3
8	6	3	4	5	2	9	1	7
7	5	2	1	9	3	4	6	8
9	3	5	6	4	1	8	7	2
2	7	1	9	3	8	5	4	6
6	4	8	7	2	5	3	9	1

A099

7	3	1	8	2	4	9	5	6
5	8	6	7	3	9	1	4	2
9	2	4	1	5	6	7	3	8
1	4	7	9	6	8	3	2	5
2	5	8	4	7	3	6	1	9
3	6	9	5	1	2	8	7	4
6	1	3	2	9	5	4	8	7
4	9	2	3	8	7	5	6	1
8	7	5	6	4	1	2	9	3

A100

5	9	1	7	6	3	4	2	8
8	2	3	4	5	9	7	1	6
4	6	7	2	8	1	5	3	9
6	1	4	9	3	8	2	5	7
7	8	5	6	1	2	9	4	3
9	3	2	5	7	4	8	6	1
2	4	8	3	9	6	1	7	5
1	7	6	8	4	5	3	9	2
3	5	9	1	2	7	6	8	4

A101

1	8	4	7	6	3	5	2	9
6	5	9	2	4	8	1	3	7
3	7	2	5	1	9	4	8	6
7	4	6	3	9	2	8	5	1
9	2	1	4	8	5	7	6	3
5	3	8	1	7	6	2	9	4
2	1	5	6	3	7	9	4	8
4	9	3	8	2	1	6	7	5
8	6	7	9	5	4	3	1	2

A102

1	6	8	2	5	4	7	9	3
7	2	5	3	8	9	6	1	4
4	9	3	7	6	1	8	2	5
8	1	7	4	2	3	9	5	6
6	3	4	5	9	7	1	8	2
9	5	2	6	1	8	3	4	7
5	8	6	9	7	2	4	3	1
2	4	1	8	3	6	5	7	9
3	7	9	1	4	5	2	6	8

A103

1	4	7	3	2	9	6	8	5
3	6	9	5	8	4	1	7	2
5	2	8	1	7	6	9	3	4
9	3	1	4	6	2	8	5	7
6	7	2	8	5	1	4	9	3
8	5	4	9	3	7	2	1	6
2	9	5	7	4	8	3	6	1
4	8	3	6	1	5	7	2	9
7	1	6	2	9	3	5	4	8

A104

5	3	4	6	2	1	8	9	7
8	6	1	3	7	9	4	2	5
7	9	2	8	5	4	1	3	6
6	4	5	1	9	7	3	8	2
1	2	7	4	8	3	6	5	9
3	8	9	2	6	5	7	1	4
9	1	3	7	4	2	5	6	8
2	7	8	5	3	6	9	4	1
4	5	6	9	1	8	2	7	3

A105

8	2	5	7	4	3	6	9	1
6	7	1	9	5	2	4	3	8
9	3	4	1	6	8	7	5	2
3	6	9	4	8	1	2	7	5
4	5	8	2	7	6	9	1	3
2	1	7	5	3	9	8	4	6
7	4	6	8	1	5	3	2	9
1	9	3	6	2	7	5	8	4
5	8	2	3	9	4	1	6	7

A106

5	9	8	7	1	4	3	6	2
7	3	2	6	5	9	1	8	4
6	4	1	2	8	3	7	5	9
9	2	7	3	6	8	5	4	1
4	5	6	1	9	7	8	2	3
8	1	3	4	2	5	6	9	7
3	7	9	5	4	6	2	1	8
1	8	5	9	7	2	4	3	6
2	6	4	8	3	1	9	7	5

A107

5	4	2	3	1	7	9	8	6
7	3	9	5	6	8	2	4	1
1	8	6	9	2	4	7	5	3
6	1	4	7	5	9	8	3	2
9	2	5	6	8	3	4	1	7
3	7	8	2	4	1	5	6	9
2	5	1	8	9	6	3	7	4
4	9	7	1	3	5	6	2	8
8	6	3	4	7	2	1	9	5

A108

1	6	4	3	5	7	9	2	8
5	9	3	1	8	2	6	7	4
2	8	7	4	9	6	1	3	5
4	5	2	7	1	9	3	8	6
7	1	6	8	4	3	2	5	9
9	3	8	6	2	5	4	1	7
6	4	1	2	7	8	5	9	3
3	7	9	5	6	1	8	4	2
8	2	5	9	3	4	7	6	1

A109

7	1	5	4	9	8	6	3	2
2	8	4	6	1	3	5	9	7
3	6	9	7	5	2	4	1	8
1	3	8	5	4	6	7	2	9
6	4	7	1	2	9	8	5	3
5	9	2	3	8	7	1	6	4
4	2	1	9	7	5	3	8	6
9	7	6	8	3	1	2	4	5
8	5	3	2	6	4	9	7	1

A110

7	2	3	9	4	6	8	5	1
9	6	1	3	5	8	4	2	7
5	8	4	2	7	1	9	6	3
4	9	5	6	2	3	7	1	8
6	3	8	1	9	7	5	4	2
2	1	7	4	8	5	3	9	6
8	4	2	7	1	9	6	3	5
3	5	9	8	6	2	1	7	4
1	7	6	5	3	4	2	8	9

A111

8	7	9	5	6	2	4	1	3
4	1	5	7	3	8	2	9	6
2	3	6	1	4	9	5	7	8
1	9	4	3	7	6	8	5	2
6	2	8	9	1	5	7	3	4
7	5	3	8	2	4	9	6	1
3	4	2	6	5	7	1	8	9
9	6	7	4	8	1	3	2	5
5	8	1	2	9	3	6	4	7

A112

9	3	8	1	4	5	6	2	7
5	7	6	8	9	2	1	3	4
2	4	1	7	6	3	9	8	5
7	8	2	9	5	1	3	4	6
3	1	9	4	7	6	2	5	8
6	5	4	2	3	8	7	9	1
1	2	5	3	8	7	4	6	9
4	6	3	5	1	9	8	7	2
8	9	7	6	2	4	5	1	3

A113

5	8	9	1	2	4	7	6	3
6	2	3	8	9	7	1	4	5
4	1	7	3	6	5	8	2	9
8	9	4	5	7	3	6	1	2
2	3	5	4	1	6	9	8	7
1	7	6	9	8	2	3	5	4
9	6	2	7	5	8	4	3	1
7	4	8	2	3	1	5	9	6
3	5	1	6	4	9	2	7	8

A114

1	4	7	9	6	2	5	8	3
8	3	6	5	1	4	2	9	7
5	9	2	3	7	8	4	6	1
9	6	5	1	2	7	8	3	4
4	1	3	6	8	9	7	2	5
7	2	8	4	5	3	9	1	6
2	8	1	7	3	5	6	4	9
3	5	4	2	9	6	1	7	8
6	7	9	8	4	1	3	5	2

A115

3	8	5	6	1	4	2	9	7
9	6	2	7	3	8	4	5	1
1	4	7	2	5	9	8	6	3
5	1	3	8	7	6	9	4	2
4	9	8	5	2	3	1	7	6
7	2	6	9	4	1	3	8	5
8	5	1	3	9	7	6	2	4
2	3	9	4	6	5	7	1	8
6	7	4	1	8	2	5	3	9

A116

4	6	9	7	1	2	8	3	5
5	1	8	4	3	6	2	9	7
2	3	7	8	5	9	6	4	1
6	7	3	5	4	8	9	1	2
8	4	2	9	6	1	5	7	3
1	9	5	2	7	3	4	8	6
9	5	1	6	8	7	3	2	4
7	2	6	3	9	4	1	5	8
3	8	4	1	2	5	7	6	9

A117

1	4	9	8	7	3	6	5	2
6	8	7	2	5	4	9	1	3
5	3	2	9	1	6	4	7	8
4	2	6	1	8	5	7	3	9
3	9	1	6	2	7	5	8	4
7	5	8	4	3	9	2	6	1
9	1	4	7	6	8	3	2	5
2	6	5	3	9	1	8	4	7
8	7	3	5	4	2	1	9	6

A118

1	9	5	8	4	3	7	2	6
2	7	8	1	6	5	3	4	9
3	4	6	7	9	2	1	5	8
9	8	2	6	7	1	5	3	4
5	3	7	9	2	4	6	8	1
6	1	4	5	3	8	9	7	2
4	2	9	3	1	7	8	6	5
7	5	1	4	8	6	2	9	3
8	6	3	2	5	9	4	1	7

A119

6	7	8	1	3	5	9	2	4
2	1	3	4	7	9	5	6	8
4	9	5	6	2	8	1	3	7
8	5	4	3	1	6	2	7	9
1	6	2	7	9	4	8	5	3
9	3	7	5	8	2	4	1	6
3	8	9	2	5	7	6	4	1
5	4	1	9	6	3	7	8	2
7	2	6	8	4	1	3	9	5

A120

1	6	7	2	5	8	9	3	4
4	8	2	1	9	3	5	6	7
5	9	3	7	6	4	1	8	2
6	1	4	5	7	2	8	9	3
3	5	9	4	8	6	2	7	1
2	7	8	9	3	1	4	5	6
9	2	6	8	1	7	3	4	5
8	3	1	6	4	5	7	2	9
7	4	5	3	2	9	6	1	8

A121

9	4	8	6	1	2	3	5	7
3	6	2	4	7	5	1	8	9
5	1	7	9	8	3	6	4	2
4	5	1	8	3	7	9	2	6
6	8	3	2	9	4	7	1	5
7	2	9	1	5	6	4	3	8
2	3	4	5	6	9	8	7	1
8	9	5	7	4	1	2	6	3
1	7	6	3	2	8	5	9	4

A122

9	4	6	1	7	8	3	5	2
1	2	5	6	9	3	8	4	7
3	8	7	2	5	4	1	6	9
5	7	1	3	6	9	2	8	4
8	6	4	7	2	1	5	9	3
2	3	9	8	4	5	7	1	6
7	9	3	5	8	6	4	2	1
6	5	2	4	1	7	9	3	8
4	1	8	9	3	2	6	7	5

A123

4	9	7	1	8	3	6	5	2
5	6	1	9	2	4	3	8	7
3	2	8	6	5	7	4	1	9
9	1	4	5	3	2	7	6	8
2	3	6	8	7	1	5	9	4
8	7	5	4	9	6	2	3	1
6	8	3	2	4	9	1	7	5
7	4	9	3	1	5	8	2	6
1	5	2	7	6	8	9	4	3

A124

9	8	6	3	1	4	5	2	7
3	2	7	6	5	9	1	4	8
4	1	5	7	8	2	3	6	9
6	7	2	5	4	1	9	8	3
8	4	9	2	7	3	6	1	5
5	3	1	9	6	8	4	7	2
1	9	3	4	2	7	8	5	6
2	6	8	1	9	5	7	3	4
7	5	4	8	3	6	2	9	1

A125

1	9	7	2	3	5	6	4	8
4	3	6	8	9	1	2	7	5
5	2	8	4	7	6	3	1	9
9	6	1	7	8	4	5	2	3
3	7	2	1	5	9	8	6	4
8	5	4	3	6	2	1	9	7
6	1	9	5	4	3	7	8	2
2	8	5	9	1	7	4	3	6
7	4	3	6	2	8	9	5	1

A126

9	3	2	1	6	8	4	5	7
1	4	8	7	5	3	9	2	6
7	6	5	9	4	2	3	1	8
5	8	4	3	2	7	1	6	9
3	9	7	4	1	6	5	8	2
6	2	1	5	8	9	7	3	4
4	5	6	2	7	1	8	9	3
8	7	9	6	3	5	2	4	1
2	1	3	8	9	4	6	7	5

A127

1	5	6	9	8	2	3	4	7
3	2	8	6	4	7	1	9	5
9	7	4	3	5	1	8	2	6
8	1	2	5	9	4	6	7	3
6	4	5	8	7	3	9	1	2
7	3	9	1	2	6	4	5	8
5	8	1	7	3	9	2	6	4
4	9	3	2	6	5	7	8	1
2	6	7	4	1	8	5	3	9

A128

1	7	4	2	5	8	9	6	3
3	2	5	6	9	1	7	4	8
9	6	8	4	7	3	1	5	2
8	5	3	1	4	9	6	2	7
2	4	1	7	3	6	5	8	9
6	9	7	5	8	2	4	3	1
5	3	9	8	1	4	2	7	6
7	1	2	3	6	5	8	9	4
4	8	6	9	2	7	3	1	5

A129

8	9	5	2	3	4	1	6	7
7	6	1	8	5	9	4	2	3
2	3	4	6	1	7	9	8	5
4	1	2	5	6	3	8	7	9
9	5	7	4	8	1	2	3	6
3	8	6	9	7	2	5	4	1
1	4	3	7	2	5	6	9	8
5	2	8	3	9	6	7	1	4
6	7	9	1	4	8	3	5	2

A130

9	1	3	7	6	5	2	8	4
7	8	2	3	4	9	5	6	1
5	6	4	2	8	1	7	3	9
1	3	7	8	2	6	9	4	5
6	2	9	1	5	4	8	7	3
8	4	5	9	7	3	1	2	6
4	7	1	6	9	8	3	5	2
2	9	6	5	3	7	4	1	8
3	5	8	4	1	2	6	9	7

A131

5	2	3	6	8	7	9	1	4
9	8	1	2	4	5	6	3	7
7	6	4	1	9	3	2	8	5
3	7	5	8	1	2	4	6	9
6	9	2	3	5	4	1	7	8
4	1	8	7	6	9	3	5	2
8	4	7	9	3	6	5	2	1
1	5	6	4	2	8	7	9	3
2	3	9	5	7	1	8	4	6

A132

1	2	8	9	3	6	7	4	5
6	7	3	8	4	5	2	9	1
9	5	4	7	2	1	3	6	8
3	8	7	5	6	4	1	2	9
4	9	6	2	1	7	8	5	3
5	1	2	3	8	9	4	7	6
7	3	9	1	5	2	6	8	4
2	4	1	6	9	8	5	3	7
8	6	5	4	7	3	9	1	2

A133

7	5	2	8	1	3	4	6	9
3	9	4	6	2	7	1	8	5
6	1	8	9	5	4	2	3	7
2	6	1	7	3	5	9	4	8
9	8	5	2	4	6	7	1	3
4	7	3	1	9	8	5	2	6
8	4	9	5	6	2	3	7	1
5	3	7	4	8	1	6	9	2
1	2	6	3	7	9	8	5	4

A134

1	6	7	5	2	4	9	3	8
3	4	5	6	8	9	2	7	1
8	2	9	1	3	7	6	4	5
2	3	4	9	6	1	5	8	7
7	5	6	2	4	8	3	1	9
9	8	1	7	5	3	4	2	6
6	7	8	3	9	2	1	5	4
5	1	3	4	7	6	8	9	2
4	9	2	8	1	5	7	6	3

A135

4	1	3	5	7	8	9	2	6
2	9	6	4	3	1	8	5	7
8	5	7	9	2	6	4	1	3
9	3	2	1	5	4	7	6	8
1	6	5	3	8	7	2	9	4
7	8	4	6	9	2	1	3	5
5	7	1	2	4	3	6	8	9
3	2	8	7	6	9	5	4	1
6	4	9	8	1	5	3	7	2

A136

6	4	8	5	2	3	7	1	9
2	7	9	1	8	6	3	4	5
1	3	5	9	4	7	6	8	2
5	6	2	3	9	1	4	7	8
4	9	3	2	7	8	1	5	6
8	1	7	4	6	5	9	2	3
3	2	6	8	1	4	5	9	7
9	5	4	7	3	2	8	6	1
7	8	1	6	5	9	2	3	4

A137

5	1	8	4	6	7	2	9	3
3	6	4	5	2	9	7	1	8
7	9	2	1	3	8	5	6	4
1	2	7	8	9	6	4	3	5
9	5	6	2	4	3	8	7	1
8	4	3	7	5	1	6	2	9
6	8	1	9	7	4	3	5	2
2	7	9	3	8	5	1	4	6
4	3	5	6	1	2	9	8	7

A138

6	9	3	4	8	2	1	5	7
7	2	5	1	9	6	8	3	4
1	8	4	7	3	5	2	9	6
4	7	1	5	6	9	3	2	8
2	5	8	3	4	1	6	7	9
9	3	6	8	2	7	5	4	1
8	1	7	2	5	4	9	6	3
3	6	2	9	7	8	4	1	5
5	4	9	6	1	3	7	8	2

A139

9	5	3	8	1	2	6	7	4
1	4	6	7	9	3	2	5	8
7	2	8	4	6	5	9	1	3
6	8	5	9	3	4	1	2	7
4	7	1	6	2	8	5	3	9
3	9	2	5	7	1	8	4	6
8	3	4	2	5	6	7	9	1
5	1	7	3	8	9	4	6	2
2	6	9	1	4	7	3	8	5

A140

9	5	1	2	7	8	6	3	4
7	4	6	9	1	3	2	5	8
8	2	3	4	5	6	7	1	9
1	6	5	7	4	2	9	8	3
4	7	8	5	3	9	1	2	6
2	3	9	8	6	1	4	7	5
5	1	7	3	9	4	8	6	2
6	9	2	1	8	5	3	4	7
3	8	4	6	2	7	5	9	1

A141

2	6	1	5	7	8	3	9	4
3	5	7	1	4	9	8	6	2
9	4	8	3	6	2	1	7	5
6	7	9	8	2	4	5	1	3
5	8	4	9	3	1	6	2	7
1	3	2	6	5	7	4	8	9
7	2	5	4	8	6	9	3	1
8	9	3	2	1	5	7	4	6
4	1	6	7	9	3	2	5	8

A142

1	5	6	4	8	2	3	9	7
9	2	7	6	3	1	8	4	5
4	3	8	5	7	9	2	1	6
2	1	5	9	6	3	7	8	4
8	6	9	1	4	7	5	3	2
3	7	4	2	5	8	1	6	9
7	4	3	8	9	5	6	2	1
5	9	2	3	1	6	4	7	8
6	8	1	7	2	4	9	5	3

A143

9	6	4	7	3	2	5	1	8
8	5	3	9	4	1	7	6	2
1	7	2	5	6	8	4	3	9
2	3	9	6	8	5	1	4	7
5	4	1	3	9	7	8	2	6
7	8	6	1	2	4	3	9	5
4	1	5	2	7	6	9	8	3
6	9	7	8	1	3	2	5	4
3	2	8	4	5	9	6	7	1

A144

7	2	1	6	5	4	9	8	3
3	5	4	9	8	7	2	1	6
6	8	9	2	3	1	5	4	7
4	3	8	7	9	6	1	2	5
1	6	2	5	4	3	8	7	9
5	9	7	1	2	8	3	6	4
8	7	6	3	1	5	4	9	2
9	4	3	8	6	2	7	5	1
2	1	5	4	7	9	6	3	8

A145

1	8	2	3	5	7	4	6	9
5	3	6	1	4	9	2	7	8
4	7	9	2	6	8	3	1	5
9	5	3	8	7	2	6	4	1
7	4	1	5	9	6	8	3	2
2	6	8	4	1	3	5	9	7
8	9	4	6	2	1	7	5	3
6	2	7	9	3	5	1	8	4
3	1	5	7	8	4	9	2	6

A146

7	9	4	6	8	5	2	3	1
8	3	6	2	1	7	4	9	5
1	5	2	3	9	4	8	6	7
6	8	9	5	2	1	7	4	3
4	1	5	7	3	6	9	2	8
2	7	3	8	4	9	1	5	6
9	2	7	1	5	3	6	8	4
5	4	1	9	6	8	3	7	2
3	6	8	4	7	2	5	1	9

A147

7	3	9	4	1	5	8	2	6
1	2	5	6	3	8	4	7	9
8	6	4	2	9	7	1	5	3
6	1	8	5	7	3	9	4	2
5	9	2	8	6	4	3	1	7
3	4	7	1	2	9	6	8	5
4	8	3	9	5	2	7	6	1
9	5	6	7	4	1	2	3	8
2	7	1	3	8	6	5	9	4

A148

1	4	2	8	3	6	5	9	7
7	8	6	2	9	5	3	4	1
5	9	3	1	4	7	8	2	6
6	5	9	4	7	3	1	8	2
4	1	8	6	5	2	9	7	3
2	3	7	9	1	8	4	6	5
8	6	1	5	2	9	7	3	4
9	7	4	3	6	1	2	5	8
3	2	5	7	8	4	6	1	9

A149

5	1	8	3	6	2	7	4	9
7	6	9	1	8	4	5	2	3
3	2	4	5	7	9	1	6	8
4	3	2	6	1	7	9	8	5
1	9	7	2	5	8	6	3	4
6	8	5	9	4	3	2	1	7
8	5	1	4	9	6	3	7	2
2	4	6	7	3	5	8	9	1
9	7	3	8	2	1	4	5	6

A150

1	8	7	4	2	5	9	6	3
5	9	3	8	6	7	4	2	1
4	2	6	3	1	9	5	7	8
7	5	9	1	3	8	2	4	6
6	3	1	5	4	2	7	8	9
2	4	8	7	9	6	3	1	5
9	1	4	2	8	3	6	5	7
3	7	2	6	5	1	8	9	4
8	6	5	9	7	4	1	3	2

A151

6	4	9	7	2	8	3	1	5
5	7	8	1	3	6	4	2	9
3	2	1	9	5	4	6	8	7
7	9	4	8	6	1	5	3	2
8	5	2	4	7	3	1	9	6
1	3	6	2	9	5	8	7	4
4	1	7	5	8	9	2	6	3
2	6	5	3	1	7	9	4	8
9	8	3	6	4	2	7	5	1

A152

8	3	6	4	9	2	5	7	1
2	1	4	7	6	5	8	3	9
5	9	7	1	3	8	6	4	2
1	6	5	3	8	9	7	2	4
3	7	8	2	4	1	9	6	5
4	2	9	6	5	7	1	8	3
7	8	2	5	1	3	4	9	6
6	5	3	9	7	4	2	1	8
9	4	1	8	2	6	3	5	7

A153

4	9	3	6	5	2	8	1	7
1	2	6	7	3	8	5	4	9
8	7	5	9	1	4	3	2	6
3	8	4	5	9	6	2	7	1
7	5	2	8	4	1	6	9	3
6	1	9	3	2	7	4	5	8
2	3	1	4	6	9	7	8	5
9	6	7	2	8	5	1	3	4
5	4	8	1	7	3	9	6	2

A154

7	9	1	2	6	3	8	4	5
5	3	2	8	1	4	9	6	7
6	4	8	9	5	7	3	2	1
9	7	3	4	2	6	5	1	8
2	1	6	5	8	9	4	7	3
4	8	5	7	3	1	2	9	6
8	5	4	6	7	2	1	3	9
1	6	9	3	4	5	7	8	2
3	2	7	1	9	8	6	5	4

A155

5	9	3	8	2	4	7	6	1
6	4	8	1	3	7	9	5	2
7	1	2	9	6	5	3	4	8
3	5	1	6	8	2	4	7	9
2	8	6	7	4	9	5	1	3
4	7	9	5	1	3	8	2	6
8	6	7	4	9	1	2	3	5
1	2	4	3	5	8	6	9	7
9	3	5	2	7	6	1	8	4

A156

1	3	5	2	4	6	9	7	8
2	8	6	7	9	1	3	4	5
4	9	7	8	3	5	2	6	1
3	7	2	9	6	8	1	5	4
9	1	8	4	5	2	7	3	6
5	6	4	1	7	3	8	9	2
8	5	3	6	2	7	4	1	9
6	4	1	3	8	9	5	2	7
7	2	9	5	1	4	6	8	3

A157

9	7	6	1	5	2	3	4	8
3	4	1	8	6	7	5	2	9
2	5	8	3	9	4	1	6	7
4	9	5	6	7	8	2	3	1
7	6	3	2	1	5	8	9	4
8	1	2	9	4	3	6	7	5
5	2	9	4	8	6	7	1	3
6	8	4	7	3	1	9	5	2
1	3	7	5	2	9	4	8	6

A158

1	9	2	7	6	4	3	8	5
3	4	8	1	5	2	7	9	6
5	6	7	8	9	3	4	2	1
7	8	4	6	3	1	2	5	9
6	3	9	2	8	5	1	7	4
2	5	1	9	4	7	8	6	3
9	1	3	5	7	8	6	4	2
8	2	5	4	1	6	9	3	7
4	7	6	3	2	9	5	1	8

A159

4	6	8	9	7	5	2	1	3
2	9	1	8	3	6	4	7	5
3	7	5	4	1	2	6	8	9
8	1	6	7	5	3	9	4	2
7	4	3	2	9	8	5	6	1
9	5	2	6	4	1	7	3	8
5	8	4	3	6	9	1	2	7
1	2	7	5	8	4	3	9	6
6	3	9	1	2	7	8	5	4

A160

1	6	3	9	5	2	8	7	4
7	4	9	8	1	3	6	5	2
8	2	5	4	7	6	3	9	1
9	1	7	2	6	4	5	3	8
3	5	4	7	8	9	2	1	6
6	8	2	5	3	1	7	4	9
5	9	8	6	4	7	1	2	3
2	3	6	1	9	5	4	8	7
4	7	1	3	2	8	9	6	5

A161

7	5	1	3	9	2	8	6	4
3	2	9	6	8	4	7	1	5
6	8	4	7	1	5	2	3	9
2	7	3	1	5	6	9	4	8
4	6	8	2	7	9	1	5	3
1	9	5	4	3	8	6	2	7
9	3	7	5	2	1	4	8	6
5	4	2	8	6	7	3	9	1
8	1	6	9	4	3	5	7	2

A162

7	8	4	1	9	2	6	5	3
2	1	3	6	5	8	7	9	4
9	6	5	4	7	3	1	8	2
6	2	9	3	1	5	8	4	7
1	3	7	9	8	4	5	2	6
4	5	8	7	2	6	9	3	1
3	4	1	5	6	9	2	7	8
5	7	2	8	4	1	3	6	9
8	9	6	2	3	7	4	1	5

A163

7	9	6	2	8	5	4	1	3
2	1	8	4	3	7	6	5	9
4	3	5	9	1	6	2	7	8
5	2	3	7	6	4	9	8	1
8	4	9	5	2	1	3	6	7
6	7	1	8	9	3	5	4	2
1	6	2	3	5	8	7	9	4
3	8	4	6	7	9	1	2	5
9	5	7	1	4	2	8	3	6

A164

9	2	4	3	8	5	1	7	6
1	5	3	2	6	7	9	4	8
8	7	6	4	9	1	5	2	3
3	4	2	8	7	9	6	1	5
7	6	9	1	5	4	8	3	2
5	1	8	6	2	3	7	9	4
2	3	5	7	1	8	4	6	9
4	8	1	9	3	6	2	5	7
6	9	7	5	4	2	3	8	1

A165

1	5	4	6	2	7	3	8	9
8	2	7	9	3	5	1	4	6
9	3	6	4	1	8	7	2	5
3	7	8	2	4	9	6	5	1
2	1	5	7	6	3	8	9	4
6	4	9	8	5	1	2	3	7
4	8	3	1	9	6	5	7	2
7	6	2	5	8	4	9	1	3
5	9	1	3	7	2	4	6	8

A166

1	8	2	7	3	6	9	4	5
5	3	7	8	4	9	6	1	2
6	9	4	1	5	2	7	3	8
8	1	5	2	6	4	3	7	9
4	7	9	3	1	8	2	5	6
2	6	3	9	7	5	1	8	4
7	5	8	6	9	3	4	2	1
9	4	1	5	2	7	8	6	3
3	2	6	4	8	1	5	9	7

A167

6	3	7	2	4	5	8	1	9
5	8	1	3	6	9	4	7	2
2	9	4	8	7	1	6	5	3
8	5	2	9	3	7	1	4	6
9	1	6	4	2	8	7	3	5
4	7	3	5	1	6	9	2	8
1	6	9	7	5	3	2	8	4
3	4	8	1	9	2	5	6	7
7	2	5	6	8	4	3	9	1

A168

1	6	5	9	4	3	7	2	8
8	3	4	5	7	2	1	6	9
7	9	2	1	8	6	4	3	5
3	1	9	8	2	4	6	5	7
4	7	6	3	1	5	9	8	2
2	5	8	6	9	7	3	1	4
5	2	7	4	3	1	8	9	6
9	4	3	2	6	8	5	7	1
6	8	1	7	5	9	2	4	3

A169

4	8	2	7	1	9	5	3	6
9	7	6	8	3	5	1	4	2
5	1	3	6	2	4	7	9	8
3	9	8	1	5	6	4	2	7
7	6	4	3	9	2	8	1	5
1	2	5	4	7	8	9	6	3
2	3	9	5	8	1	6	7	4
6	5	7	9	4	3	2	8	1
8	4	1	2	6	7	3	5	9

A170

8	5	2	4	7	1	3	6	9
9	3	7	5	6	2	4	8	1
4	6	1	9	8	3	5	7	2
5	2	4	3	9	7	8	1	6
1	7	3	6	4	8	2	9	5
6	9	8	2	1	5	7	4	3
7	8	5	1	3	6	9	2	4
2	1	9	8	5	4	6	3	7
3	4	6	7	2	9	1	5	8

A171

9	8	4	1	3	6	7	5	2
1	3	5	7	2	9	6	8	4
6	2	7	4	8	5	3	9	1
7	9	6	2	5	8	1	4	3
5	4	2	9	1	3	8	7	6
3	1	8	6	7	4	5	2	9
8	6	3	5	4	2	9	1	7
2	7	9	8	6	1	4	3	5
4	5	1	3	9	7	2	6	8

A172

9	7	8	2	1	6	4	3	5
5	2	3	4	7	8	1	9	6
1	4	6	9	5	3	7	8	2
6	9	2	1	8	4	3	5	7
7	8	1	3	2	5	9	6	4
4	3	5	7	6	9	8	2	1
2	6	4	8	3	7	5	1	9
8	1	7	5	9	2	6	4	3
3	5	9	6	4	1	2	7	8

A173

4	5	8	1	2	7	3	9	6
1	2	3	9	6	5	8	4	7
9	7	6	8	4	3	2	1	5
8	4	2	7	3	1	6	5	9
5	6	9	4	8	2	7	3	1
7	3	1	5	9	6	4	8	2
6	9	4	2	1	8	5	7	3
3	8	5	6	7	9	1	2	4
2	1	7	3	5	4	9	6	8

A174

6	5	8	4	7	2	9	3	1
2	9	4	1	3	8	6	5	7
3	7	1	6	9	5	2	8	4
1	8	3	5	6	9	7	4	2
5	4	6	3	2	7	8	1	9
9	2	7	8	4	1	5	6	3
4	3	9	2	8	6	1	7	5
7	6	5	9	1	4	3	2	8
8	1	2	7	5	3	4	9	6

A175

9	7	3	5	6	8	1	4	2
4	5	2	7	1	3	9	6	8
6	1	8	9	4	2	7	5	3
7	3	4	6	5	9	8	2	1
5	2	9	8	3	1	6	7	4
1	8	6	4	2	7	3	9	5
2	9	7	3	8	5	4	1	6
3	4	1	2	7	6	5	8	9
8	6	5	1	9	4	2	3	7

A176

6	7	2	8	4	1	9	3	5
4	3	5	6	9	7	8	2	1
8	9	1	2	3	5	4	7	6
3	2	8	9	5	4	6	1	7
7	4	9	3	1	6	5	8	2
1	5	6	7	8	2	3	4	9
5	8	7	4	2	9	1	6	3
2	1	3	5	6	8	7	9	4
9	6	4	1	7	3	2	5	8

A177

1	6	7	5	3	4	8	9	2
5	2	8	1	9	7	4	6	3
9	4	3	8	6	2	1	5	7
6	5	4	2	1	9	7	3	8
3	1	2	7	8	6	9	4	5
8	7	9	4	5	3	6	2	1
4	3	5	9	7	1	2	8	6
7	9	6	3	2	8	5	1	4
2	8	1	6	4	5	3	7	9

A178

3	2	6	5	8	7	9	4	1
9	7	8	2	4	1	5	6	3
5	1	4	6	3	9	7	8	2
7	3	5	8	1	2	6	9	4
6	8	2	7	9	4	1	3	5
4	9	1	3	6	5	8	2	7
2	4	9	1	5	8	3	7	6
8	5	3	4	7	6	2	1	9
1	6	7	9	2	3	4	5	8

A179

7	1	8	3	9	6	4	5	2
9	2	6	5	4	1	8	7	3
3	5	4	7	8	2	6	1	9
8	7	1	2	6	9	5	3	4
6	9	3	8	5	4	1	2	7
2	4	5	1	7	3	9	6	8
5	3	7	9	1	8	2	4	6
4	8	2	6	3	5	7	9	1
1	6	9	4	2	7	3	8	5

A180

5	7	9	1	2	3	4	8	6
2	4	1	5	6	8	7	3	9
6	8	3	7	9	4	2	1	5
4	5	7	2	8	1	6	9	3
8	3	2	9	4	6	5	7	1
9	1	6	3	7	5	8	4	2
1	6	8	4	5	9	3	2	7
3	2	5	8	1	7	9	6	4
7	9	4	6	3	2	1	5	8

A181

8	2	4	7	6	1	5	3	9
3	6	1	5	4	9	2	8	7
7	5	9	2	3	8	6	4	1
4	9	2	6	7	3	8	1	5
5	1	8	9	2	4	3	7	6
6	7	3	1	8	5	4	9	2
9	3	6	8	1	2	7	5	4
2	4	5	3	9	7	1	6	8
1	8	7	4	5	6	9	2	3

A182

7	5	1	2	6	8	3	4	9
4	6	2	9	5	3	7	1	8
9	3	8	4	7	1	2	5	6
2	9	4	5	1	7	8	6	3
5	7	3	8	2	6	4	9	1
8	1	6	3	4	9	5	2	7
6	8	5	7	9	4	1	3	2
1	4	7	6	3	2	9	8	5
3	2	9	1	8	5	6	7	4

A183

1	3	7	6	4	8	2	5	9
9	8	4	2	1	5	7	3	6
5	2	6	9	3	7	8	1	4
3	7	5	4	2	6	1	9	8
4	9	1	8	7	3	5	6	2
2	6	8	1	5	9	3	4	7
7	5	2	3	9	4	6	8	1
8	4	3	7	6	1	9	2	5
6	1	9	5	8	2	4	7	3

A184

6	5	9	2	4	7	1	3	8
2	7	1	8	5	3	4	9	6
4	3	8	6	1	9	7	2	5
5	6	7	3	9	1	8	4	2
3	8	4	7	6	2	5	1	9
1	9	2	5	8	4	3	6	7
8	1	5	4	2	6	9	7	3
7	4	6	9	3	5	2	8	1
9	2	3	1	7	8	6	5	4

A185

8	6	5	2	3	7	1	4	9
2	9	4	1	6	8	7	5	3
3	1	7	9	5	4	8	6	2
1	3	6	5	8	9	4	2	7
7	2	8	6	4	1	3	9	5
4	5	9	7	2	3	6	1	8
5	7	2	3	1	6	9	8	4
9	8	1	4	7	2	5	3	6
6	4	3	8	9	5	2	7	1

A186

1	3	5	2	9	7	4	6	8
4	9	8	3	5	6	7	2	1
2	7	6	8	4	1	3	9	5
7	4	3	1	6	2	8	5	9
9	5	1	4	7	8	2	3	6
8	6	2	5	3	9	1	4	7
5	2	7	6	1	3	9	8	4
6	8	9	7	2	4	5	1	3
3	1	4	9	8	5	6	7	2

A187

6	2	4	8	3	1	9	5	7
3	7	8	9	5	4	1	6	2
5	9	1	2	7	6	4	3	8
8	4	2	5	6	3	7	9	1
9	3	5	1	2	7	8	4	6
1	6	7	4	9	8	5	2	3
7	5	9	6	8	2	3	1	4
4	8	6	3	1	5	2	7	9
2	1	3	7	4	9	6	8	5

A188

6	8	9	3	2	5	7	1	4
2	7	1	9	6	4	5	8	3
5	4	3	7	8	1	9	2	6
9	3	2	5	4	7	1	6	8
7	6	4	8	1	2	3	9	5
1	5	8	6	3	9	2	4	7
4	2	7	1	5	6	8	3	9
3	1	5	4	9	8	6	7	2
8	9	6	2	7	3	4	5	1

A189

2	7	9	1	8	6	4	5	3
8	4	1	3	5	7	6	2	9
6	3	5	4	9	2	8	1	7
5	6	2	7	1	4	3	9	8
9	1	4	8	3	5	2	7	6
3	8	7	6	2	9	1	4	5
1	9	6	5	4	8	7	3	2
4	5	8	2	7	3	9	6	1
7	2	3	9	6	1	5	8	4

A190

1	4	9	7	5	8	6	2	3
8	6	2	9	3	4	7	5	1
5	7	3	2	1	6	4	8	9
6	2	5	8	7	1	9	3	4
4	9	7	3	6	5	8	1	2
3	8	1	4	2	9	5	7	6
7	1	6	5	9	3	2	4	8
9	5	8	1	4	2	3	6	7
2	3	4	6	8	7	1	9	5

A191

1	4	3	5	7	9	6	2	8
6	9	8	2	1	3	5	7	4
2	5	7	6	8	4	1	3	9
5	1	6	8	9	2	7	4	3
7	8	2	3	4	6	9	5	1
9	3	4	1	5	7	8	6	2
3	7	5	9	2	1	4	8	6
8	2	1	4	6	5	3	9	7
4	6	9	7	3	8	2	1	5

A192

3	6	5	8	7	2	9	4	1
7	2	9	4	6	1	3	8	5
1	8	4	5	3	9	7	6	2
8	5	6	7	9	3	1	2	4
2	9	3	1	5	4	6	7	8
4	1	7	6	2	8	5	3	9
6	7	1	2	4	5	8	9	3
9	4	8	3	1	7	2	5	6
5	3	2	9	8	6	4	1	7

A193

1	6	7	5	4	9	2	8	3
5	9	8	3	7	2	1	6	4
3	4	2	8	6	1	9	5	7
6	8	5	1	9	7	4	3	2
7	2	4	6	3	8	5	9	1
9	3	1	2	5	4	8	7	6
8	7	9	4	2	6	3	1	5
4	5	6	9	1	3	7	2	8
2	1	3	7	8	5	6	4	9

A194

9	4	1	2	6	8	5	7	3
5	3	8	1	9	7	4	2	6
6	7	2	5	3	4	8	9	1
8	5	3	9	2	6	7	1	4
7	2	6	4	1	5	3	8	9
4	1	9	8	7	3	6	5	2
1	6	7	3	8	2	9	4	5
2	8	5	6	4	9	1	3	7
3	9	4	7	5	1	2	6	8

A195

9	5	1	3	8	6	2	7	4
7	3	8	2	4	9	1	6	5
4	6	2	7	1	5	3	8	9
5	1	3	4	6	2	7	9	8
6	2	7	8	9	3	4	5	1
8	9	4	1	5	7	6	2	3
1	7	6	5	3	8	9	4	2
2	4	5	9	7	1	8	3	6
3	8	9	6	2	4	5	1	7

A196

3	9	6	5	4	8	1	7	2
5	8	7	2	1	3	6	4	9
2	4	1	7	9	6	5	3	8
7	5	4	9	6	2	3	8	1
1	2	9	3	8	7	4	5	6
8	6	3	1	5	4	2	9	7
6	1	5	4	7	9	8	2	3
4	7	2	8	3	1	9	6	5
9	3	8	6	2	5	7	1	4

A197

9	4	6	3	2	1	5	8	7
1	2	7	6	8	5	9	3	4
3	8	5	7	4	9	6	2	1
6	5	8	1	3	4	2	7	9
7	3	2	9	5	8	1	4	6
4	1	9	2	7	6	8	5	3
2	9	4	8	6	3	7	1	5
5	7	1	4	9	2	3	6	8
8	6	3	5	1	7	4	9	2

A198

8	9	2	3	4	6	1	5	7
5	7	4	8	1	9	2	3	6
1	6	3	5	7	2	4	9	8
9	3	7	6	5	1	8	2	4
2	4	8	7	9	3	6	1	5
6	1	5	4	2	8	3	7	9
3	5	1	9	6	4	7	8	2
7	8	6	2	3	5	9	4	1
4	2	9	1	8	7	5	6	3

A199

7	1	4	9	2	5	3	6	8
3	9	6	4	7	8	2	5	1
8	2	5	3	6	1	7	4	9
1	6	8	7	3	9	5	2	4
4	7	3	5	1	2	9	8	6
2	5	9	6	8	4	1	3	7
5	4	1	2	9	6	8	7	3
6	8	7	1	5	3	4	9	2
9	3	2	8	4	7	6	1	5

A200

7	4	5	2	8	9	3	6	1
9	2	1	6	5	3	7	4	8
6	3	8	7	1	4	9	5	2
5	1	6	4	2	7	8	3	9
8	7	3	9	6	5	2	1	4
4	9	2	8	3	1	6	7	5
1	8	4	3	7	2	5	9	6
2	5	7	1	9	6	4	8	3
3	6	9	5	4	8	1	2	7

A201

8	1	7	4	9	3	2	6	5
2	5	9	7	1	6	4	8	3
4	3	6	2	5	8	9	7	1
5	7	4	9	2	1	6	3	8
3	2	1	8	6	7	5	9	4
9	6	8	5	3	4	1	2	7
6	4	5	3	7	9	8	1	2
7	9	2	1	8	5	3	4	6
1	8	3	6	4	2	7	5	9

A202

1	6	4	9	5	8	2	7	3
3	7	8	4	1	2	6	9	5
9	5	2	7	3	6	4	1	8
6	8	3	5	7	4	9	2	1
5	2	9	6	8	1	3	4	7
4	1	7	2	9	3	8	5	6
8	3	5	1	4	9	7	6	2
2	9	1	3	6	7	5	8	4
7	4	6	8	2	5	1	3	9

A203

6	9	8	4	3	5	1	2	7
1	5	7	8	6	2	9	3	4
3	4	2	7	9	1	6	5	8
9	8	1	6	2	7	3	4	5
5	2	3	9	4	8	7	6	1
7	6	4	5	1	3	2	8	9
4	3	6	1	8	9	5	7	2
8	7	9	2	5	6	4	1	3
2	1	5	3	7	4	8	9	6

A204

6	2	7	4	8	1	9	5	3
1	8	5	9	3	2	7	4	6
3	9	4	7	5	6	8	1	2
8	5	1	6	9	4	3	2	7
4	7	9	3	2	8	1	6	5
2	6	3	1	7	5	4	9	8
7	3	2	5	1	9	6	8	4
5	1	6	8	4	3	2	7	9
9	4	8	2	6	7	5	3	1

A205

4	7	5	6	8	2	1	9	3
3	9	8	1	4	7	5	2	6
1	2	6	3	9	5	4	7	8
5	3	7	9	6	1	2	8	4
8	4	9	2	7	3	6	1	5
2	6	1	8	5	4	7	3	9
9	8	4	7	2	6	3	5	1
6	1	2	5	3	8	9	4	7
7	5	3	4	1	9	8	6	2

A206

3	7	1	2	8	5	9	4	6
8	4	2	9	6	1	3	5	7
9	5	6	4	3	7	2	1	8
7	2	8	1	9	4	5	6	3
1	3	5	8	7	6	4	9	2
6	9	4	3	5	2	8	7	1
4	6	9	7	2	3	1	8	5
5	8	3	6	1	9	7	2	4
2	1	7	5	4	8	6	3	9

A207

7	4	8	9	5	1	2	6	3
5	6	2	8	3	4	1	7	9
9	3	1	7	6	2	8	5	4
3	1	7	5	9	6	4	8	2
2	5	9	4	8	7	3	1	6
6	8	4	2	1	3	7	9	5
1	9	5	3	4	8	6	2	7
8	2	3	6	7	9	5	4	1
4	7	6	1	2	5	9	3	8

A208

9	7	1	6	8	2	4	5	3
3	8	5	4	1	7	9	2	6
2	4	6	5	3	9	8	7	1
7	5	2	9	6	4	3	1	8
1	6	8	2	5	3	7	4	9
4	3	9	1	7	8	2	6	5
6	2	4	8	9	5	1	3	7
8	1	3	7	2	6	5	9	4
5	9	7	3	4	1	6	8	2

A209

5	9	1	2	8	4	3	6	7
3	2	4	5	6	7	8	9	1
7	6	8	1	9	3	2	5	4
9	4	2	3	5	6	1	7	8
6	3	7	8	4	1	5	2	9
1	8	5	9	7	2	6	4	3
2	5	9	4	1	8	7	3	6
8	7	3	6	2	9	4	1	5
4	1	6	7	3	5	9	8	2

A210

7	1	5	6	3	2	8	9	4
3	4	6	9	5	8	7	1	2
2	8	9	1	7	4	3	5	6
6	7	2	8	1	3	9	4	5
8	9	3	2	4	5	1	6	7
4	5	1	7	6	9	2	8	3
5	2	4	3	9	1	6	7	8
9	3	7	5	8	6	4	2	1
1	6	8	4	2	7	5	3	9

A211

1	6	5	8	2	3	9	7	4
7	8	2	4	5	9	3	6	1
3	9	4	1	7	6	2	5	8
5	4	8	3	9	7	6	1	2
9	2	1	5	6	4	7	8	3
6	3	7	2	1	8	5	4	9
8	7	3	6	4	2	1	9	5
4	5	6	9	3	1	8	2	7
2	1	9	7	8	5	4	3	6

A212

2	4	8	1	9	7	5	3	6
3	9	5	2	6	4	1	8	7
6	1	7	5	3	8	2	4	9
8	2	1	4	7	3	9	6	5
5	3	9	6	8	2	4	7	1
7	6	4	9	1	5	3	2	8
4	8	6	3	5	1	7	9	2
1	7	3	8	2	9	6	5	4
9	5	2	7	4	6	8	1	3

A213

1	7	2	6	3	8	9	5	4
5	6	3	4	9	1	8	2	7
4	9	8	5	7	2	6	1	3
2	3	5	1	6	9	7	4	8
8	4	6	7	2	5	3	9	1
9	1	7	3	8	4	2	6	5
7	8	1	9	5	6	4	3	2
3	5	9	2	4	7	1	8	6
6	2	4	8	1	3	5	7	9

A214

1	2	4	9	6	8	5	7	3
3	6	8	5	1	7	4	2	9
9	5	7	4	2	3	8	1	6
8	3	6	7	5	4	1	9	2
2	1	5	6	3	9	7	4	8
7	4	9	2	8	1	6	3	5
4	8	1	3	9	5	2	6	7
5	9	2	1	7	6	3	8	4
6	7	3	8	4	2	9	5	1

A215

1	6	2	8	7	3	9	5	4
8	7	9	5	6	4	3	1	2
3	4	5	1	9	2	6	7	8
5	1	3	7	4	9	8	2	6
2	9	7	6	5	8	4	3	1
4	8	6	2	3	1	7	9	5
7	2	1	3	8	6	5	4	9
9	5	8	4	1	7	2	6	3
6	3	4	9	2	5	1	8	7

A216

9	5	3	2	4	8	1	7	6
8	1	2	7	3	6	9	4	5
4	7	6	1	9	5	8	3	2
3	4	5	9	8	2	7	6	1
2	6	9	4	1	7	5	8	3
7	8	1	5	6	3	4	2	9
5	2	4	3	7	9	6	1	8
1	3	8	6	5	4	2	9	7
6	9	7	8	2	1	3	5	4

A217

8	3	9	1	6	2	4	5	7
6	5	1	7	3	4	9	2	8
2	7	4	9	8	5	3	1	6
3	4	6	2	5	9	7	8	1
1	9	7	8	4	6	5	3	2
5	8	2	3	7	1	6	9	4
4	6	8	5	2	3	1	7	9
7	1	3	4	9	8	2	6	5
9	2	5	6	1	7	8	4	3

A218

3	5	4	2	1	7	8	9	6
9	2	6	5	8	3	7	4	1
1	7	8	9	6	4	3	5	2
6	4	7	3	2	8	5	1	9
8	1	9	4	7	5	6	2	3
5	3	2	6	9	1	4	7	8
2	9	3	7	5	6	1	8	4
4	8	5	1	3	9	2	6	7
7	6	1	8	4	2	9	3	5

A219

1	6	3	7	9	5	8	4	2
4	7	9	1	2	8	5	6	3
5	8	2	6	3	4	7	9	1
6	2	5	8	1	9	4	3	7
3	1	4	5	7	2	9	8	6
7	9	8	3	4	6	1	2	5
9	4	1	2	6	7	3	5	8
8	3	6	4	5	1	2	7	9
2	5	7	9	8	3	6	1	4

A220

7	8	9	2	5	4	6	3	1
6	1	5	9	8	3	2	7	4
2	3	4	6	7	1	5	9	8
3	9	1	8	4	5	7	6	2
8	5	6	1	2	7	9	4	3
4	2	7	3	6	9	1	8	5
5	6	2	7	3	8	4	1	9
9	4	8	5	1	6	3	2	7
1	7	3	4	9	2	8	5	6

A221

3	5	9	4	7	2	6	1	8
6	2	1	3	5	8	9	4	7
8	7	4	9	6	1	5	3	2
7	3	6	5	1	9	8	2	4
1	8	5	2	4	6	3	7	9
9	4	2	7	8	3	1	5	6
5	6	8	1	2	7	4	9	3
2	1	3	6	9	4	7	8	5
4	9	7	8	3	5	2	6	1

A222

6	8	5	7	9	2	1	4	3
9	3	1	6	5	4	8	2	7
7	4	2	3	1	8	5	6	9
5	6	7	8	2	9	4	3	1
3	9	4	1	7	5	6	8	2
2	1	8	4	3	6	7	9	5
8	5	3	2	6	1	9	7	4
4	7	9	5	8	3	2	1	6
1	2	6	9	4	7	3	5	8

A223

1	7	5	3	9	8	6	4	2
9	8	2	6	4	1	5	7	3
3	6	4	2	7	5	1	8	9
6	5	3	4	8	7	2	9	1
7	2	9	1	5	3	8	6	4
4	1	8	9	2	6	3	5	7
5	3	1	7	6	9	4	2	8
8	4	7	5	3	2	9	1	6
2	9	6	8	1	4	7	3	5

A224

1	2	3	5	8	4	7	9	6
4	7	9	1	3	6	5	8	2
8	6	5	2	7	9	3	1	4
2	1	4	6	9	3	8	5	7
7	9	8	4	1	5	2	6	3
5	3	6	8	2	7	9	4	1
6	8	2	7	5	1	4	3	9
3	5	1	9	4	2	6	7	8
9	4	7	3	6	8	1	2	5

A225

1	4	8	9	7	2	6	5	3
5	7	6	1	3	4	2	8	9
3	2	9	5	8	6	1	4	7
6	8	1	7	5	3	9	2	4
4	9	3	6	2	8	5	7	1
2	5	7	4	1	9	8	3	6
9	6	2	8	4	7	3	1	5
7	3	5	2	6	1	4	9	8
8	1	4	3	9	5	7	6	2

A226

2	5	3	1	7	6	8	9	4
7	1	4	3	8	9	6	2	5
8	9	6	5	4	2	1	3	7
1	6	8	7	2	4	3	5	9
9	4	5	6	3	8	7	1	2
3	2	7	9	5	1	4	8	6
5	3	9	4	1	7	2	6	8
6	7	2	8	9	3	5	4	1
4	8	1	2	6	5	9	7	3

A227

4	1	3	8	6	5	7	2	9
2	6	5	3	7	9	4	1	8
9	8	7	4	2	1	6	3	5
8	7	9	1	4	6	2	5	3
3	2	4	7	5	8	9	6	1
6	5	1	2	9	3	8	4	7
5	9	8	6	3	2	1	7	4
1	4	6	5	8	7	3	9	2
7	3	2	9	1	4	5	8	6

A228

1	7	3	8	6	9	5	2	4
2	8	4	3	7	5	6	9	1
9	6	5	4	1	2	7	3	8
6	2	9	5	4	8	3	1	7
4	3	7	2	9	1	8	6	5
5	1	8	6	3	7	2	4	9
7	4	2	9	5	6	1	8	3
8	9	1	7	2	3	4	5	6
3	5	6	1	8	4	9	7	2

A229

8	9	4	7	6	1	5	3	2
2	3	7	4	8	5	1	9	6
1	6	5	2	9	3	7	8	4
9	5	2	1	3	4	6	7	8
7	4	8	6	2	9	3	5	1
6	1	3	5	7	8	2	4	9
3	7	9	8	1	2	4	6	5
5	8	1	3	4	6	9	2	7
4	2	6	9	5	7	8	1	3

A230

3	7	1	9	5	8	4	2	6
2	8	5	3	4	6	7	1	9
9	4	6	7	1	2	8	3	5
4	9	3	6	2	7	5	8	1
5	2	8	1	9	3	6	7	4
1	6	7	4	8	5	3	9	2
8	3	9	5	6	1	2	4	7
7	5	4	2	3	9	1	6	8
6	1	2	8	7	4	9	5	3

A231

3	2	8	7	5	4	9	6	1
1	9	7	2	8	6	5	4	3
6	4	5	9	3	1	2	8	7
8	1	3	5	7	2	4	9	6
9	7	6	4	1	8	3	2	5
4	5	2	3	6	9	1	7	8
7	8	9	1	4	3	6	5	2
5	3	4	6	2	7	8	1	9
2	6	1	8	9	5	7	3	4

A232

9	4	7	1	2	5	6	3	8
5	2	8	6	7	3	4	9	1
6	3	1	9	8	4	2	7	5
7	9	3	5	6	2	1	8	4
8	1	2	3	4	7	9	5	6
4	6	5	8	1	9	7	2	3
1	7	9	4	5	8	3	6	2
3	8	6	2	9	1	5	4	7
2	5	4	7	3	6	8	1	9

A233

1	7	5	8	2	9	3	6	4
6	9	8	3	5	4	1	2	7
3	2	4	1	7	6	8	9	5
7	4	3	5	1	2	9	8	6
9	5	1	6	8	3	7	4	2
8	6	2	4	9	7	5	3	1
2	1	9	7	6	8	4	5	3
4	8	7	2	3	5	6	1	9
5	3	6	9	4	1	2	7	8

A234

1	2	3	4	7	5	6	8	9
4	5	6	3	8	9	2	7	1
7	8	9	6	2	1	3	5	4
9	6	7	1	4	8	5	2	3
8	1	5	7	3	2	4	9	6
2	3	4	5	9	6	7	1	8
5	7	1	8	6	3	9	4	2
3	9	8	2	5	4	1	6	7
6	4	2	9	1	7	8	3	5

A235

9	2	7	1	4	6	5	8	3
6	1	5	3	9	8	2	4	7
3	4	8	2	5	7	1	6	9
2	3	9	5	1	4	8	7	6
5	8	4	7	6	9	3	1	2
7	6	1	8	2	3	9	5	4
4	5	6	9	8	2	7	3	1
1	7	2	6	3	5	4	9	8
8	9	3	4	7	1	6	2	5

A236

1	6	5	7	8	4	9	2	3
2	7	8	9	3	1	6	5	4
9	4	3	2	5	6	7	1	8
6	3	1	4	9	8	2	7	5
8	2	4	1	7	5	3	6	9
7	5	9	6	2	3	8	4	1
4	1	7	8	6	9	5	3	2
3	9	2	5	4	7	1	8	6
5	8	6	3	1	2	4	9	7

A237

5	8	1	6	7	4	3	2	9
9	4	6	3	2	5	7	8	1
3	7	2	9	8	1	5	6	4
4	9	3	5	6	8	2	1	7
8	6	7	4	1	2	9	3	5
2	1	5	7	3	9	8	4	6
6	5	8	2	4	7	1	9	3
1	3	9	8	5	6	4	7	2
7	2	4	1	9	3	6	5	8

A238

1	8	3	5	2	6	4	7	9
5	7	6	9	8	4	3	2	1
4	2	9	3	1	7	5	6	8
9	5	7	8	6	2	1	4	3
6	3	8	4	5	1	2	9	7
2	1	4	7	3	9	8	5	6
7	9	2	1	4	8	6	3	5
3	6	1	2	9	5	7	8	4
8	4	5	6	7	3	9	1	2

A239

4	8	5	9	7	2	6	1	3
3	9	7	5	6	1	8	4	2
2	1	6	3	4	8	5	9	7
7	2	3	1	8	5	4	6	9
8	5	9	4	2	6	7	3	1
6	4	1	7	9	3	2	8	5
9	7	8	2	1	4	3	5	6
1	3	4	6	5	7	9	2	8
5	6	2	8	3	9	1	7	4

A240

1	9	4	6	8	3	5	2	7
6	5	2	7	9	4	8	3	1
7	3	8	5	2	1	4	9	6
3	7	9	8	4	2	6	1	5
8	2	5	1	6	9	7	4	3
4	6	1	3	5	7	2	8	9
9	8	3	2	7	6	1	5	4
5	1	7	4	3	8	9	6	2
2	4	6	9	1	5	3	7	8

A241

8	4	2	1	9	6	3	7	5
7	3	1	2	8	5	9	4	6
5	9	6	7	3	4	2	8	1
6	5	8	9	4	2	7	1	3
2	1	9	3	6	7	8	5	4
3	7	4	5	1	8	6	9	2
9	2	5	4	7	3	1	6	8
1	6	3	8	5	9	4	2	7
4	8	7	6	2	1	5	3	9

A242

9	5	6	7	8	2	3	4	1
4	3	8	9	1	6	7	5	2
2	1	7	5	4	3	9	8	6
3	4	9	6	2	1	5	7	8
8	2	5	3	7	4	6	1	9
7	6	1	8	5	9	4	2	3
6	7	4	1	3	8	2	9	5
1	9	2	4	6	5	8	3	7
5	8	3	2	9	7	1	6	4

A243

6	9	4	5	3	8	2	7	1
3	2	7	4	1	6	9	5	8
1	8	5	9	2	7	6	4	3
5	3	8	7	6	4	1	2	9
2	4	9	3	5	1	7	8	6
7	6	1	8	9	2	4	3	5
8	7	3	1	4	9	5	6	2
9	5	6	2	7	3	8	1	4
4	1	2	6	8	5	3	9	7

A244

9	5	8	4	6	7	2	1	3
6	3	4	2	9	1	8	5	7
2	7	1	3	5	8	4	6	9
8	2	3	5	1	9	7	4	6
1	6	5	7	4	2	9	3	8
7	4	9	8	3	6	1	2	5
3	9	7	1	2	5	6	8	4
4	8	2	6	7	3	5	9	1
5	1	6	9	8	4	3	7	2

A245

4	7	5	6	8	1	3	9	2
1	2	8	3	5	9	7	4	6
6	9	3	2	7	4	1	5	8
5	1	2	9	3	7	6	8	4
8	4	7	1	6	5	2	3	9
3	6	9	4	2	8	5	1	7
2	5	4	8	1	6	9	7	3
9	3	1	7	4	2	8	6	5
7	8	6	5	9	3	4	2	1

A246

5	7	9	4	1	8	2	3	6
3	8	6	2	7	5	1	9	4
2	4	1	9	3	6	7	8	5
9	1	5	3	2	7	4	6	8
7	3	2	8	6	4	9	5	1
4	6	8	1	5	9	3	7	2
6	9	4	7	8	1	5	2	3
8	2	7	5	4	3	6	1	9
1	5	3	6	9	2	8	4	7

A247

4	3	9	2	6	8	7	1	5
2	7	1	5	4	9	8	6	3
8	5	6	1	3	7	9	4	2
6	9	3	7	8	2	4	5	1
5	1	2	3	9	4	6	8	7
7	4	8	6	1	5	3	2	9
3	8	5	9	2	6	1	7	4
9	2	4	8	7	1	5	3	6
1	6	7	4	5	3	2	9	8

A248

7	8	4	2	6	3	9	5	1
6	9	5	7	8	1	4	2	3
1	2	3	4	9	5	8	6	7
2	1	9	6	3	4	7	8	5
3	4	8	9	5	7	6	1	2
5	7	6	1	2	8	3	4	9
4	5	1	3	7	6	2	9	8
9	6	7	8	1	2	5	3	4
8	3	2	5	4	9	1	7	6

A249

5	4	6	3	2	7	1	8	9
2	9	1	8	5	4	3	7	6
7	3	8	1	9	6	4	5	2
4	8	2	9	6	3	5	1	7
9	7	5	4	8	1	6	2	3
1	6	3	2	7	5	8	9	4
3	2	9	5	4	8	7	6	1
6	5	4	7	1	9	2	3	8
8	1	7	6	3	2	9	4	5

A250

6	1	2	3	5	4	7	9	8
9	4	8	1	7	6	2	5	3
3	5	7	8	9	2	1	6	4
8	6	1	5	3	9	4	7	2
4	7	3	2	6	8	9	1	5
2	9	5	7	4	1	8	3	6
7	8	6	4	1	5	3	2	9
1	2	9	6	8	3	5	4	7
5	3	4	9	2	7	6	8	1

A251

9	2	4	8	6	1	7	3	5
1	6	5	3	2	7	4	9	8
7	3	8	5	4	9	2	6	1
2	5	6	7	9	8	1	4	3
3	8	1	4	5	6	9	2	7
4	9	7	2	1	3	5	8	6
6	4	2	1	3	5	8	7	9
8	1	3	9	7	4	6	5	2
5	7	9	6	8	2	3	1	4

A252

4	2	8	5	7	6	1	9	3
3	1	5	2	9	4	7	6	8
9	6	7	8	1	3	2	4	5
2	5	6	1	8	9	4	3	7
7	4	1	6	3	2	8	5	9
8	3	9	4	5	7	6	1	2
6	8	4	3	2	5	9	7	1
1	9	3	7	6	8	5	2	4
5	7	2	9	4	1	3	8	6

A253

6	2	7	5	1	4	9	3	8
3	8	5	7	9	2	4	1	6
9	4	1	3	6	8	5	2	7
7	3	9	2	5	6	8	4	1
5	6	8	1	4	7	2	9	3
4	1	2	9	8	3	7	6	5
8	9	4	6	3	5	1	7	2
1	7	6	8	2	9	3	5	4
2	5	3	4	7	1	6	8	9

A254

6	1	2	7	4	8	5	3	9
4	5	9	3	6	1	2	8	7
8	3	7	2	5	9	4	6	1
9	2	6	8	1	5	3	7	4
5	7	1	4	2	3	8	9	6
3	8	4	9	7	6	1	5	2
1	9	5	6	8	4	7	2	3
2	6	8	1	3	7	9	4	5
7	4	3	5	9	2	6	1	8

A255

1	6	3	8	2	7	5	9	4
2	7	4	5	9	1	6	3	8
8	5	9	4	6	3	2	7	1
6	8	5	9	3	4	7	1	2
4	9	1	2	7	6	3	8	5
3	2	7	1	5	8	4	6	9
7	1	8	3	4	2	9	5	6
5	3	2	6	8	9	1	4	7
9	4	6	7	1	5	8	2	3

A256

1	2	8	7	4	3	9	6	5
6	3	9	5	2	8	7	4	1
7	5	4	1	9	6	2	3	8
5	7	3	6	8	9	1	2	4
9	6	1	2	7	4	8	5	3
8	4	2	3	5	1	6	9	7
3	8	5	9	1	2	4	7	6
4	9	6	8	3	7	5	1	2
2	1	7	4	6	5	3	8	9

A257

1	8	7	9	6	4	2	3	5
6	3	2	7	8	5	9	4	1
9	4	5	2	1	3	7	6	8
4	2	3	1	7	9	8	5	6
5	1	9	6	4	8	3	2	7
8	7	6	5	3	2	4	1	9
7	9	1	4	2	6	5	8	3
3	5	4	8	9	1	6	7	2
2	6	8	3	5	7	1	9	4

A258

3	1	8	9	2	7	4	6	5
2	5	9	3	6	4	1	7	8
7	6	4	5	1	8	3	2	9
8	2	3	4	5	9	6	1	7
5	9	1	6	7	2	8	4	3
6	4	7	1	8	3	9	5	2
9	3	5	7	4	6	2	8	1
1	8	6	2	3	5	7	9	4
4	7	2	8	9	1	5	3	6

A259

6	8	1	3	7	2	5	4	9
2	5	9	4	8	6	1	3	7
7	3	4	1	9	5	6	8	2
1	7	5	9	3	4	8	2	6
4	2	6	8	5	7	9	1	3
8	9	3	2	6	1	7	5	4
3	4	8	7	1	9	2	6	5
5	1	7	6	2	3	4	9	8
9	6	2	5	4	8	3	7	1

A260

2	1	5	9	8	7	6	4	3
4	6	9	5	3	2	1	7	8
3	8	7	4	6	1	2	5	9
6	9	8	7	4	3	5	1	2
7	5	3	1	2	9	4	8	6
1	2	4	8	5	6	3	9	7
8	3	1	2	7	5	9	6	4
5	4	2	6	9	8	7	3	1
9	7	6	3	1	4	8	2	5

A261

7	4	1	9	8	6	5	2	3
9	8	5	3	4	2	1	7	6
3	6	2	5	1	7	9	4	8
2	3	9	7	5	4	8	6	1
8	1	7	6	9	3	2	5	4
6	5	4	8	2	1	3	9	7
4	9	3	1	7	5	6	8	2
5	2	6	4	3	8	7	1	9
1	7	8	2	6	9	4	3	5

A262

6	2	3	9	8	5	7	1	4
8	9	1	7	2	4	3	5	6
4	5	7	1	6	3	8	9	2
3	6	4	8	1	7	9	2	5
2	1	8	5	3	9	4	6	7
9	7	5	2	4	6	1	3	8
5	8	6	3	7	1	2	4	9
7	3	9	4	5	2	6	8	1
1	4	2	6	9	8	5	7	3

A263

1	5	7	2	3	6	9	4	8
4	3	8	9	7	5	2	1	6
2	6	9	4	8	1	5	3	7
6	4	5	3	1	9	8	7	2
9	1	2	7	4	8	3	6	5
8	7	3	6	5	2	4	9	1
7	2	6	5	9	4	1	8	3
3	9	1	8	2	7	6	5	4
5	8	4	1	6	3	7	2	9

A264

9	5	3	7	1	2	4	6	8
2	1	6	8	5	4	3	9	7
7	8	4	6	9	3	5	1	2
1	4	2	5	7	6	9	8	3
6	9	7	2	3	8	1	4	5
5	3	8	1	4	9	7	2	6
3	2	9	4	6	5	8	7	1
8	7	5	9	2	1	6	3	4
4	6	1	3	8	7	2	5	9

A265

1	2	4	5	9	8	3	6	7
9	6	5	4	7	3	2	1	8
7	8	3	6	2	1	4	5	9
6	7	8	3	4	9	1	2	5
2	4	1	7	8	5	6	9	3
5	3	9	1	6	2	8	7	4
3	9	6	8	1	7	5	4	2
4	5	7	2	3	6	9	8	1
8	1	2	9	5	4	7	3	6

A266

8	4	1	5	2	9	7	6	3
3	5	9	6	7	4	8	1	2
7	6	2	1	3	8	4	5	9
1	3	5	2	8	6	9	7	4
6	9	7	4	1	3	2	8	5
4	2	8	9	5	7	6	3	1
9	8	4	3	6	5	1	2	7
2	7	3	8	9	1	5	4	6
5	1	6	7	4	2	3	9	8

A267

7	9	4	6	3	8	2	5	1
3	2	8	1	5	7	4	9	6
5	1	6	4	2	9	3	7	8
1	7	3	5	6	4	9	8	2
6	4	5	8	9	2	7	1	3
9	8	2	3	7	1	6	4	5
8	3	1	9	4	6	5	2	7
4	5	7	2	1	3	8	6	9
2	6	9	7	8	5	1	3	4

A268

2	7	6	4	5	1	3	8	9
9	1	8	7	3	6	4	2	5
5	3	4	8	2	9	6	1	7
6	9	5	1	8	4	2	7	3
8	2	7	6	9	3	5	4	1
1	4	3	5	7	2	9	6	8
4	8	1	3	6	5	7	9	2
3	6	2	9	1	7	8	5	4
7	5	9	2	4	8	1	3	6

A269

3	7	6	1	9	5	2	4	8
9	2	8	4	3	6	1	7	5
5	1	4	7	8	2	3	6	9
8	5	1	6	7	9	4	2	3
4	3	2	8	5	1	6	9	7
7	6	9	3	2	4	8	5	1
1	9	5	2	6	8	7	3	4
2	4	3	9	1	7	5	8	6
6	8	7	5	4	3	9	1	2

A270

4	6	7	8	1	3	2	5	9
1	2	9	5	7	4	6	8	3
3	5	8	9	6	2	7	1	4
6	8	3	1	4	9	5	7	2
5	7	1	2	3	8	4	9	6
2	9	4	7	5	6	1	3	8
9	3	5	4	2	1	8	6	7
8	1	2	6	9	7	3	4	5
7	4	6	3	8	5	9	2	1

A271

9	6	5	7	2	3	1	4	8
4	7	8	5	6	1	2	3	9
3	2	1	9	4	8	5	7	6
7	4	3	8	5	6	9	1	2
2	8	9	1	7	4	6	5	3
5	1	6	2	3	9	4	8	7
1	9	4	3	8	2	7	6	5
6	3	7	4	9	5	8	2	1
8	5	2	6	1	7	3	9	4

A272

4	9	5	1	6	7	3	8	2
8	7	2	3	5	9	1	6	4
3	1	6	8	4	2	7	9	5
2	5	4	7	8	6	9	3	1
9	3	7	2	1	4	8	5	6
6	8	1	9	3	5	4	2	7
7	6	9	4	2	8	5	1	3
1	2	8	5	7	3	6	4	9
5	4	3	6	9	1	2	7	8

A273

7	6	8	3	5	2	4	9	1
3	1	5	6	4	9	2	7	8
2	9	4	8	1	7	3	6	5
6	4	3	7	9	1	5	8	2
1	7	9	2	8	5	6	3	4
8	5	2	4	6	3	7	1	9
5	3	1	9	7	4	8	2	6
4	8	7	1	2	6	9	5	3
9	2	6	5	3	8	1	4	7

A274

1	2	4	3	5	9	6	7	8
9	3	7	8	6	2	4	1	5
5	6	8	4	7	1	3	2	9
8	9	6	7	1	4	5	3	2
3	4	5	2	9	8	1	6	7
7	1	2	6	3	5	8	9	4
4	8	9	1	2	6	7	5	3
6	5	3	9	4	7	2	8	1
2	7	1	5	8	3	9	4	6

A275

1	7	4	2	6	8	3	9	5
5	2	9	3	1	7	6	4	8
3	6	8	5	4	9	7	1	2
6	4	3	8	5	2	1	7	9
8	5	7	9	3	1	4	2	6
9	1	2	4	7	6	5	8	3
7	8	1	6	2	3	9	5	4
4	9	6	7	8	5	2	3	1
2	3	5	1	9	4	8	6	7

A276

1	2	6	7	3	4	9	8	5
5	4	8	2	6	9	1	3	7
7	9	3	5	8	1	4	6	2
9	5	2	8	4	7	6	1	3
8	3	7	1	9	6	5	2	4
4	6	1	3	2	5	8	7	9
6	1	5	9	7	3	2	4	8
3	8	9	4	1	2	7	5	6
2	7	4	6	5	8	3	9	1

A277

9	8	7	5	2	1	3	6	4
4	1	3	8	6	7	5	2	9
6	2	5	4	9	3	1	7	8
1	6	8	9	5	2	4	3	7
3	9	4	6	7	8	2	5	1
7	5	2	1	3	4	9	8	6
2	3	1	7	4	6	8	9	5
8	7	9	2	1	5	6	4	3
5	4	6	3	8	9	7	1	2

A278

1	8	2	7	4	3	6	9	5
9	3	4	5	6	8	7	1	2
7	5	6	1	9	2	8	4	3
8	2	7	4	5	1	9	3	6
6	4	9	8	3	7	2	5	1
3	1	5	6	2	9	4	7	8
5	7	8	9	1	6	3	2	4
4	6	3	2	7	5	1	8	9
2	9	1	3	8	4	5	6	7

A279

1	8	7	2	5	4	3	6	9
9	3	4	6	7	8	5	1	2
6	2	5	1	3	9	4	7	8
8	1	6	4	2	5	7	9	3
5	4	9	7	8	3	1	2	6
3	7	2	9	6	1	8	5	4
7	9	1	8	4	2	6	3	5
2	5	8	3	1	6	9	4	7
4	6	3	5	9	7	2	8	1

A280

2	1	3	9	7	8	4	5	6
9	6	4	5	3	2	1	8	7
7	5	8	6	1	4	3	9	2
4	3	5	2	9	6	8	7	1
8	9	7	1	5	3	2	6	4
6	2	1	4	8	7	5	3	9
3	4	2	8	6	9	7	1	5
1	7	9	3	4	5	6	2	8
5	8	6	7	2	1	9	4	3

A281

6	3	8	9	4	2	1	7	5
7	9	1	5	8	3	4	6	2
2	4	5	7	1	6	9	3	8
8	7	9	2	3	5	6	1	4
4	6	3	8	7	1	5	2	9
1	5	2	6	9	4	7	8	3
5	2	7	4	6	8	3	9	1
9	1	4	3	2	7	8	5	6
3	8	6	1	5	9	2	4	7

A282

3	8	2	1	7	6	9	5	4
9	5	1	4	2	3	6	8	7
4	7	6	5	8	9	3	1	2
7	9	3	8	4	2	1	6	5
5	2	4	6	9	1	7	3	8
6	1	8	7	3	5	2	4	9
1	6	7	2	5	8	4	9	3
2	3	5	9	6	4	8	7	1
8	4	9	3	1	7	5	2	6

A283

8	5	4	7	3	9	2	1	6
3	6	1	4	5	2	9	8	7
9	7	2	1	6	8	3	4	5
2	9	3	5	7	4	1	6	8
1	4	5	8	2	6	7	3	9
7	8	6	9	1	3	4	5	2
6	2	9	3	4	5	8	7	1
5	3	7	2	8	1	6	9	4
4	1	8	6	9	7	5	2	3

A284

1	7	9	3	8	4	6	2	5
5	8	2	9	6	1	4	7	3
4	6	3	5	2	7	1	8	9
3	2	4	1	5	6	7	9	8
6	9	5	4	7	8	2	3	1
7	1	8	2	3	9	5	4	6
8	3	7	6	1	2	9	5	4
2	4	6	8	9	5	3	1	7
9	5	1	7	4	3	8	6	2

A285

8	5	2	4	9	7	1	3	6
9	3	1	5	6	8	2	7	4
4	7	6	1	2	3	8	9	5
1	6	9	7	5	4	3	8	2
5	4	8	9	3	2	7	6	1
7	2	3	8	1	6	4	5	9
3	1	5	2	7	9	6	4	8
6	9	4	3	8	1	5	2	7
2	8	7	6	4	5	9	1	3

A286

2	7	3	6	8	1	4	9	5
1	5	6	3	4	9	7	2	8
4	8	9	5	2	7	1	6	3
9	6	8	7	5	4	3	1	2
5	4	7	2	1	3	6	8	9
3	2	1	9	6	8	5	4	7
6	9	2	1	3	5	8	7	4
8	1	5	4	7	2	9	3	6
7	3	4	8	9	6	2	5	1

A287

4	3	8	1	2	5	6	7	9
7	1	2	3	6	9	8	5	4
5	9	6	4	8	7	3	1	2
1	6	3	9	7	4	5	2	8
9	8	7	5	3	2	1	4	6
2	5	4	8	1	6	9	3	7
3	7	5	6	4	8	2	9	1
8	2	9	7	5	1	4	6	3
6	4	1	2	9	3	7	8	5

A288

6	2	4	3	7	1	8	9	5
7	5	3	8	6	9	4	1	2
9	8	1	4	2	5	7	6	3
8	9	6	2	1	4	3	5	7
3	7	5	6	9	8	2	4	1
4	1	2	5	3	7	6	8	9
2	4	9	7	5	6	1	3	8
5	6	7	1	8	3	9	2	4
1	3	8	9	4	2	5	7	6

A289

7	6	4	1	8	2	5	3	9
9	3	2	5	4	7	6	8	1
8	5	1	9	6	3	7	4	2
4	2	3	6	5	1	8	9	7
1	8	7	3	9	4	2	5	6
5	9	6	2	7	8	4	1	3
3	7	5	8	1	6	9	2	4
6	1	9	4	2	5	3	7	8
2	4	8	7	3	9	1	6	5

A290

4	2	3	9	1	6	7	8	5
8	1	6	5	4	7	2	9	3
7	5	9	2	8	3	6	1	4
9	7	2	6	3	1	5	4	8
1	8	5	4	7	2	9	3	6
3	6	4	8	9	5	1	2	7
5	9	1	3	6	4	8	7	2
6	4	7	1	2	8	3	5	9
2	3	8	7	5	9	4	6	1

A291

2	4	8	7	6	1	3	5	9
3	6	9	8	5	4	7	2	1
1	5	7	3	9	2	4	6	8
4	8	3	6	7	5	1	9	2
7	1	5	4	2	9	6	8	3
9	2	6	1	3	8	5	7	4
5	9	1	2	4	6	8	3	7
6	3	4	9	8	7	2	1	5
8	7	2	5	1	3	9	4	6

A292

8	4	7	3	5	6	2	1	9
9	5	2	8	1	4	7	3	6
3	1	6	2	7	9	5	8	4
5	7	9	1	4	3	8	6	2
6	3	1	5	8	2	9	4	7
2	8	4	9	6	7	3	5	1
1	2	5	6	9	8	4	7	3
4	9	8	7	3	1	6	2	5
7	6	3	4	2	5	1	9	8

A293

1	4	6	9	5	8	2	7	3
3	2	7	1	4	6	5	9	8
5	9	8	7	3	2	4	6	1
9	3	4	2	1	7	6	8	5
7	6	5	8	9	4	3	1	2
8	1	2	5	6	3	9	4	7
4	8	3	6	2	1	7	5	9
6	5	1	3	7	9	8	2	4
2	7	9	4	8	5	1	3	6

A294

5	6	4	2	1	7	3	9	8
3	2	8	6	5	9	4	1	7
9	1	7	3	4	8	2	6	5
6	9	2	7	3	4	8	5	1
4	5	1	8	2	6	7	3	9
7	8	3	1	9	5	6	2	4
2	7	9	4	6	1	5	8	3
8	3	5	9	7	2	1	4	6
1	4	6	5	8	3	9	7	2

A295

2	1	6	4	9	8	3	7	5
5	7	3	6	1	2	9	8	4
9	8	4	7	5	3	6	2	1
8	6	9	1	2	5	4	3	7
4	5	1	9	3	7	8	6	2
7	3	2	8	4	6	1	5	9
1	2	5	3	6	9	7	4	8
3	9	8	5	7	4	2	1	6
6	4	7	2	8	1	5	9	3

A296

7	9	2	4	6	5	3	8	1
8	4	3	1	7	9	6	5	2
6	1	5	2	3	8	4	7	9
1	5	7	6	9	3	2	4	8
3	2	9	5	8	4	7	1	6
4	6	8	7	2	1	5	9	3
5	8	4	3	1	2	9	6	7
2	7	1	9	4	6	8	3	5
9	3	6	8	5	7	1	2	4

A297

5	8	7	3	2	6	4	1	9
9	4	2	7	5	1	3	8	6
6	3	1	4	9	8	7	2	5
2	9	4	8	1	3	6	5	7
8	1	6	5	7	9	2	3	4
7	5	3	2	6	4	8	9	1
3	6	8	1	4	5	9	7	2
4	2	5	9	8	7	1	6	3
1	7	9	6	3	2	5	4	8

A298

7	3	8	9	5	2	6	1	4
5	6	4	1	8	3	7	9	2
9	2	1	6	4	7	5	8	3
4	9	7	3	1	5	2	6	8
3	5	2	8	7	6	9	4	1
1	8	6	4	2	9	3	7	5
6	1	9	5	3	8	4	2	7
8	7	5	2	6	4	1	3	9
2	4	3	7	9	1	8	5	6

A299

4	9	2	5	6	3	1	8	7
5	6	3	8	1	7	2	9	4
7	8	1	2	9	4	6	3	5
8	4	5	1	2	9	3	7	6
3	2	7	4	5	6	9	1	8
6	1	9	7	3	8	5	4	2
1	7	6	3	4	2	8	5	9
9	3	8	6	7	5	4	2	1
2	5	4	9	8	1	7	6	3

A300

7	3	8	4	9	6	5	1	2
6	2	1	8	5	7	4	9	3
5	4	9	2	3	1	7	8	6
8	1	3	9	4	5	2	6	7
9	5	6	7	8	2	3	4	1
4	7	2	1	6	3	9	5	8
1	8	5	3	7	9	6	2	4
2	6	7	5	1	4	8	3	9
3	9	4	6	2	8	1	7	5

B001

9	1	3	8	2	4	7	5	6
5	4	6	1	9	7	8	2	3
7	2	8	6	3	5	9	1	4
3	6	9	2	5	1	4	7	8
4	7	5	9	8	3	1	6	2
1	8	2	7	4	6	3	9	5
8	9	7	4	6	2	5	3	1
2	3	1	5	7	8	6	4	9
6	5	4	3	1	9	2	8	7

B002

1	2	4	9	7	8	3	6	5
8	7	5	6	3	1	2	9	4
6	9	3	4	2	5	8	1	7
2	5	9	8	1	3	4	7	6
7	6	1	2	5	4	9	8	3
3	4	8	7	9	6	1	5	2
5	3	2	1	6	9	7	4	8
9	8	7	5	4	2	6	3	1
4	1	6	3	8	7	5	2	9

B003

3	2	5	1	6	9	8	7	4
4	6	7	5	3	8	2	9	1
1	9	8	4	7	2	5	3	6
5	4	6	9	2	3	7	1	8
7	1	3	6	8	5	4	2	9
2	8	9	7	4	1	6	5	3
9	7	1	8	5	6	3	4	2
8	3	4	2	9	7	1	6	5
6	5	2	3	1	4	9	8	7

B004

6	4	3	1	9	8	2	7	5
9	7	8	5	2	6	1	3	4
2	5	1	3	4	7	6	9	8
7	9	4	2	8	3	5	1	6
5	1	6	4	7	9	8	2	3
3	8	2	6	5	1	9	4	7
4	2	7	8	1	5	3	6	9
8	6	9	7	3	2	4	5	1
1	3	5	9	6	4	7	8	2

B005

3	5	4	2	6	7	8	9	1
1	6	2	8	5	9	4	3	7
9	7	8	3	4	1	6	5	2
5	2	3	7	9	8	1	4	6
8	4	6	5	1	2	9	7	3
7	1	9	6	3	4	5	2	8
6	9	7	1	2	5	3	8	4
4	8	1	9	7	3	2	6	5
2	3	5	4	8	6	7	1	9

B006

7	6	1	3	9	2	8	5	4
5	2	9	8	7	4	1	3	6
4	3	8	1	5	6	9	2	7
9	5	6	7	4	3	2	8	1
1	4	3	2	6	8	7	9	5
2	8	7	9	1	5	4	6	3
8	1	5	4	3	9	6	7	2
6	7	2	5	8	1	3	4	9
3	9	4	6	2	7	5	1	8

B007

8	7	5	4	3	9	1	2	6
3	1	4	2	6	8	5	7	9
2	6	9	1	5	7	4	8	3
7	5	8	3	9	6	2	1	4
1	9	2	8	7	4	3	6	5
6	4	3	5	1	2	7	9	8
4	8	1	9	2	3	6	5	7
9	2	7	6	4	5	8	3	1
5	3	6	7	8	1	9	4	2

B008

3	1	6	2	9	8	7	5	4
4	7	5	6	3	1	8	2	9
8	2	9	5	4	7	1	3	6
5	8	1	9	7	4	3	6	2
9	3	7	8	2	6	5	4	1
6	4	2	3	1	5	9	7	8
2	6	3	1	5	9	4	8	7
7	9	8	4	6	3	2	1	5
1	5	4	7	8	2	6	9	3

B009

3	9	2	4	1	7	5	8	6
5	6	1	8	9	2	4	7	3
4	8	7	5	3	6	1	9	2
2	1	5	9	6	4	7	3	8
6	7	4	3	2	8	9	1	5
8	3	9	7	5	1	2	6	4
9	5	8	2	7	3	6	4	1
1	2	3	6	4	9	8	5	7
7	4	6	1	8	5	3	2	9

B010

3	7	2	6	8	4	1	5	9
5	4	1	9	3	2	6	7	8
8	6	9	5	1	7	3	4	2
1	2	6	7	4	9	5	8	3
7	9	3	8	5	1	2	6	4
4	5	8	2	6	3	7	9	1
6	3	5	1	9	8	4	2	7
9	1	7	4	2	6	8	3	5
2	8	4	3	7	5	9	1	6

B011

9	5	7	4	1	3	2	8	6
2	6	4	8	9	5	1	3	7
3	8	1	6	7	2	9	5	4
6	7	3	2	5	1	8	4	9
4	9	5	3	6	8	7	1	2
8	1	2	7	4	9	3	6	5
1	2	6	9	3	4	5	7	8
5	4	9	1	8	7	6	2	3
7	3	8	5	2	6	4	9	1

B012

5	3	9	8	6	7	4	1	2
2	8	7	1	4	5	3	9	6
1	6	4	3	9	2	7	8	5
9	1	2	4	7	3	5	6	8
7	5	8	2	1	6	9	4	3
6	4	3	5	8	9	1	2	7
4	2	5	9	3	8	6	7	1
8	9	6	7	5	1	2	3	4
3	7	1	6	2	4	8	5	9

B013

5	1	4	6	2	8	9	7	3
2	8	9	7	3	4	5	6	1
7	3	6	9	5	1	2	4	8
9	2	8	5	7	3	4	1	6
4	7	5	1	6	9	8	3	2
1	6	3	4	8	2	7	9	5
8	9	2	3	4	6	1	5	7
3	5	1	2	9	7	6	8	4
6	4	7	8	1	5	3	2	9

B014

5	6	2	3	9	8	1	4	7
9	1	8	7	5	4	2	6	3
7	4	3	2	1	6	9	8	5
6	9	5	8	2	1	3	7	4
8	2	7	5	4	3	6	1	9
4	3	1	6	7	9	8	5	2
3	7	4	1	6	2	5	9	8
1	8	9	4	3	5	7	2	6
2	5	6	9	8	7	4	3	1

B015

8	9	1	4	6	5	3	2	7
4	6	3	7	2	9	1	5	8
7	5	2	8	3	1	4	9	6
2	1	5	6	8	3	9	7	4
3	4	9	5	7	2	6	8	1
6	7	8	1	9	4	2	3	5
9	8	6	2	4	7	5	1	3
1	3	7	9	5	6	8	4	2
5	2	4	3	1	8	7	6	9

B016

9	6	4	1	7	5	8	3	2
1	7	2	6	3	8	4	9	5
8	5	3	4	2	9	1	7	6
2	4	1	5	8	7	3	6	9
5	8	7	3	9	6	2	1	4
6	3	9	2	4	1	5	8	7
7	9	5	8	1	2	6	4	3
4	2	8	9	6	3	7	5	1
3	1	6	7	5	4	9	2	8

B017

8	9	3	1	4	2	5	6	7
6	4	2	7	5	3	8	9	1
1	7	5	6	8	9	3	4	2
5	3	4	8	7	1	6	2	9
9	6	1	4	2	5	7	3	8
2	8	7	9	3	6	4	1	5
3	5	6	2	1	7	9	8	4
7	2	8	3	9	4	1	5	6
4	1	9	5	6	8	2	7	3

B018

6	7	5	4	9	3	1	2	8
9	4	1	6	8	2	7	5	3
8	3	2	5	7	1	6	4	9
4	6	3	8	1	7	5	9	2
5	9	8	2	6	4	3	7	1
1	2	7	9	3	5	8	6	4
3	8	6	7	2	9	4	1	5
2	1	4	3	5	6	9	8	7
7	5	9	1	4	8	2	3	6

B019

1	7	2	6	4	3	8	5	9
9	6	3	7	5	8	4	1	2
8	5	4	9	1	2	3	6	7
6	3	1	4	7	9	5	2	8
4	2	5	3	8	1	7	9	6
7	9	8	2	6	5	1	3	4
2	4	9	5	3	7	6	8	1
5	8	6	1	2	4	9	7	3
3	1	7	8	9	6	2	4	5

B020

5	3	1	6	9	2	8	7	4
2	4	6	5	7	8	1	9	3
7	9	8	1	3	4	5	6	2
1	8	4	2	5	7	9	3	6
9	5	3	4	8	6	7	2	1
6	2	7	3	1	9	4	5	8
3	7	9	8	6	1	2	4	5
4	1	5	9	2	3	6	8	7
8	6	2	7	4	5	3	1	9

B021

2	4	5	3	1	8	6	9	7
8	7	9	6	5	2	4	1	3
6	1	3	7	4	9	2	8	5
3	9	1	2	6	4	5	7	8
4	6	8	5	9	7	3	2	1
5	2	7	1	8	3	9	4	6
7	8	6	4	2	5	1	3	9
9	5	4	8	3	1	7	6	2
1	3	2	9	7	6	8	5	4

B022

5	3	4	9	8	2	7	1	6
2	1	9	3	6	7	5	8	4
7	6	8	5	4	1	2	3	9
3	4	7	1	5	9	8	6	2
6	8	5	7	2	4	3	9	1
9	2	1	8	3	6	4	5	7
1	9	3	2	7	8	6	4	5
8	7	6	4	1	5	9	2	3
4	5	2	6	9	3	1	7	8

B023

9	6	1	5	3	2	8	7	4
5	3	4	8	1	7	9	2	6
2	8	7	6	9	4	1	5	3
4	2	8	7	6	1	3	9	5
7	1	6	3	5	9	2	4	8
3	9	5	4	2	8	7	6	1
1	7	3	2	4	6	5	8	9
8	4	9	1	7	5	6	3	2
6	5	2	9	8	3	4	1	7

B024

2	4	8	7	6	3	9	1	5
5	7	1	9	4	8	6	2	3
3	9	6	5	1	2	4	7	8
1	2	7	4	3	9	8	5	6
8	6	3	2	7	5	1	4	9
9	5	4	6	8	1	2	3	7
4	8	2	3	5	6	7	9	1
7	1	5	8	9	4	3	6	2
6	3	9	1	2	7	5	8	4

B025

5	4	9	2	7	8	1	6	3
2	7	3	6	1	4	9	8	5
1	8	6	9	5	3	4	7	2
7	9	2	4	8	1	5	3	6
6	1	5	3	9	7	8	2	4
4	3	8	5	2	6	7	9	1
3	5	4	8	6	9	2	1	7
9	6	7	1	4	2	3	5	8
8	2	1	7	3	5	6	4	9

B026

8	6	7	2	1	9	4	5	3
5	3	2	4	8	6	7	9	1
1	9	4	3	5	7	2	8	6
4	2	3	6	9	1	8	7	5
7	5	9	8	3	4	1	6	2
6	1	8	5	7	2	3	4	9
2	8	1	7	6	5	9	3	4
3	4	6	9	2	8	5	1	7
9	7	5	1	4	3	6	2	8

B027

6	9	3	2	7	1	8	4	5
4	1	7	3	5	8	6	9	2
2	8	5	4	9	6	7	1	3
1	4	6	7	3	5	2	8	9
5	2	9	8	6	4	3	7	1
3	7	8	9	1	2	4	5	6
7	6	1	5	4	3	9	2	8
9	3	2	1	8	7	5	6	4
8	5	4	6	2	9	1	3	7

B028

8	4	9	5	2	1	7	6	3
2	3	5	7	6	8	9	4	1
1	6	7	9	4	3	8	5	2
4	5	1	2	8	9	6	3	7
7	2	8	6	3	5	4	1	9
3	9	6	1	7	4	5	2	8
9	7	4	3	5	2	1	8	6
5	1	2	8	9	6	3	7	4
6	8	3	4	1	7	2	9	5

B029

7	4	5	8	6	9	3	2	1
1	3	9	7	4	2	8	5	6
2	8	6	5	3	1	4	7	9
5	6	3	2	1	4	9	8	7
4	1	7	6	9	8	5	3	2
9	2	8	3	5	7	6	1	4
3	5	2	9	7	6	1	4	8
8	9	1	4	2	5	7	6	3
6	7	4	1	8	3	2	9	5

B030

8	2	5	7	9	4	6	3	1
1	9	4	6	2	3	8	5	7
3	7	6	8	1	5	9	2	4
4	5	9	1	7	8	2	6	3
7	3	2	5	4	6	1	8	9
6	8	1	9	3	2	4	7	5
9	4	3	2	8	7	5	1	6
5	1	8	3	6	9	7	4	2
2	6	7	4	5	1	3	9	8

B031

8	6	2	9	7	4	3	5	1
9	1	5	6	2	3	4	7	8
3	7	4	8	1	5	9	6	2
1	2	6	7	4	8	5	3	9
5	8	3	2	9	6	7	1	4
4	9	7	3	5	1	2	8	6
6	4	1	5	3	9	8	2	7
2	3	9	1	8	7	6	4	5
7	5	8	4	6	2	1	9	3

B032

1	9	7	3	5	8	2	6	4
2	6	3	7	4	1	5	9	8
8	4	5	9	6	2	7	1	3
9	7	4	2	3	6	1	8	5
3	8	2	5	1	7	6	4	9
5	1	6	8	9	4	3	7	2
6	5	1	4	2	9	8	3	7
7	3	9	6	8	5	4	2	1
4	2	8	1	7	3	9	5	6

B033

6	5	1	9	2	7	3	4	8
3	9	2	4	6	8	7	1	5
8	4	7	5	3	1	6	2	9
2	7	4	1	5	6	8	9	3
1	8	6	7	9	3	2	5	4
5	3	9	2	8	4	1	6	7
7	1	3	6	4	5	9	8	2
9	6	5	8	7	2	4	3	1
4	2	8	3	1	9	5	7	6

B034

6	1	9	8	4	2	3	5	7
5	7	4	1	9	3	8	6	2
8	3	2	7	5	6	1	9	4
9	6	1	4	3	7	2	8	5
4	2	5	6	8	1	7	3	9
3	8	7	9	2	5	4	1	6
7	4	3	5	1	9	6	2	8
1	9	8	2	6	4	5	7	3
2	5	6	3	7	8	9	4	1

B035

3	9	8	5	6	1	2	4	7
7	6	5	4	3	2	1	8	9
1	4	2	7	9	8	5	6	3
4	1	6	8	7	9	3	5	2
5	8	3	1	2	6	7	9	4
2	7	9	3	4	5	6	1	8
6	3	4	9	5	7	8	2	1
9	2	1	6	8	3	4	7	5
8	5	7	2	1	4	9	3	6

B036

2	1	7	4	9	8	5	6	3
3	4	6	7	2	5	8	9	1
5	8	9	1	6	3	2	4	7
6	5	8	9	4	1	7	3	2
4	2	1	3	8	7	9	5	6
9	7	3	6	5	2	4	1	8
8	3	4	2	1	9	6	7	5
1	9	2	5	7	6	3	8	4
7	6	5	8	3	4	1	2	9

B037

4	1	5	6	9	3	2	8	7
8	2	9	4	5	7	1	6	3
7	6	3	1	8	2	4	5	9
6	3	7	9	2	4	5	1	8
2	5	4	7	1	8	3	9	6
9	8	1	3	6	5	7	4	2
5	9	6	2	7	1	8	3	4
1	4	2	8	3	6	9	7	5
3	7	8	5	4	9	6	2	1

B038

1	9	3	5	2	7	8	4	6
4	8	2	9	1	6	7	5	3
6	7	5	3	8	4	9	2	1
3	1	8	6	4	5	2	7	9
2	6	9	8	7	3	5	1	4
5	4	7	1	9	2	3	6	8
9	5	4	7	3	1	6	8	2
7	3	1	2	6	8	4	9	5
8	2	6	4	5	9	1	3	7

B039

1	7	9	3	2	4	6	5	8
6	4	2	8	9	5	3	1	7
8	3	5	6	1	7	9	4	2
7	6	3	5	4	1	2	8	9
2	9	1	7	6	8	5	3	4
5	8	4	9	3	2	7	6	1
3	2	8	4	7	6	1	9	5
4	1	6	2	5	9	8	7	3
9	5	7	1	8	3	4	2	6

B040

1	9	6	7	8	3	4	5	2
7	3	2	6	4	5	1	8	9
8	5	4	9	1	2	3	6	7
5	7	3	8	2	6	9	1	4
6	4	9	5	3	1	2	7	8
2	1	8	4	7	9	5	3	6
4	8	1	2	5	7	6	9	3
9	2	5	3	6	8	7	4	1
3	6	7	1	9	4	8	2	5

B041

1	9	5	6	8	3	2	7	4
8	6	4	5	2	7	3	1	9
2	3	7	1	4	9	5	6	8
7	2	9	3	5	4	1	8	6
3	4	8	2	6	1	7	9	5
6	5	1	9	7	8	4	3	2
9	7	2	4	3	6	8	5	1
5	1	3	8	9	2	6	4	7
4	8	6	7	1	5	9	2	3

B042

3	1	7	8	9	5	6	2	4
5	6	4	2	1	7	9	3	8
9	2	8	3	6	4	1	5	7
7	5	9	1	3	8	4	6	2
4	3	1	6	7	2	5	8	9
6	8	2	5	4	9	7	1	3
1	4	6	7	2	3	8	9	5
8	7	3	9	5	6	2	4	1
2	9	5	4	8	1	3	7	6

B043

9	7	1	4	2	5	3	6	8
3	5	8	1	9	6	4	2	7
6	2	4	8	3	7	9	1	5
7	1	3	2	5	4	6	8	9
8	4	2	6	1	9	5	7	3
5	9	6	7	8	3	2	4	1
4	6	9	3	7	8	1	5	2
2	3	7	5	4	1	8	9	6
1	8	5	9	6	2	7	3	4

B044

9	5	7	8	6	3	2	4	1
6	4	3	2	1	5	7	9	8
8	1	2	4	7	9	3	6	5
5	7	9	1	2	4	6	8	3
3	6	8	9	5	7	1	2	4
4	2	1	3	8	6	9	5	7
2	9	4	5	3	1	8	7	6
7	3	5	6	9	8	4	1	2
1	8	6	7	4	2	5	3	9

B045

9	5	3	7	6	2	1	8	4
1	2	8	3	4	5	6	9	7
6	4	7	1	9	8	3	2	5
4	3	6	2	1	9	7	5	8
8	9	1	4	5	7	2	6	3
5	7	2	6	8	3	4	1	9
7	6	9	8	3	1	5	4	2
3	8	4	5	2	6	9	7	1
2	1	5	9	7	4	8	3	6

B046

5	1	6	4	7	3	9	8	2
7	3	2	5	9	8	6	4	1
8	4	9	1	2	6	5	7	3
6	5	4	7	1	2	3	9	8
9	8	7	3	6	4	1	2	5
1	2	3	8	5	9	4	6	7
4	7	8	6	3	1	2	5	9
2	6	1	9	8	5	7	3	4
3	9	5	2	4	7	8	1	6

B047

8	9	1	2	7	6	4	5	3
4	7	6	3	5	9	1	2	8
3	5	2	8	4	1	6	7	9
5	4	3	6	9	2	8	1	7
2	1	7	5	8	4	3	9	6
6	8	9	7	1	3	2	4	5
1	3	5	9	2	8	7	6	4
9	6	4	1	3	7	5	8	2
7	2	8	4	6	5	9	3	1

B048

8	6	9	2	1	4	3	5	7
5	4	2	7	3	8	6	9	1
3	7	1	9	6	5	2	4	8
6	1	5	3	4	7	8	2	9
2	9	3	6	8	1	5	7	4
7	8	4	5	9	2	1	6	3
4	2	7	1	5	3	9	8	6
9	3	8	4	2	6	7	1	5
1	5	6	8	7	9	4	3	2

B049

8	6	2	3	5	7	4	9	1
7	1	4	6	2	9	5	3	8
5	3	9	4	8	1	6	2	7
9	8	1	2	6	3	7	4	5
3	7	5	1	4	8	2	6	9
4	2	6	7	9	5	8	1	3
6	9	3	5	7	4	1	8	2
1	4	7	8	3	2	9	5	6
2	5	8	9	1	6	3	7	4

B050

2	8	1	9	7	5	3	6	4
3	7	6	1	4	8	2	5	9
4	9	5	6	3	2	1	7	8
9	3	2	5	1	4	6	8	7
5	6	7	2	8	9	4	3	1
1	4	8	7	6	3	9	2	5
6	2	9	8	5	1	7	4	3
8	1	4	3	2	7	5	9	6
7	5	3	4	9	6	8	1	2

B051

8	4	6	2	1	7	5	9	3
9	1	2	3	8	5	6	4	7
5	3	7	6	4	9	8	1	2
1	9	5	4	6	2	3	7	8
4	2	3	8	7	1	9	6	5
7	6	8	9	5	3	4	2	1
2	8	9	7	3	4	1	5	6
3	7	1	5	9	6	2	8	4
6	5	4	1	2	8	7	3	9

B052

1	4	2	3	9	5	8	6	7
9	8	6	1	7	2	3	5	4
3	5	7	4	6	8	1	2	9
7	2	1	6	5	9	4	3	8
8	6	3	7	2	4	9	1	5
4	9	5	8	1	3	6	7	2
2	3	4	5	8	1	7	9	6
6	1	9	2	4	7	5	8	3
5	7	8	9	3	6	2	4	1

B053

1	7	6	4	5	9	2	8	3
8	4	5	7	2	3	9	1	6
9	3	2	6	1	8	4	5	7
3	9	1	5	6	7	8	4	2
6	8	4	2	9	1	7	3	5
5	2	7	8	3	4	6	9	1
4	1	3	9	7	2	5	6	8
7	5	9	1	8	6	3	2	4
2	6	8	3	4	5	1	7	9

B054

4	1	2	3	5	7	9	6	8
7	5	8	4	6	9	2	3	1
3	9	6	8	2	1	7	5	4
2	3	9	1	4	5	8	7	6
6	4	7	9	8	3	5	1	2
1	8	5	6	7	2	3	4	9
9	2	1	5	3	6	4	8	7
5	6	4	7	9	8	1	2	3
8	7	3	2	1	4	6	9	5

B055

7	4	9	8	1	2	6	5	3
1	8	3	4	5	6	9	7	2
6	5	2	7	3	9	1	4	8
3	2	6	5	7	4	8	1	9
4	1	7	6	9	8	3	2	5
8	9	5	1	2	3	7	6	4
5	3	4	9	6	7	2	8	1
9	7	1	2	8	5	4	3	6
2	6	8	3	4	1	5	9	7

B056

1	6	4	2	8	3	7	5	9
3	2	7	4	9	5	6	8	1
8	5	9	6	1	7	2	3	4
4	1	2	8	6	9	5	7	3
7	9	6	5	3	1	4	2	8
5	8	3	7	4	2	1	9	6
2	3	1	9	5	4	8	6	7
6	4	5	3	7	8	9	1	2
9	7	8	1	2	6	3	4	5

B057

1	2	5	6	8	4	9	3	7
8	7	3	5	9	1	2	6	4
6	4	9	3	2	7	8	1	5
3	6	4	1	5	8	7	9	2
5	8	2	7	6	9	1	4	3
7	9	1	4	3	2	5	8	6
4	3	7	8	1	5	6	2	9
2	5	8	9	4	6	3	7	1
9	1	6	2	7	3	4	5	8

B058

6	5	1	3	8	2	7	9	4
8	2	7	9	5	4	6	1	3
9	3	4	1	6	7	5	8	2
2	7	3	5	1	8	4	6	9
5	1	9	7	4	6	2	3	8
4	6	8	2	3	9	1	7	5
1	9	5	6	2	3	8	4	7
7	4	6	8	9	5	3	2	1
3	8	2	4	7	1	9	5	6

B059

5	7	4	8	6	1	2	3	9
1	2	9	3	7	5	8	4	6
8	6	3	2	9	4	1	7	5
9	1	2	6	8	7	3	5	4
7	3	8	4	5	2	9	6	1
6	4	5	9	1	3	7	8	2
4	8	1	7	2	6	5	9	3
3	5	7	1	4	9	6	2	8
2	9	6	5	3	8	4	1	7

B060

3	8	1	4	6	2	7	5	9
6	7	5	9	8	3	2	4	1
2	4	9	7	5	1	6	8	3
8	3	4	1	9	7	5	6	2
9	5	2	3	4	6	8	1	7
7	1	6	5	2	8	3	9	4
1	6	8	2	3	4	9	7	5
4	9	3	8	7	5	1	2	6
5	2	7	6	1	9	4	3	8

B061

1	7	9	3	8	5	6	4	2
2	3	8	9	4	6	5	7	1
5	6	4	7	1	2	9	8	3
8	1	7	4	5	9	2	3	6
4	9	6	1	2	3	8	5	7
3	5	2	8	6	7	1	9	4
6	8	1	5	7	4	3	2	9
9	4	5	2	3	1	7	6	8
7	2	3	6	9	8	4	1	5

B062

4	9	7	2	3	5	6	8	1
6	8	3	1	4	9	2	5	7
1	2	5	6	7	8	4	3	9
8	5	1	7	2	6	9	4	3
2	6	4	8	9	3	1	7	5
7	3	9	4	5	1	8	2	6
3	1	6	5	8	2	7	9	4
9	7	2	3	6	4	5	1	8
5	4	8	9	1	7	3	6	2

B063

7	6	1	8	9	4	5	3	2
4	2	8	5	3	7	1	6	9
3	9	5	2	1	6	8	4	7
2	3	6	1	7	5	9	8	4
8	7	4	9	6	2	3	5	1
1	5	9	3	4	8	7	2	6
5	8	7	4	2	1	6	9	3
6	4	3	7	8	9	2	1	5
9	1	2	6	5	3	4	7	8

B064

1	6	2	3	5	7	8	9	4
9	3	4	6	1	8	5	7	2
5	8	7	4	9	2	3	6	1
7	2	9	5	3	6	1	4	8
3	1	6	9	8	4	7	2	5
4	5	8	7	2	1	9	3	6
2	4	5	1	7	9	6	8	3
6	7	1	8	4	3	2	5	9
8	9	3	2	6	5	4	1	7

B065

2	9	4	1	6	7	8	3	5
1	3	8	9	5	2	4	6	7
7	6	5	4	8	3	1	9	2
5	2	7	3	9	8	6	1	4
4	8	9	6	1	5	7	2	3
6	1	3	2	7	4	5	8	9
3	5	6	8	4	9	2	7	1
9	7	1	5	2	6	3	4	8
8	4	2	7	3	1	9	5	6

B066

9	6	7	5	1	2	8	3	4
2	8	1	3	4	6	9	5	7
5	4	3	7	9	8	6	1	2
4	5	2	6	7	3	1	9	8
3	7	9	2	8	1	5	4	6
8	1	6	9	5	4	2	7	3
1	3	8	4	2	5	7	6	9
7	2	4	1	6	9	3	8	5
6	9	5	8	3	7	4	2	1

B067

6	3	9	1	4	5	8	7	2
2	7	1	9	8	3	5	4	6
5	4	8	2	6	7	9	1	3
4	5	3	6	2	1	7	8	9
7	8	2	5	3	9	4	6	1
9	1	6	8	7	4	3	2	5
8	6	5	4	9	2	1	3	7
3	9	4	7	1	6	2	5	8
1	2	7	3	5	8	6	9	4

B068

8	3	9	2	1	5	7	4	6
6	1	2	7	8	4	3	5	9
4	7	5	3	6	9	2	8	1
1	6	4	5	7	3	9	2	8
9	2	8	6	4	1	5	3	7
3	5	7	9	2	8	1	6	4
2	9	1	8	5	6	4	7	3
5	8	3	4	9	7	6	1	2
7	4	6	1	3	2	8	9	5

B069

8	1	2	3	9	5	6	4	7
7	3	4	6	2	1	8	9	5
6	9	5	8	4	7	1	3	2
2	8	3	5	6	9	7	1	4
5	7	6	4	1	3	2	8	9
9	4	1	2	7	8	3	5	6
1	5	7	9	3	2	4	6	8
4	2	9	1	8	6	5	7	3
3	6	8	7	5	4	9	2	1

B070

6	1	3	9	4	5	8	2	7
8	9	2	6	7	3	1	5	4
4	5	7	1	2	8	3	9	6
9	2	5	3	1	4	6	7	8
7	6	4	5	8	2	9	3	1
1	3	8	7	9	6	5	4	2
5	8	6	4	3	7	2	1	9
3	4	1	2	6	9	7	8	5
2	7	9	8	5	1	4	6	3

B071

7	3	1	4	8	6	9	2	5
6	9	2	1	3	5	7	8	4
8	5	4	9	7	2	3	6	1
5	2	9	7	1	4	6	3	8
3	4	7	8	6	9	5	1	2
1	8	6	2	5	3	4	7	9
9	1	8	6	4	7	2	5	3
2	6	3	5	9	1	8	4	7
4	7	5	3	2	8	1	9	6

B072

8	2	1	9	6	7	4	3	5
6	9	5	1	3	4	7	2	8
3	7	4	8	5	2	1	9	6
4	6	8	7	2	5	9	1	3
9	3	2	6	1	8	5	7	4
1	5	7	3	4	9	6	8	2
5	8	3	4	7	1	2	6	9
7	4	6	2	9	3	8	5	1
2	1	9	5	8	6	3	4	7

B073

1	5	9	7	2	8	6	4	3
3	8	6	1	5	4	2	7	9
7	4	2	3	6	9	5	1	8
2	1	3	9	8	5	4	6	7
9	7	8	4	1	6	3	5	2
4	6	5	2	7	3	9	8	1
8	9	7	5	4	2	1	3	6
6	2	4	8	3	1	7	9	5
5	3	1	6	9	7	8	2	4

B074

2	9	8	7	5	4	1	3	6
6	1	5	8	9	3	4	7	2
7	4	3	1	6	2	5	8	9
9	2	4	6	7	1	8	5	3
1	5	7	9	3	8	2	6	4
3	8	6	4	2	5	7	9	1
5	7	2	3	1	9	6	4	8
4	6	9	2	8	7	3	1	5
8	3	1	5	4	6	9	2	7

B075

5	9	6	2	4	7	1	3	8
1	2	8	3	6	5	9	4	7
3	4	7	8	1	9	5	6	2
6	1	9	4	7	2	3	8	5
8	3	5	6	9	1	2	7	4
4	7	2	5	8	3	6	9	1
9	6	1	7	5	4	8	2	3
2	8	4	1	3	6	7	5	9
7	5	3	9	2	8	4	1	6

B076

5	1	2	4	9	6	8	3	7
6	3	9	8	5	7	2	1	4
8	4	7	3	2	1	9	6	5
7	8	3	1	6	2	4	5	9
9	2	6	7	4	5	3	8	1
1	5	4	9	8	3	6	7	2
3	9	8	5	1	4	7	2	6
2	7	5	6	3	9	1	4	8
4	6	1	2	7	8	5	9	3

B077

1	4	8	3	5	6	2	9	7
6	9	3	7	4	2	8	1	5
5	2	7	1	8	9	4	3	6
4	3	5	8	6	7	9	2	1
8	6	2	4	9	1	5	7	3
9	7	1	5	2	3	6	8	4
2	1	9	6	3	4	7	5	8
7	8	6	2	1	5	3	4	9
3	5	4	9	7	8	1	6	2

B078

9	3	1	2	8	7	4	6	5
2	4	7	5	3	6	1	8	9
6	8	5	9	4	1	3	7	2
1	6	9	3	5	4	8	2	7
8	2	3	6	7	9	5	4	1
7	5	4	1	2	8	6	9	3
5	7	2	8	6	3	9	1	4
3	1	6	4	9	2	7	5	8
4	9	8	7	1	5	2	3	6

B079

8	6	3	2	4	9	7	5	1
7	9	2	6	5	1	3	4	8
5	1	4	8	3	7	6	9	2
9	5	8	1	7	4	2	3	6
2	3	7	9	6	5	8	1	4
1	4	6	3	2	8	9	7	5
4	2	5	7	9	6	1	8	3
6	7	1	5	8	3	4	2	9
3	8	9	4	1	2	5	6	7

B080

5	7	9	2	3	6	8	1	4
6	4	1	8	5	7	2	3	9
2	8	3	4	1	9	7	5	6
1	9	4	7	6	2	5	8	3
3	5	6	9	8	1	4	2	7
7	2	8	3	4	5	6	9	1
4	1	5	6	9	8	3	7	2
9	3	2	5	7	4	1	6	8
8	6	7	1	2	3	9	4	5

B081

8	6	3	5	2	1	4	7	9
1	2	9	4	7	8	6	5	3
5	4	7	3	9	6	2	8	1
9	1	4	6	8	2	7	3	5
2	8	5	9	3	7	1	6	4
3	7	6	1	5	4	9	2	8
7	3	1	2	4	5	8	9	6
4	5	2	8	6	9	3	1	7
6	9	8	7	1	3	5	4	2

B082

4	3	2	7	9	6	5	8	1
7	8	5	1	2	3	9	6	4
9	1	6	8	4	5	2	3	7
3	9	4	2	6	7	1	5	8
6	7	8	4	5	1	3	9	2
5	2	1	3	8	9	7	4	6
8	4	7	5	3	2	6	1	9
2	6	3	9	1	8	4	7	5
1	5	9	6	7	4	8	2	3

B083

9	7	3	1	2	5	6	4	8
6	4	1	9	8	3	7	2	5
2	5	8	4	6	7	3	1	9
5	6	9	3	4	2	1	8	7
7	8	4	5	1	9	2	3	6
1	3	2	6	7	8	5	9	4
4	2	7	8	3	6	9	5	1
8	9	6	2	5	1	4	7	3
3	1	5	7	9	4	8	6	2

B084

3	9	5	4	6	2	1	8	7
7	6	4	1	9	8	3	5	2
1	8	2	3	7	5	4	6	9
6	2	7	5	3	9	8	4	1
8	1	3	6	4	7	2	9	5
4	5	9	8	2	1	6	7	3
2	4	6	7	5	3	9	1	8
5	3	8	9	1	6	7	2	4
9	7	1	2	8	4	5	3	6

B085

6	4	1	3	7	9	2	8	5
2	3	8	1	6	5	7	9	4
5	9	7	8	2	4	1	3	6
4	2	6	5	8	7	3	1	9
1	8	9	6	3	2	5	4	7
7	5	3	9	4	1	8	6	2
8	6	4	7	5	3	9	2	1
9	7	2	4	1	8	6	5	3
3	1	5	2	9	6	4	7	8

B086

8	4	7	1	3	9	2	6	5
2	3	9	7	5	6	4	8	1
1	6	5	4	2	8	7	3	9
5	1	6	3	4	2	8	9	7
7	2	4	9	8	1	3	5	6
3	9	8	5	6	7	1	2	4
9	5	3	8	7	4	6	1	2
6	7	1	2	9	3	5	4	8
4	8	2	6	1	5	9	7	3

B087

6	8	5	1	7	9	2	4	3
3	4	2	8	5	6	1	7	9
7	1	9	3	2	4	5	8	6
8	2	6	7	9	3	4	5	1
9	7	1	2	4	5	6	3	8
5	3	4	6	1	8	9	2	7
4	6	3	9	8	2	7	1	5
2	9	7	5	3	1	8	6	4
1	5	8	4	6	7	3	9	2

B088

5	8	7	1	6	3	9	4	2
4	6	3	9	2	5	8	1	7
9	2	1	8	4	7	3	5	6
3	4	8	2	5	1	7	6	9
6	7	2	3	9	4	5	8	1
1	9	5	6	7	8	4	2	3
8	1	9	4	3	2	6	7	5
2	5	6	7	8	9	1	3	4
7	3	4	5	1	6	2	9	8

B089

7	9	4	5	6	8	1	3	2
8	6	2	3	7	1	5	4	9
5	3	1	2	9	4	8	6	7
2	4	8	7	3	9	6	5	1
3	7	9	1	5	6	2	8	4
1	5	6	8	4	2	9	7	3
9	2	5	4	8	3	7	1	6
6	8	3	9	1	7	4	2	5
4	1	7	6	2	5	3	9	8

B090

5	1	6	9	8	3	4	2	7
4	8	7	2	1	6	3	9	5
9	2	3	7	5	4	8	6	1
6	4	8	3	2	7	5	1	9
3	7	5	8	9	1	6	4	2
2	9	1	4	6	5	7	8	3
8	6	2	5	7	9	1	3	4
1	5	4	6	3	2	9	7	8
7	3	9	1	4	8	2	5	6

B091

4	5	6	2	3	1	8	9	7
8	7	1	6	9	4	5	3	2
9	2	3	7	5	8	4	6	1
6	4	2	5	1	7	9	8	3
7	3	5	9	8	6	2	1	4
1	9	8	3	4	2	7	5	6
2	6	9	1	7	5	3	4	8
3	1	4	8	2	9	6	7	5
5	8	7	4	6	3	1	2	9

B092

3	1	4	6	5	7	2	9	8
9	2	5	3	8	4	6	1	7
8	7	6	2	1	9	5	3	4
1	5	7	9	2	8	4	6	3
6	8	2	1	4	3	9	7	5
4	3	9	5	7	6	1	8	2
5	9	3	8	6	2	7	4	1
7	6	1	4	3	5	8	2	9
2	4	8	7	9	1	3	5	6

B093

4	6	7	1	3	2	9	5	8
2	5	1	6	9	8	7	4	3
3	9	8	7	4	5	2	1	6
1	4	5	8	7	3	6	9	2
9	7	3	4	2	6	1	8	5
8	2	6	9	5	1	3	7	4
5	1	9	3	6	4	8	2	7
6	8	2	5	1	7	4	3	9
7	3	4	2	8	9	5	6	1

B094

3	7	1	4	6	9	2	5	8
8	2	6	5	3	1	7	4	9
4	9	5	8	2	7	6	3	1
1	6	4	9	7	8	5	2	3
7	5	2	3	1	6	8	9	4
9	3	8	2	4	5	1	6	7
5	4	7	6	8	3	9	1	2
6	8	3	1	9	2	4	7	5
2	1	9	7	5	4	3	8	6

B095

4	9	1	5	6	2	7	3	8
3	8	2	9	7	4	6	1	5
6	7	5	1	3	8	4	2	9
8	1	3	2	9	6	5	4	7
7	2	4	8	5	1	3	9	6
5	6	9	3	4	7	1	8	2
2	4	8	7	1	5	9	6	3
9	5	6	4	8	3	2	7	1
1	3	7	6	2	9	8	5	4

B096

8	1	4	5	6	2	3	7	9
3	5	9	4	1	7	8	6	2
6	7	2	8	9	3	4	1	5
1	8	7	9	2	6	5	4	3
5	2	6	3	7	4	1	9	8
9	4	3	1	5	8	7	2	6
4	9	5	6	3	1	2	8	7
7	6	1	2	8	5	9	3	4
2	3	8	7	4	9	6	5	1

B097

9	5	7	2	3	6	1	8	4
1	6	3	4	8	9	7	2	5
4	2	8	7	1	5	3	6	9
6	7	1	9	5	4	8	3	2
8	4	9	6	2	3	5	1	7
2	3	5	1	7	8	9	4	6
5	8	2	3	6	7	4	9	1
3	9	6	5	4	1	2	7	8
7	1	4	8	9	2	6	5	3

B098

7	3	4	5	2	6	9	1	8
1	8	6	4	3	9	2	5	7
2	5	9	7	8	1	6	3	4
6	7	8	1	9	5	4	2	3
9	1	3	6	4	2	7	8	5
5	4	2	3	7	8	1	6	9
4	2	7	8	1	3	5	9	6
8	9	5	2	6	7	3	4	1
3	6	1	9	5	4	8	7	2

B099

9	1	3	8	7	5	6	4	2
6	5	4	2	1	3	9	7	8
8	2	7	9	4	6	5	1	3
4	7	5	1	9	8	2	3	6
2	6	1	3	5	7	4	8	9
3	8	9	4	6	2	7	5	1
7	9	2	5	8	1	3	6	4
5	4	8	6	3	9	1	2	7
1	3	6	7	2	4	8	9	5

B100

7	1	6	3	4	8	5	9	2
9	5	8	2	1	7	3	4	6
4	2	3	5	9	6	1	8	7
1	8	7	6	5	2	4	3	9
5	9	2	8	3	4	6	7	1
3	6	4	1	7	9	2	5	8
2	4	9	7	6	3	8	1	5
8	3	1	9	2	5	7	6	4
6	7	5	4	8	1	9	2	3

B101

1	8	2	6	5	7	4	3	9
7	3	6	4	2	9	8	1	5
9	4	5	8	1	3	2	7	6
3	1	7	9	4	5	6	2	8
4	2	9	7	6	8	1	5	3
6	5	8	2	3	1	9	4	7
5	6	4	3	8	2	7	9	1
8	7	1	5	9	4	3	6	2
2	9	3	1	7	6	5	8	4

B102

2	6	9	8	4	7	3	1	5
4	8	5	9	1	3	2	7	6
3	1	7	5	2	6	8	9	4
9	5	4	7	8	1	6	3	2
7	3	8	4	6	2	1	5	9
1	2	6	3	9	5	7	4	8
8	4	1	2	3	9	5	6	7
6	7	2	1	5	4	9	8	3
5	9	3	6	7	8	4	2	1

B103

8	1	9	7	4	5	2	6	3
4	5	3	8	2	6	1	7	9
6	7	2	1	9	3	4	8	5
3	9	1	2	7	4	6	5	8
7	2	8	5	6	1	9	3	4
5	4	6	9	3	8	7	1	2
9	8	5	6	1	2	3	4	7
1	3	7	4	8	9	5	2	6
2	6	4	3	5	7	8	9	1

B104

8	6	2	1	9	4	3	5	7
1	3	7	5	8	2	6	4	9
5	4	9	7	3	6	1	8	2
2	8	1	4	7	3	9	6	5
6	7	4	2	5	9	8	1	3
3	9	5	6	1	8	2	7	4
9	5	8	3	6	7	4	2	1
7	2	3	8	4	1	5	9	6
4	1	6	9	2	5	7	3	8

B105

4	8	5	6	7	9	2	1	3
6	2	9	1	8	3	5	4	7
1	3	7	4	2	5	8	9	6
3	5	1	7	6	8	9	2	4
8	6	2	3	9	4	7	5	1
7	9	4	2	5	1	3	6	8
9	1	6	8	3	2	4	7	5
5	4	3	9	1	7	6	8	2
2	7	8	5	4	6	1	3	9

B106

4	5	2	6	8	3	1	7	9
9	3	1	7	4	2	5	6	8
8	7	6	5	9	1	2	4	3
2	4	7	9	3	5	6	8	1
1	8	9	2	6	4	7	3	5
3	6	5	8	1	7	9	2	4
5	9	4	3	2	6	8	1	7
6	1	8	4	7	9	3	5	2
7	2	3	1	5	8	4	9	6

B107

1	3	7	5	6	4	8	9	2
5	8	4	2	9	1	6	7	3
9	2	6	8	7	3	4	1	5
7	6	2	3	4	9	5	8	1
3	5	9	7	1	8	2	6	4
8	4	1	6	2	5	9	3	7
2	9	8	1	5	7	3	4	6
6	1	3	4	8	2	7	5	9
4	7	5	9	3	6	1	2	8

B108

6	9	5	1	7	3	2	4	8
4	3	2	6	8	9	7	5	1
8	7	1	4	5	2	6	3	9
2	6	7	3	9	4	8	1	5
9	1	4	5	6	8	3	7	2
3	5	8	7	2	1	9	6	4
5	4	9	2	3	7	1	8	6
1	8	3	9	4	6	5	2	7
7	2	6	8	1	5	4	9	3

B109

6	8	4	5	7	3	9	2	1
1	3	9	2	8	6	5	7	4
7	5	2	4	9	1	8	6	3
3	6	8	1	5	9	2	4	7
2	7	1	8	3	4	6	9	5
4	9	5	6	2	7	3	1	8
9	1	7	3	6	8	4	5	2
8	2	6	7	4	5	1	3	9
5	4	3	9	1	2	7	8	6

B110

1	6	2	5	8	9	7	3	4
5	7	4	1	6	3	2	9	8
8	3	9	2	4	7	6	1	5
4	2	1	6	5	8	9	7	3
3	9	5	7	2	4	1	8	6
6	8	7	9	3	1	4	5	2
7	4	3	8	1	6	5	2	9
2	1	8	4	9	5	3	6	7
9	5	6	3	7	2	8	4	1

B111

9	5	1	6	4	2	7	3	8
6	2	3	8	7	9	4	5	1
7	8	4	3	5	1	2	6	9
5	4	9	2	6	8	1	7	3
3	1	6	5	9	7	8	4	2
8	7	2	1	3	4	5	9	6
4	6	8	7	1	3	9	2	5
1	3	7	9	2	5	6	8	4
2	9	5	4	8	6	3	1	7

B112

5	7	1	9	2	3	4	8	6
8	6	3	4	1	7	9	5	2
2	4	9	5	6	8	1	3	7
1	5	6	3	8	2	7	4	9
9	2	7	6	5	4	8	1	3
3	8	4	1	7	9	2	6	5
6	9	8	2	4	5	3	7	1
4	1	2	7	3	6	5	9	8
7	3	5	8	9	1	6	2	4

B113

1	7	8	2	9	4	6	5	3
2	6	3	5	7	8	1	4	9
9	5	4	1	6	3	2	8	7
5	8	2	6	3	9	4	7	1
7	1	6	4	8	2	3	9	5
3	4	9	7	5	1	8	6	2
6	3	7	8	2	5	9	1	4
8	9	1	3	4	7	5	2	6
4	2	5	9	1	6	7	3	8

B114

4	7	2	5	1	8	6	9	3
5	6	1	4	3	9	7	8	2
8	9	3	6	7	2	1	5	4
7	3	4	9	2	5	8	6	1
9	5	6	3	8	1	4	2	7
2	1	8	7	4	6	5	3	9
3	8	5	1	9	7	2	4	6
6	4	7	2	5	3	9	1	8
1	2	9	8	6	4	3	7	5

B115

7	6	2	8	9	3	1	4	5
9	4	5	1	6	2	3	7	8
3	8	1	4	5	7	6	2	9
2	3	6	5	8	9	7	1	4
5	9	4	7	1	6	2	8	3
1	7	8	3	2	4	5	9	6
4	5	3	9	7	1	8	6	2
8	2	7	6	4	5	9	3	1
6	1	9	2	3	8	4	5	7

B116

9	2	4	3	8	1	5	7	6
1	7	6	9	2	5	4	8	3
5	3	8	6	4	7	9	2	1
7	6	5	2	1	8	3	9	4
2	9	1	4	6	3	7	5	8
8	4	3	5	7	9	1	6	2
3	1	7	8	5	2	6	4	9
4	5	2	1	9	6	8	3	7
6	8	9	7	3	4	2	1	5

B117

8	9	4	2	3	7	6	1	5
3	7	5	6	1	9	2	8	4
2	6	1	4	8	5	3	7	9
9	5	3	1	6	8	4	2	7
6	1	2	3	7	4	9	5	8
4	8	7	9	5	2	1	3	6
5	2	6	7	4	1	8	9	3
7	4	9	8	2	3	5	6	1
1	3	8	5	9	6	7	4	2

B118

6	7	3	9	5	1	8	2	4
4	2	9	3	6	8	5	7	1
8	5	1	4	7	2	3	9	6
1	3	2	5	9	4	7	6	8
5	6	8	2	3	7	1	4	9
7	9	4	1	8	6	2	3	5
2	4	7	6	1	5	9	8	3
3	8	5	7	4	9	6	1	2
9	1	6	8	2	3	4	5	7

B119

5	9	1	8	3	6	2	7	4
2	6	7	9	1	4	8	3	5
4	8	3	5	7	2	1	6	9
8	1	4	2	6	5	3	9	7
9	5	6	3	8	7	4	2	1
7	3	2	1	4	9	6	5	8
6	2	5	4	9	1	7	8	3
3	4	9	7	2	8	5	1	6
1	7	8	6	5	3	9	4	2

B120

1	2	3	9	4	6	5	7	8
6	9	7	8	5	1	3	2	4
8	5	4	2	7	3	9	6	1
5	3	1	4	9	7	6	8	2
2	7	6	3	8	5	4	1	9
9	4	8	6	1	2	7	3	5
7	1	2	5	6	9	8	4	3
4	6	9	1	3	8	2	5	7
3	8	5	7	2	4	1	9	6

B121

7	2	3	4	6	5	9	1	8
8	4	1	9	2	7	5	3	6
5	6	9	1	8	3	2	7	4
4	8	2	5	7	6	3	9	1
3	7	5	8	1	9	4	6	2
9	1	6	2	3	4	8	5	7
1	5	8	7	9	2	6	4	3
6	9	7	3	4	8	1	2	5
2	3	4	6	5	1	7	8	9

B122

3	7	9	6	2	5	8	1	4
8	1	2	9	4	7	5	3	6
5	6	4	1	3	8	2	7	9
1	8	7	4	5	9	6	2	3
9	4	3	8	6	2	7	5	1
2	5	6	7	1	3	9	4	8
7	9	1	5	8	4	3	6	2
6	2	5	3	9	1	4	8	7
4	3	8	2	7	6	1	9	5

B123

4	3	1	9	2	6	7	5	8
5	9	6	8	7	3	2	1	4
7	2	8	1	5	4	3	9	6
8	5	4	6	3	2	9	7	1
3	1	9	4	8	7	6	2	5
2	6	7	5	9	1	4	8	3
9	4	5	7	6	8	1	3	2
1	8	3	2	4	9	5	6	7
6	7	2	3	1	5	8	4	9

B124

6	5	4	2	8	3	7	1	9
7	1	8	6	5	9	4	2	3
9	2	3	4	7	1	6	8	5
2	3	7	9	6	5	1	4	8
4	6	1	8	3	2	5	9	7
5	8	9	1	4	7	3	6	2
1	4	5	7	9	8	2	3	6
3	9	2	5	1	6	8	7	4
8	7	6	3	2	4	9	5	1

B125

9	7	3	4	6	1	5	2	8
4	8	6	2	5	7	3	9	1
5	2	1	3	9	8	4	6	7
8	1	7	6	3	2	9	4	5
2	3	4	5	1	9	7	8	6
6	9	5	8	7	4	1	3	2
7	5	2	9	4	6	8	1	3
3	6	9	1	8	5	2	7	4
1	4	8	7	2	3	6	5	9

B126

8	6	5	7	1	3	2	4	9
7	4	1	9	6	2	8	5	3
3	2	9	4	5	8	7	6	1
5	3	2	1	8	7	6	9	4
9	7	6	2	4	5	1	3	8
4	1	8	6	3	9	5	2	7
2	5	7	8	9	4	3	1	6
6	9	3	5	7	1	4	8	2
1	8	4	3	2	6	9	7	5

B127

7	4	9	3	6	1	5	2	8
6	2	3	8	7	5	9	4	1
8	5	1	4	9	2	3	7	6
1	8	7	5	3	9	4	6	2
4	3	2	7	8	6	1	5	9
5	9	6	1	2	4	7	8	3
3	7	5	6	1	8	2	9	4
2	1	8	9	4	7	6	3	5
9	6	4	2	5	3	8	1	7

B128

8	1	5	3	6	7	4	2	9
4	3	2	9	5	1	6	8	7
6	9	7	4	8	2	5	3	1
9	4	1	6	3	5	8	7	2
3	2	6	8	7	9	1	4	5
7	5	8	2	1	4	3	9	6
5	6	9	7	4	3	2	1	8
2	8	4	1	9	6	7	5	3
1	7	3	5	2	8	9	6	4

B129

9	4	5	2	7	3	8	6	1
1	6	3	5	9	8	4	2	7
8	2	7	6	1	4	5	3	9
3	7	6	8	4	1	9	5	2
5	8	2	3	6	9	7	1	4
4	1	9	7	2	5	3	8	6
7	3	1	9	8	6	2	4	5
6	9	8	4	5	2	1	7	3
2	5	4	1	3	7	6	9	8

B130

9	7	2	1	5	4	6	3	8
1	8	3	6	2	7	4	9	5
4	5	6	9	8	3	2	7	1
6	3	7	5	1	2	9	8	4
2	1	8	7	4	9	3	5	6
5	9	4	8	3	6	7	1	2
8	6	9	2	7	1	5	4	3
3	2	1	4	9	5	8	6	7
7	4	5	3	6	8	1	2	9

B131

5	9	1	8	3	6	2	4	7
6	8	4	2	5	7	1	3	9
7	2	3	1	4	9	5	6	8
8	1	6	3	7	4	9	2	5
9	3	2	6	8	5	4	7	1
4	5	7	9	2	1	3	8	6
1	4	9	7	6	2	8	5	3
3	7	5	4	1	8	6	9	2
2	6	8	5	9	3	7	1	4

B132

1	5	8	9	2	6	3	4	7
9	2	3	4	8	7	5	6	1
7	6	4	1	3	5	9	2	8
4	8	7	5	9	1	2	3	6
5	9	1	2	6	3	8	7	4
6	3	2	8	7	4	1	5	9
8	4	6	3	5	9	7	1	2
2	1	5	7	4	8	6	9	3
3	7	9	6	1	2	4	8	5

B133

1	6	9	2	4	8	7	5	3
8	4	5	3	7	6	2	9	1
7	3	2	9	1	5	6	4	8
9	8	7	5	6	1	4	3	2
5	1	3	7	2	4	8	6	9
4	2	6	8	3	9	5	1	7
3	5	1	4	8	7	9	2	6
2	9	8	6	5	3	1	7	4
6	7	4	1	9	2	3	8	5

B134

9	4	1	8	3	7	6	5	2
6	8	7	1	2	5	4	9	3
3	2	5	9	4	6	7	1	8
1	9	6	3	5	4	2	8	7
8	5	3	2	7	9	1	4	6
2	7	4	6	1	8	9	3	5
7	6	9	5	8	1	3	2	4
4	3	8	7	9	2	5	6	1
5	1	2	4	6	3	8	7	9

B135

4	8	3	6	1	9	7	2	5
7	9	5	8	3	2	1	4	6
6	2	1	5	4	7	3	9	8
1	4	6	3	2	5	9	8	7
3	7	8	4	9	6	2	5	1
2	5	9	7	8	1	6	3	4
5	1	2	9	6	8	4	7	3
9	3	7	1	5	4	8	6	2
8	6	4	2	7	3	5	1	9

B136

3	9	1	4	8	6	7	5	2
7	2	4	9	3	5	6	8	1
5	6	8	7	1	2	3	9	4
1	3	2	8	4	7	9	6	5
8	4	5	2	6	9	1	3	7
9	7	6	1	5	3	2	4	8
4	5	9	3	2	1	8	7	6
6	1	3	5	7	8	4	2	9
2	8	7	6	9	4	5	1	3

B137

1	6	8	7	4	9	5	3	2
4	7	3	5	1	2	8	6	9
5	9	2	3	8	6	7	4	1
6	5	9	4	2	7	3	1	8
2	3	7	8	9	1	4	5	6
8	1	4	6	3	5	9	2	7
3	4	1	9	6	8	2	7	5
7	8	6	2	5	3	1	9	4
9	2	5	1	7	4	6	8	3

B138

2	1	4	3	6	9	8	7	5
9	8	7	1	5	2	6	4	3
3	5	6	8	7	4	2	1	9
4	6	8	5	2	3	1	9	7
1	3	5	6	9	7	4	2	8
7	2	9	4	8	1	5	3	6
5	9	3	2	1	6	7	8	4
8	4	1	7	3	5	9	6	2
6	7	2	9	4	8	3	5	1

B139

5	3	6	7	9	1	4	8	2
7	2	9	8	6	4	3	5	1
1	8	4	2	5	3	7	9	6
6	4	8	1	7	2	5	3	9
9	7	2	5	3	8	6	1	4
3	5	1	9	4	6	2	7	8
4	1	3	6	8	7	9	2	5
8	6	5	3	2	9	1	4	7
2	9	7	4	1	5	8	6	3

B140

6	4	9	2	3	7	5	1	8
2	3	8	4	5	1	7	6	9
1	5	7	8	9	6	3	2	4
8	2	4	6	7	3	1	9	5
5	1	3	9	4	2	6	8	7
7	9	6	1	8	5	4	3	2
3	8	1	5	2	4	9	7	6
9	7	5	3	6	8	2	4	1
4	6	2	7	1	9	8	5	3

B141

3	6	7	1	9	8	2	5	4
5	9	2	7	4	3	1	8	6
8	4	1	2	5	6	9	3	7
1	7	4	3	6	9	8	2	5
6	3	8	5	1	2	7	4	9
9	2	5	8	7	4	6	1	3
4	1	9	6	8	5	3	7	2
7	5	3	9	2	1	4	6	8
2	8	6	4	3	7	5	9	1

B142

8	9	3	1	7	5	6	2	4
1	5	4	9	2	6	7	8	3
2	6	7	4	3	8	1	5	9
4	2	5	8	1	7	3	9	6
6	3	8	5	9	4	2	7	1
7	1	9	2	6	3	5	4	8
3	7	2	6	4	9	8	1	5
5	4	6	7	8	1	9	3	2
9	8	1	3	5	2	4	6	7

B143

3	1	5	8	9	4	7	6	2
2	8	7	6	1	3	9	5	4
6	9	4	2	5	7	8	1	3
5	7	9	3	6	1	4	2	8
4	2	8	5	7	9	6	3	1
1	6	3	4	8	2	5	7	9
7	3	6	9	2	8	1	4	5
8	5	2	1	4	6	3	9	7
9	4	1	7	3	5	2	8	6

B144

7	6	1	2	5	9	8	4	3
2	8	9	4	3	7	6	1	5
3	5	4	1	8	6	7	9	2
5	2	3	6	9	4	1	8	7
9	4	8	5	7	1	2	3	6
6	1	7	8	2	3	4	5	9
1	9	5	7	6	8	3	2	4
4	3	6	9	1	2	5	7	8
8	7	2	3	4	5	9	6	1

B145

4	8	6	1	9	3	2	5	7
9	3	5	7	2	6	1	8	4
7	2	1	4	5	8	9	6	3
5	7	4	3	8	2	6	1	9
8	9	3	5	6	1	4	7	2
1	6	2	9	7	4	8	3	5
2	1	7	6	4	5	3	9	8
3	4	9	8	1	7	5	2	6
6	5	8	2	3	9	7	4	1

B146

9	2	8	3	4	1	6	7	5
1	7	5	8	9	6	4	2	3
6	4	3	5	2	7	9	8	1
5	1	9	6	7	3	2	4	8
4	6	2	9	5	8	1	3	7
8	3	7	2	1	4	5	9	6
3	8	1	4	6	2	7	5	9
7	9	4	1	3	5	8	6	2
2	5	6	7	8	9	3	1	4

B147

1	8	7	3	2	6	5	4	9
5	3	6	8	9	4	7	1	2
2	4	9	1	5	7	6	3	8
6	5	3	2	4	9	8	7	1
7	9	4	6	1	8	2	5	3
8	2	1	5	7	3	9	6	4
4	7	2	9	6	1	3	8	5
9	6	8	4	3	5	1	2	7
3	1	5	7	8	2	4	9	6

B148

9	6	4	2	7	3	1	5	8
5	8	7	1	4	9	6	2	3
2	3	1	5	8	6	4	7	9
1	4	8	9	2	7	5	3	6
6	9	5	3	1	8	7	4	2
7	2	3	6	5	4	9	8	1
4	7	2	8	6	1	3	9	5
8	1	9	4	3	5	2	6	7
3	5	6	7	9	2	8	1	4

B149

6	7	1	2	5	3	8	9	4
2	3	8	7	9	4	6	1	5
5	4	9	8	1	6	3	7	2
1	9	3	4	6	2	7	5	8
4	8	2	5	7	9	1	6	3
7	5	6	3	8	1	2	4	9
3	2	5	1	4	7	9	8	6
8	6	7	9	2	5	4	3	1
9	1	4	6	3	8	5	2	7

B150

8	2	5	1	6	7	4	3	9
1	6	4	9	2	3	5	8	7
9	7	3	8	4	5	6	2	1
6	4	1	7	9	2	8	5	3
2	5	9	6	3	8	7	1	4
3	8	7	5	1	4	2	9	6
4	3	8	2	7	9	1	6	5
7	1	2	3	5	6	9	4	8
5	9	6	4	8	1	3	7	2

B151

1	8	5	9	2	6	3	4	7
7	6	9	4	3	1	5	2	8
3	2	4	8	7	5	9	6	1
2	7	3	5	6	8	4	1	9
5	9	1	7	4	2	6	8	3
6	4	8	3	1	9	7	5	2
9	1	6	2	5	3	8	7	4
4	3	2	6	8	7	1	9	5
8	5	7	1	9	4	2	3	6

B152

6	2	7	3	4	5	8	1	9
1	9	5	8	2	7	6	3	4
8	3	4	1	9	6	2	5	7
2	7	1	5	8	9	3	4	6
3	6	9	4	7	2	1	8	5
5	4	8	6	1	3	7	9	2
9	5	6	2	3	1	4	7	8
4	1	2	7	5	8	9	6	3
7	8	3	9	6	4	5	2	1

B153

1	5	8	7	6	3	9	4	2
9	2	6	4	8	1	5	3	7
7	4	3	9	2	5	6	1	8
4	9	1	6	5	2	7	8	3
2	3	5	8	4	7	1	6	9
6	8	7	1	3	9	2	5	4
3	1	9	5	7	8	4	2	6
5	6	2	3	9	4	8	7	1
8	7	4	2	1	6	3	9	5

B154

8	1	2	5	9	4	3	7	6
7	9	5	3	1	6	8	4	2
4	3	6	7	8	2	9	1	5
3	5	4	1	6	8	7	2	9
6	7	9	2	4	3	1	5	8
2	8	1	9	7	5	6	3	4
5	2	8	6	3	7	4	9	1
9	4	3	8	2	1	5	6	7
1	6	7	4	5	9	2	8	3

B155

9	4	2	7	6	1	3	5	8
3	7	5	4	9	8	2	1	6
6	1	8	2	5	3	4	7	9
8	2	7	1	3	9	5	6	4
1	6	9	5	8	4	7	2	3
5	3	4	6	7	2	8	9	1
7	5	3	8	1	6	9	4	2
2	9	6	3	4	7	1	8	5
4	8	1	9	2	5	6	3	7

B156

4	7	6	9	1	8	3	2	5
2	8	3	4	5	6	1	9	7
9	1	5	2	3	7	6	4	8
8	3	9	6	4	2	7	5	1
1	2	7	8	9	5	4	3	6
6	5	4	1	7	3	2	8	9
5	9	2	7	6	4	8	1	3
7	4	1	3	8	9	5	6	2
3	6	8	5	2	1	9	7	4

B157

6	2	9	3	4	7	5	8	1
4	3	1	2	5	8	9	7	6
5	7	8	1	9	6	2	3	4
9	4	7	6	8	3	1	2	5
1	6	3	4	2	5	7	9	8
8	5	2	7	1	9	4	6	3
2	8	5	9	6	4	3	1	7
3	9	4	8	7	1	6	5	2
7	1	6	5	3	2	8	4	9

B158

1	7	5	4	9	3	8	2	6
2	3	6	8	1	5	4	7	9
8	9	4	7	6	2	5	3	1
5	6	8	1	2	4	7	9	3
4	1	3	9	7	6	2	8	5
7	2	9	3	5	8	6	1	4
9	5	1	6	8	7	3	4	2
3	8	2	5	4	1	9	6	7
6	4	7	2	3	9	1	5	8

B159

1	2	9	8	6	3	4	7	5
7	5	8	9	4	1	3	6	2
4	6	3	2	7	5	9	8	1
3	4	5	6	8	9	2	1	7
2	9	7	5	1	4	8	3	6
6	8	1	7	3	2	5	9	4
5	7	6	3	2	8	1	4	9
9	3	4	1	5	7	6	2	8
8	1	2	4	9	6	7	5	3

B160

9	3	5	6	2	8	1	7	4
4	1	6	9	3	7	2	8	5
8	2	7	5	4	1	9	6	3
3	6	1	2	8	5	7	4	9
5	7	9	4	1	3	6	2	8
2	4	8	7	6	9	3	5	1
1	8	2	3	5	6	4	9	7
7	5	4	1	9	2	8	3	6
6	9	3	8	7	4	5	1	2

B161

1	9	4	8	7	2	3	6	5
3	5	2	4	9	6	7	1	8
6	7	8	3	1	5	4	2	9
8	2	7	5	3	4	1	9	6
4	6	9	1	8	7	2	5	3
5	1	3	6	2	9	8	4	7
9	3	6	7	4	1	5	8	2
2	8	1	9	5	3	6	7	4
7	4	5	2	6	8	9	3	1

B162

6	2	8	5	9	1	3	7	4
9	1	3	6	7	4	5	2	8
4	5	7	3	2	8	6	9	1
7	8	2	4	6	5	1	3	9
3	9	5	7	1	2	4	8	6
1	4	6	8	3	9	2	5	7
5	3	9	1	8	6	7	4	2
8	6	4	2	5	7	9	1	3
2	7	1	9	4	3	8	6	5

B163

6	9	4	1	2	8	7	3	5
7	3	8	4	9	5	1	2	6
5	1	2	6	3	7	9	8	4
2	5	1	3	7	9	4	6	8
3	7	6	2	8	4	5	1	9
8	4	9	5	6	1	3	7	2
4	8	3	7	5	2	6	9	1
1	2	7	9	4	6	8	5	3
9	6	5	8	1	3	2	4	7

B164

1	9	2	7	5	4	3	6	8
6	3	7	9	8	1	4	2	5
4	5	8	3	6	2	7	1	9
2	7	1	4	3	5	8	9	6
3	6	5	8	7	9	1	4	2
8	4	9	1	2	6	5	7	3
5	1	4	6	9	8	2	3	7
9	2	3	5	4	7	6	8	1
7	8	6	2	1	3	9	5	4

B165

2	6	5	9	1	8	3	4	7
1	7	8	4	3	2	9	5	6
9	4	3	7	6	5	1	2	8
7	1	2	5	8	3	4	6	9
6	8	9	1	4	7	5	3	2
3	5	4	2	9	6	7	8	1
5	9	1	8	2	4	6	7	3
4	2	6	3	7	1	8	9	5
8	3	7	6	5	9	2	1	4

B166

8	7	4	2	5	3	6	9	1
6	1	2	9	4	7	5	3	8
3	5	9	8	6	1	2	7	4
2	3	5	7	8	6	1	4	9
4	9	6	1	3	2	8	5	7
7	8	1	4	9	5	3	2	6
5	2	8	6	7	9	4	1	3
9	4	3	5	1	8	7	6	2
1	6	7	3	2	4	9	8	5

B167

5	1	7	3	8	2	9	6	4
6	4	8	5	9	1	7	3	2
9	3	2	4	7	6	5	1	8
2	9	3	6	1	7	8	4	5
7	8	6	9	5	4	3	2	1
1	5	4	8	2	3	6	7	9
4	2	9	7	3	8	1	5	6
8	7	1	2	6	5	4	9	3
3	6	5	1	4	9	2	8	7

B168

2	7	1	3	6	5	9	8	4
8	5	9	4	7	1	2	3	6
3	4	6	2	9	8	1	5	7
7	6	8	5	2	3	4	1	9
4	2	3	9	1	7	8	6	5
9	1	5	8	4	6	7	2	3
6	8	4	7	5	2	3	9	1
5	3	7	1	8	9	6	4	2
1	9	2	6	3	4	5	7	8

B169

1	8	5	7	6	2	4	9	3
3	7	6	4	1	9	2	8	5
4	2	9	8	5	3	1	6	7
6	3	7	2	9	5	8	1	4
9	4	1	3	7	8	6	5	2
8	5	2	6	4	1	7	3	9
2	6	8	5	3	4	9	7	1
5	1	4	9	8	7	3	2	6
7	9	3	1	2	6	5	4	8

B170

9	6	4	5	2	3	7	1	8
2	5	8	7	4	1	3	6	9
7	1	3	9	8	6	5	4	2
6	8	1	3	7	9	4	2	5
5	2	9	1	6	4	8	7	3
4	3	7	2	5	8	6	9	1
1	4	5	6	3	2	9	8	7
3	9	6	8	1	7	2	5	4
8	7	2	4	9	5	1	3	6

B171

8	6	1	9	4	3	7	2	5
7	3	5	1	8	2	6	4	9
9	4	2	6	5	7	8	1	3
6	9	4	2	1	5	3	8	7
3	5	8	7	9	4	1	6	2
2	1	7	3	6	8	9	5	4
1	2	9	4	3	6	5	7	8
5	7	6	8	2	9	4	3	1
4	8	3	5	7	1	2	9	6

B172

5	9	6	3	7	1	2	8	4
3	1	4	2	9	8	6	7	5
8	2	7	5	6	4	3	1	9
6	7	5	1	4	2	9	3	8
4	8	9	6	3	7	5	2	1
1	3	2	9	8	5	7	4	6
7	5	1	4	2	6	8	9	3
9	6	8	7	1	3	4	5	2
2	4	3	8	5	9	1	6	7

B173

8	6	9	7	4	5	3	1	2
3	5	2	9	6	1	7	4	8
1	4	7	2	3	8	6	9	5
2	9	6	5	8	7	1	3	4
7	3	5	4	1	6	2	8	9
4	1	8	3	9	2	5	6	7
9	2	4	6	7	3	8	5	1
5	8	3	1	2	9	4	7	6
6	7	1	8	5	4	9	2	3

B174

2	6	4	1	9	3	5	7	8
7	3	9	2	5	8	1	4	6
1	8	5	4	7	6	2	3	9
3	1	7	9	6	5	4	8	2
6	4	2	7	8	1	9	5	3
9	5	8	3	2	4	6	1	7
8	2	6	5	1	7	3	9	4
5	7	3	6	4	9	8	2	1
4	9	1	8	3	2	7	6	5

B175

2	6	5	4	8	1	7	9	3
1	3	7	6	5	9	8	2	4
4	8	9	3	2	7	1	6	5
5	9	2	7	3	4	6	8	1
6	7	8	9	1	5	4	3	2
3	1	4	2	6	8	9	5	7
8	2	1	5	4	6	3	7	9
7	5	6	1	9	3	2	4	8
9	4	3	8	7	2	5	1	6

B176

5	1	2	7	6	3	9	8	4
7	9	4	8	2	1	6	5	3
3	6	8	5	4	9	2	7	1
8	2	5	1	9	7	3	4	6
4	7	1	3	8	6	5	2	9
9	3	6	2	5	4	8	1	7
2	4	7	9	3	8	1	6	5
6	8	3	4	1	5	7	9	2
1	5	9	6	7	2	4	3	8

B177

3	6	4	9	1	5	7	2	8
5	7	8	4	2	3	6	1	9
2	9	1	7	8	6	4	5	3
4	8	5	2	6	7	9	3	1
7	3	2	8	9	1	5	4	6
6	1	9	3	5	4	2	8	7
8	5	6	1	7	2	3	9	4
1	4	7	5	3	9	8	6	2
9	2	3	6	4	8	1	7	5

B178

5	2	9	8	1	7	3	6	4
7	1	6	3	5	4	9	8	2
3	4	8	2	6	9	1	7	5
6	8	2	7	4	1	5	9	3
4	7	5	9	3	2	8	1	6
9	3	1	6	8	5	4	2	7
1	6	3	4	7	8	2	5	9
8	9	7	5	2	3	6	4	1
2	5	4	1	9	6	7	3	8

B179

8	7	3	9	1	5	2	4	6
5	1	2	4	3	6	9	7	8
9	4	6	7	2	8	3	5	1
6	9	7	1	8	2	5	3	4
3	8	5	6	4	7	1	9	2
1	2	4	3	5	9	8	6	7
4	3	8	5	6	1	7	2	9
7	5	1	2	9	4	6	8	3
2	6	9	8	7	3	4	1	5

B180

6	3	8	2	9	5	1	4	7
5	2	9	7	1	4	8	3	6
1	7	4	3	6	8	9	2	5
8	6	7	1	5	3	4	9	2
9	5	2	8	4	6	7	1	3
4	1	3	9	2	7	6	5	8
3	8	5	4	7	9	2	6	1
2	4	6	5	8	1	3	7	9
7	9	1	6	3	2	5	8	4

B181

7	1	3	4	5	2	9	6	8
8	4	6	7	9	3	5	2	1
2	9	5	8	1	6	3	7	4
3	5	8	9	2	1	7	4	6
6	7	1	5	8	4	2	9	3
9	2	4	6	3	7	8	1	5
4	3	9	1	7	5	6	8	2
1	8	2	3	6	9	4	5	7
5	6	7	2	4	8	1	3	9

B182

6	5	3	8	4	1	2	7	9
7	9	8	5	3	2	6	1	4
2	1	4	7	6	9	3	8	5
3	4	9	6	8	7	5	2	1
1	6	5	2	9	3	7	4	8
8	2	7	1	5	4	9	6	3
5	8	1	9	7	6	4	3	2
9	3	6	4	2	8	1	5	7
4	7	2	3	1	5	8	9	6

B183

8	2	5	3	6	7	9	1	4
7	4	1	9	8	2	6	3	5
3	9	6	1	4	5	8	7	2
9	6	4	5	3	1	2	8	7
5	7	3	8	2	9	1	4	6
2	1	8	6	7	4	5	9	3
6	8	2	4	1	3	7	5	9
1	3	9	7	5	6	4	2	8
4	5	7	2	9	8	3	6	1

B184

4	9	7	8	2	6	1	3	5
6	3	1	7	9	5	4	8	2
2	8	5	3	4	1	9	6	7
7	5	8	4	3	9	6	2	1
3	6	9	1	8	2	7	5	4
1	2	4	5	6	7	3	9	8
8	1	3	6	5	4	2	7	9
5	4	2	9	7	3	8	1	6
9	7	6	2	1	8	5	4	3

B185

8	9	7	2	1	5	6	4	3
4	2	3	8	6	7	1	9	5
5	6	1	3	9	4	2	7	8
2	4	9	6	3	8	5	1	7
1	3	5	7	2	9	8	6	4
7	8	6	4	5	1	9	3	2
9	1	4	5	7	2	3	8	6
3	5	8	9	4	6	7	2	1
6	7	2	1	8	3	4	5	9

B186

1	4	3	9	2	7	8	5	6
5	6	9	1	8	3	4	7	2
2	8	7	4	5	6	1	3	9
7	3	2	5	9	1	6	4	8
9	1	8	3	6	4	5	2	7
4	5	6	2	7	8	3	9	1
8	2	5	6	4	9	7	1	3
3	7	4	8	1	2	9	6	5
6	9	1	7	3	5	2	8	4

B187

6	4	5	3	2	8	9	1	7
1	2	7	9	4	5	6	8	3
9	8	3	7	6	1	2	5	4
4	7	2	1	8	9	3	6	5
3	5	6	4	7	2	1	9	8
8	9	1	6	5	3	7	4	2
5	6	4	2	9	7	8	3	1
2	1	8	5	3	6	4	7	9
7	3	9	8	1	4	5	2	6

B188

8	3	6	7	1	2	5	9	4
5	1	2	8	9	4	3	7	6
7	9	4	3	6	5	8	1	2
2	6	7	1	8	3	9	4	5
9	8	1	5	4	6	2	3	7
4	5	3	2	7	9	6	8	1
6	4	5	9	3	1	7	2	8
1	7	9	6	2	8	4	5	3
3	2	8	4	5	7	1	6	9

B189

6	2	4	9	1	7	8	5	3
7	5	1	8	2	3	4	9	6
8	3	9	5	6	4	7	2	1
4	9	2	7	5	6	3	1	8
5	7	6	3	8	1	2	4	9
3	1	8	4	9	2	6	7	5
9	6	5	2	7	8	1	3	4
2	8	3	1	4	5	9	6	7
1	4	7	6	3	9	5	8	2

B190

9	3	7	5	2	6	1	8	4
6	2	8	1	9	4	7	5	3
4	1	5	7	3	8	6	9	2
1	6	2	9	8	3	4	7	5
3	7	4	2	1	5	9	6	8
5	8	9	6	4	7	3	2	1
8	4	6	3	7	2	5	1	9
7	9	3	8	5	1	2	4	6
2	5	1	4	6	9	8	3	7

B191

9	7	8	1	6	2	5	4	3
2	3	1	4	8	5	9	7	6
4	6	5	7	9	3	8	2	1
6	5	2	9	3	1	4	8	7
1	8	4	2	7	6	3	5	9
3	9	7	8	5	4	6	1	2
8	2	3	6	4	7	1	9	5
7	4	6	5	1	9	2	3	8
5	1	9	3	2	8	7	6	4

B192

7	1	6	2	9	5	3	4	8
8	3	5	6	1	4	7	9	2
2	9	4	7	8	3	5	6	1
9	5	3	4	6	8	2	1	7
4	6	2	3	7	1	8	5	9
1	8	7	9	5	2	4	3	6
3	7	9	5	2	6	1	8	4
5	2	8	1	4	9	6	7	3
6	4	1	8	3	7	9	2	5

B193

5	1	6	8	9	2	7	4	3
7	4	3	1	5	6	8	9	2
8	9	2	3	7	4	1	5	6
2	8	7	5	4	1	3	6	9
3	5	1	6	2	9	4	7	8
4	6	9	7	8	3	2	1	5
9	3	8	4	6	7	5	2	1
1	2	4	9	3	5	6	8	7
6	7	5	2	1	8	9	3	4

B194

3	5	4	9	2	7	1	6	8
1	7	8	4	3	6	9	2	5
2	9	6	8	5	1	7	3	4
4	8	3	7	6	5	2	9	1
9	1	5	3	8	2	6	4	7
7	6	2	1	4	9	8	5	3
6	4	7	2	1	3	5	8	9
8	2	9	5	7	4	3	1	6
5	3	1	6	9	8	4	7	2

B195

7	5	9	4	1	2	8	3	6
6	1	2	8	9	3	4	5	7
4	8	3	7	6	5	2	1	9
9	3	1	6	8	7	5	2	4
2	4	7	5	3	1	6	9	8
8	6	5	2	4	9	3	7	1
3	2	8	9	7	6	1	4	5
1	9	6	3	5	4	7	8	2
5	7	4	1	2	8	9	6	3

B196

4	5	1	2	3	7	9	8	6
9	2	6	4	1	8	7	5	3
3	8	7	5	6	9	4	2	1
8	4	2	9	7	3	6	1	5
7	1	5	8	4	6	3	9	2
6	9	3	1	5	2	8	4	7
1	7	4	3	9	5	2	6	8
2	3	9	6	8	1	5	7	4
5	6	8	7	2	4	1	3	9

B197

8	9	2	6	3	1	5	7	4
5	6	1	7	9	4	8	2	3
4	3	7	8	2	5	1	9	6
6	2	8	9	5	3	4	1	7
7	4	3	2	1	8	9	6	5
9	1	5	4	7	6	2	3	8
1	7	6	5	8	2	3	4	9
2	8	4	3	6	9	7	5	1
3	5	9	1	4	7	6	8	2

B198

7	2	3	1	4	9	8	5	6
1	8	4	6	5	2	7	9	3
9	5	6	8	7	3	4	1	2
5	1	2	9	6	8	3	7	4
4	7	8	2	3	5	1	6	9
3	6	9	4	1	7	2	8	5
6	4	5	7	2	1	9	3	8
8	3	1	5	9	4	6	2	7
2	9	7	3	8	6	5	4	1

B199

4	5	1	7	8	3	2	9	6
9	2	8	1	6	5	3	7	4
3	7	6	2	4	9	8	1	5
1	8	2	9	5	6	7	4	3
7	6	3	4	1	8	5	2	9
5	4	9	3	7	2	6	8	1
6	3	7	8	9	4	1	5	2
2	1	4	5	3	7	9	6	8
8	9	5	6	2	1	4	3	7

B200

6	4	7	1	5	9	3	8	2
9	2	1	3	4	8	5	6	7
5	8	3	2	6	7	1	9	4
3	5	2	4	9	6	8	7	1
8	6	4	5	7	1	2	3	9
7	1	9	8	3	2	6	4	5
2	9	8	6	1	4	7	5	3
4	3	6	7	2	5	9	1	8
1	7	5	9	8	3	4	2	6

B201

1	4	5	7	3	8	2	6	9
7	2	8	6	9	4	3	1	5
3	6	9	5	1	2	7	4	8
9	7	4	3	6	1	5	8	2
6	5	3	2	8	7	1	9	4
8	1	2	4	5	9	6	3	7
2	8	7	1	4	3	9	5	6
4	3	6	9	2	5	8	7	1
5	9	1	8	7	6	4	2	3

B202

6	2	9	1	4	7	3	8	5
5	1	7	8	3	6	4	9	2
8	3	4	5	2	9	6	7	1
7	9	1	3	5	4	8	2	6
3	5	8	6	7	2	9	1	4
2	4	6	9	1	8	7	5	3
9	8	5	4	6	1	2	3	7
1	6	2	7	9	3	5	4	8
4	7	3	2	8	5	1	6	9

B203

8	9	7	6	3	4	1	2	5
1	6	3	2	8	5	4	7	9
5	4	2	9	1	7	6	8	3
7	2	6	4	5	1	3	9	8
3	1	5	8	6	9	7	4	2
4	8	9	7	2	3	5	1	6
2	7	4	5	9	6	8	3	1
6	3	8	1	7	2	9	5	4
9	5	1	3	4	8	2	6	7

B204

6	5	7	1	9	8	2	3	4
2	9	3	7	4	5	1	6	8
4	1	8	6	2	3	9	7	5
7	6	2	5	1	4	8	9	3
1	8	5	3	7	9	6	4	2
9	3	4	8	6	2	7	5	1
5	4	9	2	8	7	3	1	6
3	2	1	9	5	6	4	8	7
8	7	6	4	3	1	5	2	9

B205

4	7	1	6	5	8	2	3	9
3	2	5	9	7	4	8	1	6
6	8	9	1	2	3	7	4	5
7	1	8	5	3	9	6	2	4
5	6	2	4	8	1	3	9	7
9	3	4	7	6	2	1	5	8
8	9	3	2	4	7	5	6	1
2	4	6	8	1	5	9	7	3
1	5	7	3	9	6	4	8	2

B206

1	6	2	7	4	8	5	3	9
8	4	3	5	1	9	6	2	7
7	9	5	2	3	6	8	1	4
9	3	4	8	7	5	1	6	2
2	1	8	9	6	4	3	7	5
6	5	7	3	2	1	4	9	8
5	8	1	6	9	7	2	4	3
4	2	9	1	5	3	7	8	6
3	7	6	4	8	2	9	5	1

B207

2	9	1	4	3	6	7	8	5
4	5	6	8	1	7	2	3	9
8	7	3	9	2	5	1	6	4
1	2	8	6	5	9	3	4	7
3	6	5	1	7	4	8	9	2
7	4	9	2	8	3	6	5	1
9	8	4	7	6	1	5	2	3
6	3	7	5	4	2	9	1	8
5	1	2	3	9	8	4	7	6

B208

6	9	5	4	8	7	2	3	1
4	1	8	9	3	2	5	6	7
2	7	3	1	6	5	4	9	8
5	6	2	8	7	3	1	4	9
1	3	4	5	2	9	7	8	6
7	8	9	6	4	1	3	2	5
9	5	6	2	1	4	8	7	3
8	2	7	3	5	6	9	1	4
3	4	1	7	9	8	6	5	2

B209

8	7	1	2	9	5	6	4	3
3	5	6	8	4	7	1	2	9
4	9	2	1	3	6	8	7	5
9	6	8	4	7	1	5	3	2
1	2	7	5	6	3	4	9	8
5	4	3	9	8	2	7	6	1
6	8	5	7	2	9	3	1	4
2	3	4	6	1	8	9	5	7
7	1	9	3	5	4	2	8	6

B210

9	8	1	6	3	4	7	2	5
2	6	5	1	8	7	3	9	4
3	4	7	5	9	2	6	8	1
8	5	9	7	2	6	4	1	3
7	3	4	8	5	1	2	6	9
1	2	6	3	4	9	5	7	8
6	9	8	4	7	5	1	3	2
4	7	2	9	1	3	8	5	6
5	1	3	2	6	8	9	4	7

B211

1	8	4	9	2	7	3	6	5
2	9	6	3	5	1	7	8	4
7	5	3	6	8	4	1	2	9
4	3	5	2	7	9	8	1	6
6	1	8	4	3	5	9	7	2
9	7	2	1	6	8	5	4	3
5	2	9	7	1	6	4	3	8
8	6	7	5	4	3	2	9	1
3	4	1	8	9	2	6	5	7

B212

8	1	3	2	7	9	6	4	5
2	6	9	1	5	4	7	3	8
4	7	5	8	6	3	9	2	1
9	4	8	6	1	5	2	7	3
5	3	7	4	9	2	8	1	6
1	2	6	3	8	7	4	5	9
7	9	4	5	3	6	1	8	2
6	5	1	7	2	8	3	9	4
3	8	2	9	4	1	5	6	7

B213

4	1	5	9	7	2	3	8	6
9	2	6	8	4	3	7	1	5
3	7	8	1	6	5	4	9	2
6	3	2	7	8	9	5	4	1
1	5	7	2	3	4	8	6	9
8	4	9	6	5	1	2	3	7
2	8	3	5	1	6	9	7	4
7	9	1	4	2	8	6	5	3
5	6	4	3	9	7	1	2	8

B214

2	1	9	4	8	7	5	3	6
6	5	8	3	2	1	4	9	7
3	4	7	6	5	9	1	8	2
8	2	3	1	7	4	6	5	9
4	9	5	2	6	8	3	7	1
1	7	6	9	3	5	8	2	4
7	6	4	8	9	3	2	1	5
5	8	2	7	1	6	9	4	3
9	3	1	5	4	2	7	6	8

B215

1	7	6	2	3	9	4	8	5
5	3	2	7	8	4	9	6	1
4	8	9	6	1	5	3	2	7
8	5	3	1	9	2	6	7	4
9	1	4	8	6	7	2	5	3
2	6	7	4	5	3	8	1	9
7	4	8	3	2	1	5	9	6
3	2	5	9	7	6	1	4	8
6	9	1	5	4	8	7	3	2

B216

1	6	8	7	9	5	3	4	2
3	5	7	8	4	2	1	9	6
9	4	2	1	6	3	5	7	8
6	2	9	4	3	1	8	5	7
4	7	3	5	8	6	9	2	1
8	1	5	2	7	9	6	3	4
5	9	1	6	2	4	7	8	3
2	8	6	3	5	7	4	1	9
7	3	4	9	1	8	2	6	5

B217

1	6	3	5	7	2	4	9	8
7	5	4	8	6	9	2	3	1
9	2	8	1	3	4	5	7	6
8	4	5	3	9	1	6	2	7
2	9	1	6	5	7	3	8	4
6	3	7	2	4	8	1	5	9
3	7	9	4	2	6	8	1	5
5	8	6	9	1	3	7	4	2
4	1	2	7	8	5	9	6	3

B218

6	7	1	3	5	4	2	9	8
5	3	8	1	2	9	4	6	7
4	9	2	8	7	6	1	5	3
9	2	4	7	6	1	3	8	5
3	8	6	2	9	5	7	4	1
7	1	5	4	8	3	6	2	9
1	6	3	5	4	8	9	7	2
2	5	9	6	3	7	8	1	4
8	4	7	9	1	2	5	3	6

B219

6	7	9	4	1	2	8	3	5
2	8	3	7	5	9	4	6	1
5	4	1	3	8	6	2	7	9
8	1	2	5	3	7	9	4	6
9	6	5	8	2	4	3	1	7
4	3	7	6	9	1	5	2	8
3	2	6	9	7	5	1	8	4
7	9	8	1	4	3	6	5	2
1	5	4	2	6	8	7	9	3

B220

8	3	9	2	6	5	1	4	7
4	7	2	1	8	9	6	3	5
1	5	6	4	7	3	9	2	8
6	4	7	5	2	1	3	8	9
3	8	5	7	9	4	2	1	6
9	2	1	6	3	8	5	7	4
7	9	3	8	5	2	4	6	1
2	6	4	9	1	7	8	5	3
5	1	8	3	4	6	7	9	2

B221

4	1	5	6	8	9	7	2	3
9	3	6	7	1	2	5	8	4
2	8	7	4	3	5	6	9	1
8	7	1	9	2	3	4	5	6
5	6	9	8	4	1	2	3	7
3	4	2	5	7	6	8	1	9
6	2	4	1	9	8	3	7	5
7	9	3	2	5	4	1	6	8
1	5	8	3	6	7	9	4	2

B222

5	7	4	2	1	3	8	6	9
9	2	6	7	8	5	3	4	1
1	3	8	4	6	9	2	7	5
7	5	2	6	3	8	9	1	4
6	8	3	9	4	1	5	2	7
4	9	1	5	7	2	6	8	3
2	6	9	1	5	4	7	3	8
8	4	5	3	2	7	1	9	6
3	1	7	8	9	6	4	5	2

B223

1	6	7	4	9	2	5	3	8
3	9	8	5	1	7	2	4	6
4	5	2	3	8	6	7	9	1
5	3	1	2	4	9	8	6	7
2	7	9	1	6	8	4	5	3
6	8	4	7	5	3	1	2	9
8	1	3	6	2	5	9	7	4
9	2	6	8	7	4	3	1	5
7	4	5	9	3	1	6	8	2

B224

3	8	4	2	6	7	9	5	1
9	5	2	1	8	4	3	6	7
7	1	6	3	5	9	4	8	2
5	7	9	4	2	6	1	3	8
4	6	1	8	7	3	5	2	9
2	3	8	9	1	5	7	4	6
8	2	7	5	3	1	6	9	4
1	9	3	6	4	2	8	7	5
6	4	5	7	9	8	2	1	3

B225

9	4	1	7	2	6	8	3	5
5	2	7	1	8	3	4	9	6
8	6	3	5	9	4	7	2	1
1	9	6	8	3	2	5	4	7
7	3	2	6	4	5	1	8	9
4	5	8	9	1	7	2	6	3
2	7	5	4	6	9	3	1	8
3	1	9	2	5	8	6	7	4
6	8	4	3	7	1	9	5	2

B226

5	7	1	3	2	6	4	9	8
8	2	3	9	4	5	6	1	7
4	6	9	1	7	8	3	5	2
6	9	4	7	8	2	1	3	5
7	1	5	6	3	9	2	8	4
3	8	2	4	5	1	7	6	9
9	5	7	2	6	3	8	4	1
2	3	8	5	1	4	9	7	6
1	4	6	8	9	7	5	2	3

B227

7	8	1	2	4	9	3	6	5
5	2	6	8	7	3	9	4	1
9	4	3	1	5	6	2	8	7
4	3	8	9	1	7	6	5	2
1	5	7	6	8	2	4	9	3
6	9	2	5	3	4	7	1	8
8	6	9	3	2	5	1	7	4
2	1	4	7	9	8	5	3	6
3	7	5	4	6	1	8	2	9

B228

5	8	2	6	3	9	4	1	7
9	7	3	1	8	4	2	5	6
4	6	1	5	7	2	9	8	3
8	4	5	2	9	6	7	3	1
6	2	7	3	5	1	8	9	4
3	1	9	7	4	8	5	6	2
1	5	6	8	2	7	3	4	9
7	3	4	9	6	5	1	2	8
2	9	8	4	1	3	6	7	5

B229

1	9	8	2	4	6	5	3	7
5	7	4	3	1	8	6	2	9
2	3	6	5	9	7	8	1	4
6	5	3	9	2	4	1	7	8
7	1	9	8	6	5	2	4	3
4	8	2	7	3	1	9	6	5
3	6	5	1	7	9	4	8	2
8	4	7	6	5	2	3	9	1
9	2	1	4	8	3	7	5	6

B230

3	9	6	1	7	5	4	8	2
7	2	1	4	3	8	5	9	6
5	4	8	6	9	2	7	1	3
1	3	9	2	5	7	8	6	4
6	7	2	3	8	4	1	5	9
8	5	4	9	1	6	2	3	7
4	8	3	5	2	9	6	7	1
2	1	5	7	6	3	9	4	8
9	6	7	8	4	1	3	2	5

B231

8	5	6	4	1	7	2	9	3
7	3	9	2	5	8	1	6	4
2	1	4	6	9	3	8	5	7
6	8	3	1	4	5	9	7	2
4	9	5	8	7	2	3	1	6
1	2	7	9	3	6	4	8	5
3	7	2	5	8	9	6	4	1
9	6	1	7	2	4	5	3	8
5	4	8	3	6	1	7	2	9

B232

1	9	4	5	8	2	3	6	7
7	2	3	4	1	6	5	9	8
8	6	5	7	9	3	1	2	4
3	1	9	6	4	8	2	7	5
4	7	8	1	2	5	6	3	9
6	5	2	9	3	7	8	4	1
2	8	7	3	5	9	4	1	6
9	3	1	8	6	4	7	5	2
5	4	6	2	7	1	9	8	3

B233

9	5	3	8	4	1	7	2	6
1	7	4	2	5	6	9	3	8
8	6	2	3	7	9	1	5	4
3	4	9	5	2	7	6	8	1
6	8	1	9	3	4	2	7	5
5	2	7	6	1	8	3	4	9
7	3	6	4	9	5	8	1	2
4	1	8	7	6	2	5	9	3
2	9	5	1	8	3	4	6	7

B234

1	6	2	7	8	5	4	9	3
8	7	9	3	4	6	2	5	1
3	4	5	2	9	1	8	6	7
6	2	3	9	1	4	7	8	5
9	1	7	8	5	2	6	3	4
4	5	8	6	3	7	9	1	2
2	3	6	5	7	8	1	4	9
7	9	4	1	6	3	5	2	8
5	8	1	4	2	9	3	7	6

B235

4	5	7	2	3	9	1	8	6
1	3	2	5	6	8	7	9	4
8	6	9	7	4	1	5	2	3
3	1	6	9	2	5	4	7	8
5	7	4	8	1	6	2	3	9
9	2	8	4	7	3	6	1	5
2	9	1	3	5	4	8	6	7
6	4	3	1	8	7	9	5	2
7	8	5	6	9	2	3	4	1

B236

7	1	2	4	3	6	9	5	8
9	6	5	1	8	7	2	3	4
3	4	8	2	5	9	1	7	6
5	7	6	9	2	8	4	1	3
2	3	9	7	1	4	8	6	5
1	8	4	3	6	5	7	2	9
4	9	1	6	7	3	5	8	2
6	5	7	8	4	2	3	9	1
8	2	3	5	9	1	6	4	7

B237

6	8	4	1	2	9	7	5	3
9	1	2	3	7	5	6	8	4
5	7	3	6	8	4	1	2	9
8	2	5	7	4	3	9	6	1
7	9	1	5	6	2	4	3	8
4	3	6	9	1	8	2	7	5
1	6	8	4	3	7	5	9	2
2	5	7	8	9	1	3	4	6
3	4	9	2	5	6	8	1	7

B238

4	3	5	8	1	6	7	9	2
9	6	1	2	5	7	3	4	8
2	7	8	3	9	4	1	6	5
3	1	9	7	4	2	8	5	6
7	8	4	9	6	5	2	3	1
5	2	6	1	8	3	4	7	9
8	5	2	4	3	9	6	1	7
6	4	7	5	2	1	9	8	3
1	9	3	6	7	8	5	2	4

B239

8	9	2	3	7	5	6	4	1
7	5	3	1	6	4	2	9	8
1	4	6	2	9	8	7	5	3
5	3	8	6	2	7	4	1	9
4	7	1	9	8	3	5	6	2
2	6	9	5	4	1	3	8	7
9	2	4	7	1	6	8	3	5
3	8	7	4	5	9	1	2	6
6	1	5	8	3	2	9	7	4

B240

5	8	6	7	9	3	2	1	4
2	7	3	5	1	4	6	8	9
9	1	4	6	8	2	7	5	3
3	4	1	9	7	6	8	2	5
6	2	5	8	3	1	4	9	7
8	9	7	2	4	5	3	6	1
4	5	8	3	6	9	1	7	2
7	3	9	1	2	8	5	4	6
1	6	2	4	5	7	9	3	8

B241

1	9	8	5	7	3	2	6	4
3	4	5	6	8	2	9	7	1
2	6	7	4	1	9	3	5	8
6	5	9	1	3	7	8	4	2
8	3	2	9	4	6	7	1	5
7	1	4	8	2	5	6	3	9
4	7	1	2	6	8	5	9	3
5	2	6	3	9	4	1	8	7
9	8	3	7	5	1	4	2	6

B242

7	9	5	6	2	3	1	4	8
2	1	8	4	9	5	6	3	7
6	4	3	7	8	1	9	5	2
3	8	9	1	4	7	2	6	5
5	2	1	8	6	9	4	7	3
4	6	7	5	3	2	8	9	1
9	5	6	3	1	8	7	2	4
8	7	4	2	5	6	3	1	9
1	3	2	9	7	4	5	8	6

B243

2	4	9	1	6	3	5	7	8
7	8	1	5	4	9	2	3	6
5	6	3	2	7	8	9	1	4
4	3	6	9	1	7	8	2	5
9	2	8	3	5	4	7	6	1
1	7	5	8	2	6	3	4	9
6	5	7	4	9	2	1	8	3
8	1	4	7	3	5	6	9	2
3	9	2	6	8	1	4	5	7

B244

8	1	6	4	5	7	9	3	2
5	3	2	9	6	1	4	8	7
4	7	9	8	3	2	1	5	6
9	6	5	7	8	3	2	4	1
7	2	8	1	9	4	5	6	3
1	4	3	5	2	6	7	9	8
2	5	1	3	4	8	6	7	9
3	9	7	6	1	5	8	2	4
6	8	4	2	7	9	3	1	5

B245

5	2	9	7	3	6	1	8	4
6	7	1	8	5	4	3	9	2
3	4	8	2	9	1	7	5	6
2	8	6	3	4	5	9	1	7
7	9	5	1	8	2	4	6	3
4	1	3	6	7	9	5	2	8
8	5	7	9	6	3	2	4	1
1	6	4	5	2	7	8	3	9
9	3	2	4	1	8	6	7	5

B246

4	7	1	9	2	5	6	3	8
9	3	5	6	8	1	7	4	2
6	8	2	4	3	7	1	9	5
2	1	8	5	7	3	9	6	4
7	6	3	8	9	4	5	2	1
5	9	4	1	6	2	8	7	3
3	2	6	7	1	8	4	5	9
8	5	9	3	4	6	2	1	7
1	4	7	2	5	9	3	8	6

B247

7	4	1	3	2	6	5	9	8
5	3	6	8	9	4	1	2	7
2	9	8	5	7	1	6	3	4
8	7	4	9	1	2	3	5	6
1	2	5	4	6	3	7	8	9
3	6	9	7	5	8	4	1	2
9	8	3	6	4	5	2	7	1
6	1	7	2	3	9	8	4	5
4	5	2	1	8	7	9	6	3

B248

8	6	1	5	3	4	9	7	2
5	2	3	8	7	9	6	4	1
4	9	7	1	2	6	8	3	5
2	3	6	9	5	7	4	1	8
1	8	5	3	4	2	7	9	6
9	7	4	6	8	1	5	2	3
6	4	8	7	1	3	2	5	9
7	1	9	2	6	5	3	8	4
3	5	2	4	9	8	1	6	7

B249

5	8	2	1	9	3	7	4	6
3	9	6	8	7	4	2	1	5
1	4	7	5	6	2	8	3	9
2	6	5	3	1	8	9	7	4
9	7	4	2	5	6	3	8	1
8	1	3	9	4	7	6	5	2
4	2	9	7	3	5	1	6	8
6	3	1	4	8	9	5	2	7
7	5	8	6	2	1	4	9	3

B250

8	4	9	2	3	5	1	6	7
2	1	7	8	6	9	5	4	3
5	3	6	4	1	7	2	9	8
7	9	4	3	5	8	6	1	2
6	2	3	7	4	1	8	5	9
1	8	5	6	9	2	3	7	4
3	6	1	9	2	4	7	8	5
9	5	8	1	7	3	4	2	6
4	7	2	5	8	6	9	3	1

B251

9	2	6	8	1	7	4	3	5
8	3	4	9	5	2	1	6	7
7	1	5	4	3	6	9	8	2
4	5	2	6	9	8	7	1	3
6	7	8	1	4	3	5	2	9
1	9	3	2	7	5	6	4	8
5	4	1	3	2	9	8	7	6
3	8	9	7	6	4	2	5	1
2	6	7	5	8	1	3	9	4

B252

1	2	6	4	3	9	5	7	8
8	3	5	7	6	2	9	4	1
9	7	4	5	8	1	3	2	6
3	1	8	2	9	6	4	5	7
4	9	2	1	5	7	8	6	3
5	6	7	3	4	8	1	9	2
6	5	3	8	7	4	2	1	9
2	8	9	6	1	5	7	3	4
7	4	1	9	2	3	6	8	5

B253

7	3	1	9	2	8	6	5	4
4	2	6	3	7	5	9	8	1
9	5	8	6	4	1	2	7	3
8	1	9	5	3	6	4	2	7
2	7	5	1	8	4	3	6	9
3	6	4	2	9	7	5	1	8
5	8	2	4	1	9	7	3	6
6	9	7	8	5	3	1	4	2
1	4	3	7	6	2	8	9	5

B254

5	3	2	9	7	1	4	6	8
9	8	1	2	4	6	3	5	7
4	6	7	5	3	8	9	2	1
2	9	3	1	8	4	5	7	6
6	1	4	7	2	5	8	3	9
7	5	8	3	6	9	2	1	4
8	4	5	6	1	3	7	9	2
3	7	6	4	9	2	1	8	5
1	2	9	8	5	7	6	4	3

B255

8	6	3	1	9	7	5	4	2
9	5	2	6	4	8	1	3	7
4	7	1	3	5	2	6	8	9
1	3	5	7	6	9	8	2	4
2	8	4	5	1	3	9	7	6
6	9	7	2	8	4	3	5	1
7	4	8	9	3	6	2	1	5
3	1	9	4	2	5	7	6	8
5	2	6	8	7	1	4	9	3

B256

9	1	3	5	8	4	2	7	6
5	7	8	2	6	1	3	9	4
2	4	6	7	9	3	8	5	1
8	9	1	3	4	6	5	2	7
3	6	5	8	7	2	4	1	9
7	2	4	1	5	9	6	3	8
6	3	2	4	1	7	9	8	5
4	8	7	9	3	5	1	6	2
1	5	9	6	2	8	7	4	3

B257

8	1	3	9	5	4	7	6	2
5	4	6	3	7	2	9	1	8
9	2	7	1	8	6	4	5	3
3	8	1	5	2	9	6	4	7
4	7	2	8	6	1	3	9	5
6	5	9	4	3	7	2	8	1
2	9	8	7	4	5	1	3	6
1	6	5	2	9	3	8	7	4
7	3	4	6	1	8	5	2	9

B258

7	2	4	1	3	8	9	5	6
1	9	6	4	2	5	3	8	7
3	5	8	7	6	9	1	2	4
6	3	5	2	8	7	4	9	1
9	8	7	3	1	4	2	6	5
2	4	1	9	5	6	7	3	8
8	1	9	6	4	3	5	7	2
5	7	2	8	9	1	6	4	3
4	6	3	5	7	2	8	1	9

B259

6	5	4	7	2	9	3	1	8
3	2	7	1	5	8	6	9	4
1	9	8	6	4	3	2	5	7
5	3	9	2	6	7	4	8	1
2	4	6	5	8	1	9	7	3
7	8	1	3	9	4	5	2	6
4	7	3	9	1	2	8	6	5
9	1	5	8	3	6	7	4	2
8	6	2	4	7	5	1	3	9

B260

6	2	8	3	7	4	5	9	1
3	9	1	6	2	5	4	8	7
7	5	4	9	1	8	6	3	2
4	1	2	7	6	9	3	5	8
9	8	7	5	3	2	1	6	4
5	6	3	8	4	1	7	2	9
1	4	5	2	8	6	9	7	3
8	3	9	4	5	7	2	1	6
2	7	6	1	9	3	8	4	5

B261

6	4	1	7	9	5	3	2	8
7	2	3	8	1	4	6	5	9
8	5	9	3	2	6	1	7	4
1	6	2	4	7	8	9	3	5
4	7	5	9	3	1	2	8	6
3	9	8	6	5	2	7	4	1
2	3	6	5	4	9	8	1	7
9	1	4	2	8	7	5	6	3
5	8	7	1	6	3	4	9	2

B262

1	4	7	2	9	6	8	5	3
6	3	9	1	8	5	2	4	7
8	2	5	4	7	3	1	9	6
7	6	3	8	2	4	9	1	5
9	1	4	3	5	7	6	8	2
2	5	8	9	6	1	7	3	4
5	8	6	7	3	9	4	2	1
3	9	1	6	4	2	5	7	8
4	7	2	5	1	8	3	6	9

B263

1	7	9	2	3	8	4	6	5
5	2	6	1	9	4	7	3	8
3	4	8	5	7	6	2	1	9
9	3	1	4	6	7	5	8	2
6	5	2	9	8	1	3	4	7
7	8	4	3	5	2	6	9	1
4	9	3	7	1	5	8	2	6
8	1	7	6	2	3	9	5	4
2	6	5	8	4	9	1	7	3

B264

6	7	5	3	4	1	2	8	9
3	1	9	6	2	8	5	4	7
8	4	2	7	9	5	6	1	3
4	8	3	2	5	9	7	6	1
5	6	1	8	7	3	4	9	2
9	2	7	4	1	6	8	3	5
1	3	4	5	8	7	9	2	6
7	9	8	1	6	2	3	5	4
2	5	6	9	3	4	1	7	8

B265

4	6	5	8	1	9	2	3	7
7	8	1	2	4	3	6	9	5
2	3	9	7	6	5	8	4	1
1	5	4	9	3	2	7	6	8
9	7	3	5	8	6	1	2	4
6	2	8	1	7	4	9	5	3
3	1	6	4	9	8	5	7	2
8	4	2	6	5	7	3	1	9
5	9	7	3	2	1	4	8	6

B266

4	7	3	6	8	1	2	9	5
6	2	1	5	9	7	8	4	3
9	5	8	3	4	2	1	6	7
5	6	4	7	1	9	3	8	2
1	8	9	2	6	3	7	5	4
2	3	7	8	5	4	6	1	9
7	9	6	4	2	8	5	3	1
8	4	2	1	3	5	9	7	6
3	1	5	9	7	6	4	2	8

B267

1	4	3	2	6	7	9	5	8
6	5	8	9	3	4	7	1	2
9	2	7	1	8	5	3	4	6
3	9	1	6	4	8	2	7	5
7	8	4	5	9	2	6	3	1
5	6	2	7	1	3	8	9	4
2	1	9	3	5	6	4	8	7
8	7	5	4	2	9	1	6	3
4	3	6	8	7	1	5	2	9

B268

5	9	3	1	2	8	6	4	7
4	8	2	6	9	7	5	1	3
7	1	6	3	4	5	8	9	2
6	2	4	5	7	3	1	8	9
9	3	1	2	8	4	7	5	6
8	7	5	9	6	1	3	2	4
2	5	9	7	1	6	4	3	8
1	4	7	8	3	9	2	6	5
3	6	8	4	5	2	9	7	1

B269

1	9	2	7	6	3	5	8	4
7	3	5	4	8	2	1	6	9
6	4	8	1	9	5	7	3	2
8	7	3	2	5	9	4	1	6
9	2	6	3	4	1	8	7	5
5	1	4	6	7	8	2	9	3
2	6	7	8	3	4	9	5	1
3	5	1	9	2	7	6	4	8
4	8	9	5	1	6	3	2	7

B270

5	9	7	3	1	4	6	8	2
1	4	6	5	8	2	9	3	7
8	2	3	6	7	9	4	5	1
2	6	9	1	4	5	8	7	3
7	3	5	2	6	8	1	9	4
4	1	8	9	3	7	5	2	6
6	7	1	8	5	3	2	4	9
9	5	4	7	2	1	3	6	8
3	8	2	4	9	6	7	1	5

B271

2	5	4	1	6	9	8	7	3
3	1	7	5	2	8	9	6	4
9	8	6	3	7	4	5	1	2
1	9	2	7	5	3	4	8	6
4	7	5	9	8	6	2	3	1
6	3	8	4	1	2	7	9	5
7	2	1	8	3	5	6	4	9
5	4	3	6	9	7	1	2	8
8	6	9	2	4	1	3	5	7

B272

9	6	1	5	3	4	2	7	8
7	8	5	9	2	1	3	6	4
2	3	4	6	7	8	9	5	1
6	9	2	3	1	7	8	4	5
1	4	7	8	5	2	6	3	9
8	5	3	4	6	9	1	2	7
4	7	6	1	8	3	5	9	2
3	1	9	2	4	5	7	8	6
5	2	8	7	9	6	4	1	3

B273

1	7	2	6	8	3	9	4	5
9	4	8	7	5	1	2	6	3
6	3	5	2	4	9	1	8	7
5	6	1	4	7	8	3	9	2
3	2	4	9	6	5	8	7	1
7	8	9	3	1	2	6	5	4
4	5	3	8	2	6	7	1	9
8	9	7	1	3	4	5	2	6
2	1	6	5	9	7	4	3	8

B274

5	7	8	6	3	9	1	4	2
2	9	6	1	4	5	3	8	7
3	4	1	2	8	7	6	5	9
7	1	3	9	5	8	4	2	6
4	6	9	7	2	3	5	1	8
8	5	2	4	6	1	9	7	3
1	3	5	8	9	2	7	6	4
6	2	7	3	1	4	8	9	5
9	8	4	5	7	6	2	3	1

B275

6	9	8	5	7	3	2	4	1
2	1	3	9	4	6	7	5	8
7	5	4	1	8	2	6	9	3
8	4	6	3	5	7	1	2	9
5	2	7	4	9	1	3	8	6
1	3	9	6	2	8	5	7	4
4	6	2	7	1	9	8	3	5
9	8	1	2	3	5	4	6	7
3	7	5	8	6	4	9	1	2

B276

4	1	9	6	3	2	8	5	7
2	5	8	1	4	7	9	6	3
6	7	3	8	5	9	1	4	2
7	2	5	4	9	3	6	8	1
3	6	1	2	8	5	7	9	4
8	9	4	7	1	6	2	3	5
1	8	6	5	7	4	3	2	9
5	3	2	9	6	1	4	7	8
9	4	7	3	2	8	5	1	6

B277

5	2	9	1	3	4	7	6	8
1	7	8	9	5	6	2	4	3
4	6	3	8	7	2	5	1	9
6	1	2	5	8	3	4	9	7
9	5	7	6	4	1	8	3	2
8	3	4	7	2	9	6	5	1
2	4	1	3	6	7	9	8	5
7	9	5	4	1	8	3	2	6
3	8	6	2	9	5	1	7	4

B278

5	9	4	6	1	2	7	8	3
1	2	3	7	5	8	4	6	9
6	7	8	4	9	3	1	2	5
2	5	9	8	4	1	6	3	7
7	3	1	5	6	9	8	4	2
4	8	6	2	3	7	5	9	1
9	4	2	1	8	5	3	7	6
3	6	5	9	7	4	2	1	8
8	1	7	3	2	6	9	5	4

B279

9	7	3	6	2	5	8	1	4
1	6	8	4	7	9	5	2	3
4	5	2	3	8	1	9	6	7
8	1	5	2	4	7	3	9	6
3	2	7	9	6	8	1	4	5
6	4	9	1	5	3	2	7	8
7	9	1	8	3	6	4	5	2
2	8	6	5	1	4	7	3	9
5	3	4	7	9	2	6	8	1

B280

1	2	9	6	4	8	3	5	7
8	6	7	5	3	1	9	2	4
5	4	3	2	9	7	1	8	6
3	9	4	1	7	5	2	6	8
2	5	6	9	8	3	7	4	1
7	1	8	4	2	6	5	3	9
4	7	1	8	5	2	6	9	3
9	3	5	7	6	4	8	1	2
6	8	2	3	1	9	4	7	5

B281

3	9	4	7	1	2	6	5	8
5	1	2	6	8	3	4	9	7
6	8	7	9	4	5	2	3	1
7	2	3	8	9	4	5	1	6
8	4	1	5	6	7	3	2	9
9	5	6	2	3	1	7	8	4
4	3	8	1	5	6	9	7	2
1	7	5	4	2	9	8	6	3
2	6	9	3	7	8	1	4	5

B282

7	2	6	1	8	9	4	5	3
4	5	8	6	2	3	9	1	7
9	1	3	7	4	5	6	8	2
2	9	1	4	3	8	5	7	6
6	3	7	5	1	2	8	4	9
5	8	4	9	6	7	3	2	1
8	6	9	2	5	1	7	3	4
3	4	2	8	7	6	1	9	5
1	7	5	3	9	4	2	6	8

B283

6	4	9	7	2	8	1	3	5
1	8	5	9	6	3	4	7	2
2	3	7	4	1	5	9	8	6
5	2	8	6	3	9	7	1	4
9	7	3	2	4	1	6	5	8
4	6	1	8	5	7	2	9	3
3	9	2	1	8	4	5	6	7
8	1	4	5	7	6	3	2	9
7	5	6	3	9	2	8	4	1

B284

1	7	8	3	4	2	5	6	9
4	3	6	9	7	5	8	1	2
2	5	9	1	6	8	7	3	4
9	2	1	8	5	7	3	4	6
6	8	5	4	3	1	2	9	7
7	4	3	6	2	9	1	8	5
5	6	4	7	8	3	9	2	1
3	9	7	2	1	6	4	5	8
8	1	2	5	9	4	6	7	3

B285

6	1	2	7	4	9	5	8	3
9	4	5	3	6	8	2	1	7
7	3	8	2	1	5	4	6	9
4	9	6	1	8	7	3	2	5
5	8	7	4	2	3	6	9	1
3	2	1	9	5	6	7	4	8
1	5	9	6	7	2	8	3	4
8	6	3	5	9	4	1	7	2
2	7	4	8	3	1	9	5	6

B286

4	3	7	1	2	5	8	9	6
5	8	9	6	4	3	1	7	2
2	6	1	8	7	9	3	5	4
1	4	2	7	6	8	9	3	5
6	9	8	5	3	4	7	2	1
3	7	5	9	1	2	6	4	8
8	2	4	3	9	6	5	1	7
9	1	6	4	5	7	2	8	3
7	5	3	2	8	1	4	6	9

B287

9	4	2	1	3	5	7	6	8
3	8	7	2	4	6	1	9	5
6	5	1	7	9	8	2	3	4
2	6	8	3	5	4	9	1	7
1	3	4	8	7	9	6	5	2
7	9	5	6	2	1	4	8	3
4	1	9	5	8	7	3	2	6
8	2	6	4	1	3	5	7	9
5	7	3	9	6	2	8	4	1

B288

5	3	4	2	9	6	7	1	8
2	7	1	3	8	4	9	6	5
6	9	8	7	5	1	3	2	4
1	4	2	5	6	3	8	7	9
9	5	3	1	7	8	6	4	2
7	8	6	4	2	9	5	3	1
8	6	7	9	4	2	1	5	3
3	2	5	8	1	7	4	9	6
4	1	9	6	3	5	2	8	7

B289

5	7	1	9	4	3	2	8	6
6	8	9	7	5	2	1	4	3
3	4	2	8	6	1	7	5	9
7	3	4	6	8	5	9	1	2
9	2	5	3	1	4	8	6	7
8	1	6	2	9	7	5	3	4
4	6	7	1	2	8	3	9	5
2	5	8	4	3	9	6	7	1
1	9	3	5	7	6	4	2	8

B290

9	7	6	1	5	8	4	2	3
3	8	2	6	4	7	9	5	1
1	5	4	3	9	2	7	8	6
6	2	8	9	7	5	3	1	4
5	9	1	2	3	4	6	7	8
4	3	7	8	1	6	2	9	5
8	4	9	7	6	1	5	3	2
7	1	5	4	2	3	8	6	9
2	6	3	5	8	9	1	4	7

B291

6	1	7	8	9	4	3	5	2
5	9	3	2	6	7	8	1	4
2	4	8	5	3	1	6	9	7
4	8	6	9	1	5	2	7	3
9	2	5	3	7	6	1	4	8
7	3	1	4	2	8	5	6	9
3	6	9	1	4	2	7	8	5
1	5	4	7	8	3	9	2	6
8	7	2	6	5	9	4	3	1

B292

5	3	2	6	7	1	8	9	4
6	4	1	2	9	8	7	3	5
9	8	7	3	4	5	1	6	2
3	9	6	8	5	2	4	1	7
4	2	5	1	3	7	6	8	9
1	7	8	4	6	9	2	5	3
2	5	9	7	8	6	3	4	1
7	6	3	9	1	4	5	2	8
8	1	4	5	2	3	9	7	6

B293

5	8	4	2	1	7	9	6	3
6	9	2	5	3	4	7	1	8
3	7	1	8	6	9	5	4	2
1	3	8	9	5	6	2	7	4
9	2	6	7	4	8	3	5	1
4	5	7	3	2	1	8	9	6
7	1	3	4	8	5	6	2	9
8	4	5	6	9	2	1	3	7
2	6	9	1	7	3	4	8	5

B294

3	6	9	8	4	1	5	2	7
2	7	1	3	5	9	6	8	4
4	5	8	7	2	6	3	9	1
9	1	4	6	3	8	2	7	5
8	3	5	9	7	2	4	1	6
7	2	6	5	1	4	9	3	8
1	9	3	4	8	5	7	6	2
6	4	2	1	9	7	8	5	3
5	8	7	2	6	3	1	4	9

B295

4	5	9	6	7	3	1	8	2
6	1	7	8	5	2	9	4	3
3	2	8	4	1	9	6	5	7
7	9	3	5	4	8	2	6	1
8	4	1	2	3	6	7	9	5
5	6	2	7	9	1	4	3	8
9	8	5	1	2	4	3	7	6
1	7	4	3	6	5	8	2	9
2	3	6	9	8	7	5	1	4

B296

4	2	9	1	8	7	3	6	5
6	8	5	9	3	2	7	4	1
1	7	3	4	6	5	9	8	2
2	6	4	5	7	3	1	9	8
3	9	8	6	1	4	2	5	7
7	5	1	2	9	8	4	3	6
9	3	2	7	5	6	8	1	4
8	4	6	3	2	1	5	7	9
5	1	7	8	4	9	6	2	3

B297

9	1	2	8	6	4	5	3	7
3	6	4	7	1	5	2	8	9
5	7	8	2	3	9	6	4	1
6	4	7	5	8	1	9	2	3
2	8	9	6	7	3	1	5	4
1	5	3	4	9	2	7	6	8
7	3	5	1	2	8	4	9	6
4	9	6	3	5	7	8	1	2
8	2	1	9	4	6	3	7	5

B298

1	2	5	6	3	8	4	9	7
7	4	6	1	5	9	8	3	2
8	9	3	2	4	7	6	5	1
3	1	7	9	6	2	5	8	4
4	6	9	8	1	5	7	2	3
2	5	8	3	7	4	9	1	6
5	3	1	7	8	6	2	4	9
6	8	2	4	9	1	3	7	5
9	7	4	5	2	3	1	6	8

B299

1	5	2	9	8	4	6	7	3
4	3	8	2	6	7	1	5	9
9	7	6	5	1	3	4	2	8
5	1	3	4	7	8	9	6	2
7	2	4	1	9	6	3	8	5
8	6	9	3	2	5	7	1	4
3	8	7	6	5	9	2	4	1
2	4	5	7	3	1	8	9	6
6	9	1	8	4	2	5	3	7

B300

5	7	6	2	3	8	1	4	9
3	8	9	4	1	6	5	2	7
4	1	2	7	9	5	3	6	8
2	4	5	1	7	3	8	9	6
7	3	1	6	8	9	2	5	4
9	6	8	5	2	4	7	1	3
8	5	7	9	6	1	4	3	2
6	2	4	3	5	7	9	8	1
1	9	3	8	4	2	6	7	5

C001

9	5	4	3	2	7	1	6	8
6	8	7	1	9	5	4	2	3
2	1	3	6	4	8	9	7	5
1	4	9	8	6	2	3	5	7
5	3	6	7	1	9	8	4	2
8	7	2	5	3	4	6	9	1
3	2	1	9	7	6	5	8	4
7	9	8	4	5	3	2	1	6
4	6	5	2	8	1	7	3	9

C002

1	3	4	7	5	8	9	6	2
9	6	8	1	2	3	7	5	4
5	7	2	4	9	6	1	3	8
6	4	1	2	3	7	8	9	5
2	5	9	8	6	1	4	7	3
3	8	7	5	4	9	6	2	1
7	2	3	6	1	4	5	8	9
8	1	5	9	7	2	3	4	6
4	9	6	3	8	5	2	1	7

C003

3	8	6	5	1	4	7	2	9
2	7	1	6	9	8	3	5	4
9	5	4	7	2	3	6	1	8
6	2	9	8	5	1	4	3	7
7	4	5	2	3	6	8	9	1
1	3	8	9	4	7	2	6	5
4	6	3	1	7	9	5	8	2
8	9	2	4	6	5	1	7	3
5	1	7	3	8	2	9	4	6

C004

6	7	3	9	8	1	2	5	4
5	9	8	7	2	4	3	1	6
4	2	1	3	5	6	9	8	7
3	5	7	4	6	2	1	9	8
9	4	2	1	7	8	5	6	3
1	8	6	5	3	9	4	7	2
8	3	9	6	4	5	7	2	1
2	1	4	8	9	7	6	3	5
7	6	5	2	1	3	8	4	9

C005

5	9	6	8	2	1	7	4	3
2	3	8	7	4	9	5	1	6
1	7	4	3	5	6	2	9	8
7	8	9	1	3	4	6	2	5
4	5	3	6	9	2	8	7	1
6	1	2	5	7	8	9	3	4
3	4	5	9	6	7	1	8	2
9	6	1	2	8	3	4	5	7
8	2	7	4	1	5	3	6	9

C006

7	2	4	3	1	5	6	9	8
1	5	8	9	4	6	3	2	7
9	3	6	7	2	8	5	1	4
3	8	7	5	9	1	4	6	2
6	1	5	2	3	4	8	7	9
4	9	2	8	6	7	1	5	3
8	7	1	4	5	9	2	3	6
2	6	9	1	8	3	7	4	5
5	4	3	6	7	2	9	8	1

C007

6	5	9	3	7	1	4	8	2
7	8	2	4	9	5	1	3	6
3	1	4	2	6	8	5	9	7
1	6	8	9	4	7	3	2	5
9	3	7	5	2	6	8	1	4
2	4	5	8	1	3	6	7	9
4	2	1	6	3	9	7	5	8
5	9	3	7	8	4	2	6	1
8	7	6	1	5	2	9	4	3

C008

8	2	4	6	3	9	1	5	7
6	1	5	7	4	8	3	9	2
7	3	9	5	2	1	4	8	6
1	9	7	3	6	4	8	2	5
5	8	3	2	1	7	9	6	4
4	6	2	9	8	5	7	3	1
3	7	8	1	5	2	6	4	9
2	4	1	8	9	6	5	7	3
9	5	6	4	7	3	2	1	8

C009

5	2	8	9	7	1	4	3	6
1	4	6	8	5	3	2	7	9
7	9	3	4	6	2	8	5	1
4	8	2	3	1	7	6	9	5
9	3	7	5	4	6	1	2	8
6	5	1	2	8	9	3	4	7
8	7	5	6	2	4	9	1	3
2	6	9	1	3	5	7	8	4
3	1	4	7	9	8	5	6	2

C010

9	2	1	6	4	8	5	3	7
6	8	3	9	7	5	4	2	1
7	4	5	2	3	1	6	8	9
5	7	6	8	2	9	1	4	3
2	1	9	4	5	3	8	7	6
8	3	4	7	1	6	9	5	2
3	9	7	1	8	4	2	6	5
1	5	8	3	6	2	7	9	4
4	6	2	5	9	7	3	1	8

C011

2	6	5	4	8	3	1	9	7
9	1	3	2	7	5	8	6	4
8	7	4	9	6	1	2	3	5
4	9	7	1	2	8	3	5	6
1	5	6	3	4	9	7	8	2
3	8	2	6	5	7	4	1	9
7	2	8	5	3	6	9	4	1
5	4	1	8	9	2	6	7	3
6	3	9	7	1	4	5	2	8

C012

8	2	7	3	1	9	5	4	6
6	5	1	8	2	4	7	9	3
4	9	3	6	5	7	8	1	2
2	3	6	1	9	8	4	7	5
5	8	9	4	7	3	6	2	1
1	7	4	2	6	5	3	8	9
7	4	5	9	3	1	2	6	8
9	6	8	5	4	2	1	3	7
3	1	2	7	8	6	9	5	4

C013

3	8	1	4	7	6	2	5	9
2	5	4	3	9	1	8	7	6
6	7	9	5	8	2	4	1	3
4	9	7	1	5	8	6	3	2
5	3	2	9	6	7	1	4	8
1	6	8	2	4	3	5	9	7
7	2	3	8	1	5	9	6	4
8	4	5	6	3	9	7	2	1
9	1	6	7	2	4	3	8	5

C014

5	6	1	7	2	9	3	4	8
7	9	3	6	4	8	5	2	1
4	8	2	3	5	1	9	6	7
1	7	8	4	9	2	6	3	5
6	4	9	1	3	5	8	7	2
2	3	5	8	7	6	1	9	4
9	5	6	2	1	4	7	8	3
3	1	4	9	8	7	2	5	6
8	2	7	5	6	3	4	1	9

C015

9	4	6	1	5	2	8	7	3
5	8	7	6	9	3	1	2	4
3	2	1	4	8	7	6	5	9
7	1	8	5	3	6	9	4	2
6	9	4	2	7	8	5	3	1
2	5	3	9	1	4	7	6	8
1	6	2	8	4	5	3	9	7
8	7	5	3	2	9	4	1	6
4	3	9	7	6	1	2	8	5

C016

9	8	6	3	1	2	5	7	4
7	3	1	8	5	4	2	6	9
4	5	2	7	9	6	3	1	8
3	1	4	2	8	9	6	5	7
2	9	7	1	6	5	8	4	3
8	6	5	4	7	3	1	9	2
1	7	9	6	2	8	4	3	5
6	4	8	5	3	7	9	2	1
5	2	3	9	4	1	7	8	6

C017

8	5	4	7	9	6	1	2	3
2	7	1	4	8	3	6	5	9
9	6	3	2	5	1	4	7	8
7	4	6	1	3	8	5	9	2
3	1	9	6	2	5	7	8	4
5	2	8	9	4	7	3	6	1
6	9	5	8	1	4	2	3	7
1	8	7	3	6	2	9	4	5
4	3	2	5	7	9	8	1	6

C018

6	2	1	7	5	9	8	4	3
8	3	4	2	6	1	5	9	7
7	5	9	4	3	8	1	2	6
4	6	5	3	7	2	9	8	1
3	1	8	9	4	6	7	5	2
2	9	7	8	1	5	3	6	4
5	4	2	1	8	7	6	3	9
1	8	3	6	9	4	2	7	5
9	7	6	5	2	3	4	1	8

C019

4	1	8	2	9	7	6	3	5
3	9	5	6	4	1	2	7	8
2	6	7	3	5	8	9	1	4
6	4	3	8	7	5	1	9	2
9	7	1	4	6	2	8	5	3
5	8	2	9	1	3	4	6	7
8	2	9	5	3	6	7	4	1
7	3	6	1	2	4	5	8	9
1	5	4	7	8	9	3	2	6

C020

6	8	1	2	9	7	4	3	5
4	9	2	8	5	3	1	7	6
7	5	3	1	6	4	8	9	2
8	2	4	5	7	1	3	6	9
9	3	5	6	4	2	7	1	8
1	7	6	3	8	9	5	2	4
5	1	7	4	2	6	9	8	3
3	6	8	9	1	5	2	4	7
2	4	9	7	3	8	6	5	1

C021

2	7	4	6	5	1	3	9	8
8	1	5	9	7	3	4	2	6
6	3	9	4	8	2	1	5	7
3	4	2	7	1	6	5	8	9
9	5	7	8	3	4	6	1	2
1	6	8	5	2	9	7	4	3
5	2	6	1	9	7	8	3	4
7	9	1	3	4	8	2	6	5
4	8	3	2	6	5	9	7	1

C022

6	4	9	2	7	3	1	5	8
7	3	1	8	5	9	6	4	2
8	5	2	6	1	4	9	7	3
9	1	8	5	4	6	2	3	7
5	2	6	3	8	7	4	9	1
3	7	4	9	2	1	5	8	6
2	9	5	7	6	8	3	1	4
1	6	7	4	3	5	8	2	9
4	8	3	1	9	2	7	6	5

C023

2	4	8	6	9	7	1	5	3
7	1	9	3	8	5	2	6	4
6	5	3	1	4	2	7	9	8
1	2	5	4	3	6	8	7	9
3	9	6	2	7	8	5	4	1
8	7	4	9	5	1	3	2	6
9	3	7	8	2	4	6	1	5
4	6	2	5	1	3	9	8	7
5	8	1	7	6	9	4	3	2

C024

2	1	5	7	3	4	6	9	8
7	3	4	8	6	9	5	2	1
6	9	8	2	5	1	4	3	7
8	5	6	4	9	3	7	1	2
1	7	9	5	8	2	3	6	4
4	2	3	1	7	6	8	5	9
5	6	2	9	4	7	1	8	3
9	8	7	3	1	5	2	4	6
3	4	1	6	2	8	9	7	5

C025

3	5	4	8	7	1	6	9	2
8	7	9	4	2	6	3	1	5
2	6	1	3	9	5	8	7	4
4	2	5	7	3	8	1	6	9
7	1	8	9	6	2	5	4	3
6	9	3	1	5	4	2	8	7
1	8	7	5	4	3	9	2	6
5	4	6	2	1	9	7	3	8
9	3	2	6	8	7	4	5	1

C026

1	3	7	5	9	4	2	8	6
4	8	5	6	2	1	3	9	7
2	9	6	7	8	3	4	5	1
6	1	2	8	3	7	9	4	5
8	5	3	9	4	6	7	1	2
7	4	9	2	1	5	8	6	3
3	2	4	1	5	8	6	7	9
9	6	1	4	7	2	5	3	8
5	7	8	3	6	9	1	2	4

C027

6	4	1	5	3	7	9	8	2
5	8	7	2	4	9	1	3	6
9	2	3	6	8	1	4	5	7
4	5	2	9	1	3	6	7	8
1	3	9	8	7	6	2	4	5
7	6	8	4	2	5	3	1	9
2	7	6	1	5	4	8	9	3
3	9	4	7	6	8	5	2	1
8	1	5	3	9	2	7	6	4

C028

1	2	8	4	6	9	3	5	7
6	3	4	5	2	7	8	9	1
7	5	9	1	8	3	2	6	4
9	7	2	6	5	1	4	8	3
4	8	5	3	7	2	9	1	6
3	1	6	8	9	4	7	2	5
8	6	7	9	4	5	1	3	2
2	9	3	7	1	6	5	4	8
5	4	1	2	3	8	6	7	9

C029

9	2	1	3	5	7	8	6	4
7	3	8	4	2	6	9	1	5
4	6	5	1	8	9	2	3	7
6	7	4	9	3	8	5	2	1
1	5	3	7	4	2	6	9	8
8	9	2	6	1	5	7	4	3
5	1	6	8	9	3	4	7	2
2	4	7	5	6	1	3	8	9
3	8	9	2	7	4	1	5	6

C030

5	7	2	6	1	3	4	9	8
3	4	8	9	2	7	5	1	6
1	9	6	5	8	4	3	2	7
9	2	3	8	4	6	1	7	5
7	6	1	3	9	5	8	4	2
4	8	5	2	7	1	6	3	9
6	5	7	1	3	2	9	8	4
8	3	4	7	6	9	2	5	1
2	1	9	4	5	8	7	6	3

C031

8	1	2	4	7	3	5	9	6
9	4	7	5	6	8	3	2	1
5	3	6	1	9	2	4	7	8
1	7	8	9	4	6	2	3	5
6	9	4	3	2	5	8	1	7
3	2	5	7	8	1	6	4	9
2	6	3	8	1	9	7	5	4
7	8	1	2	5	4	9	6	3
4	5	9	6	3	7	1	8	2

C032

5	7	6	4	1	9	8	3	2
3	9	2	8	5	6	4	1	7
8	1	4	2	7	3	9	6	5
7	5	1	3	4	2	6	9	8
4	2	9	6	8	1	7	5	3
6	3	8	7	9	5	2	4	1
1	6	3	9	2	7	5	8	4
2	8	5	1	6	4	3	7	9
9	4	7	5	3	8	1	2	6

C033

5	3	4	2	6	1	8	7	9
1	9	6	8	7	4	5	3	2
8	7	2	9	3	5	6	4	1
2	6	8	1	9	3	7	5	4
7	4	5	6	8	2	1	9	3
9	1	3	5	4	7	2	6	8
6	5	9	3	1	8	4	2	7
3	8	7	4	2	6	9	1	5
4	2	1	7	5	9	3	8	6

C034

9	1	8	4	5	6	3	2	7
6	2	4	7	3	1	9	8	5
3	7	5	2	8	9	1	4	6
8	6	9	3	4	7	5	1	2
7	4	1	5	6	2	8	9	3
5	3	2	1	9	8	6	7	4
1	8	7	6	2	3	4	5	9
2	5	6	9	1	4	7	3	8
4	9	3	8	7	5	2	6	1

C035

9	4	1	3	8	6	2	5	7
6	7	8	2	5	9	4	1	3
3	2	5	4	7	1	6	9	8
7	8	2	1	9	5	3	4	6
4	5	6	8	2	3	9	7	1
1	9	3	7	6	4	5	8	2
8	1	4	5	3	2	7	6	9
2	6	7	9	4	8	1	3	5
5	3	9	6	1	7	8	2	4

C036

7	5	3	6	2	8	9	4	1
8	9	4	1	7	5	3	2	6
1	2	6	4	3	9	5	7	8
9	4	8	5	1	7	2	6	3
6	1	5	3	9	2	7	8	4
2	3	7	8	4	6	1	9	5
4	7	1	9	8	3	6	5	2
5	8	9	2	6	1	4	3	7
3	6	2	7	5	4	8	1	9

C037

6	4	1	9	5	8	2	3	7
3	2	8	4	7	1	9	5	6
7	9	5	3	6	2	4	8	1
4	1	2	5	8	9	7	6	3
8	7	6	2	4	3	1	9	5
9	5	3	6	1	7	8	2	4
5	8	4	1	9	6	3	7	2
1	3	9	7	2	5	6	4	8
2	6	7	8	3	4	5	1	9

C038

6	3	9	5	4	1	8	7	2
8	1	5	2	6	7	4	3	9
2	4	7	8	9	3	1	6	5
1	6	2	3	7	9	5	8	4
7	5	3	4	2	8	9	1	6
9	8	4	6	1	5	3	2	7
3	7	8	9	5	6	2	4	1
4	9	1	7	3	2	6	5	8
5	2	6	1	8	4	7	9	3

C039

5	4	7	1	6	8	9	2	3
2	3	9	4	5	7	1	6	8
1	8	6	2	3	9	5	7	4
3	7	2	9	8	5	6	4	1
4	9	1	7	2	6	8	3	5
8	6	5	3	4	1	2	9	7
7	1	3	5	9	2	4	8	6
6	2	4	8	1	3	7	5	9
9	5	8	6	7	4	3	1	2

C040

7	6	3	2	5	1	4	9	8
9	2	8	7	4	3	5	6	1
4	1	5	6	8	9	2	3	7
2	3	6	5	7	4	1	8	9
5	8	9	3	1	6	7	2	4
1	4	7	9	2	8	6	5	3
6	7	4	8	9	2	3	1	5
8	5	2	1	3	7	9	4	6
3	9	1	4	6	5	8	7	2

C041

3	4	1	6	8	5	9	7	2
8	6	7	9	2	3	1	5	4
9	2	5	4	7	1	6	8	3
5	8	2	1	4	7	3	6	9
6	7	4	3	9	8	2	1	5
1	3	9	5	6	2	7	4	8
2	9	6	8	1	4	5	3	7
7	5	8	2	3	6	4	9	1
4	1	3	7	5	9	8	2	6

C042

8	1	2	7	9	6	4	5	3
3	9	5	8	4	2	1	6	7
4	7	6	5	3	1	9	8	2
6	3	9	1	8	5	2	7	4
2	5	7	4	6	9	8	3	1
1	8	4	2	7	3	6	9	5
5	2	8	6	1	7	3	4	9
9	4	1	3	5	8	7	2	6
7	6	3	9	2	4	5	1	8

C043

5	2	4	3	7	9	1	6	8
7	8	9	2	1	6	5	3	4
3	6	1	8	4	5	7	9	2
4	5	6	9	2	8	3	7	1
1	7	8	5	3	4	6	2	9
2	9	3	7	6	1	8	4	5
9	3	2	1	5	7	4	8	6
6	1	7	4	8	2	9	5	3
8	4	5	6	9	3	2	1	7

C044

4	1	6	8	3	9	5	7	2
5	7	8	6	4	2	3	1	9
9	3	2	5	7	1	8	6	4
1	2	5	9	6	7	4	8	3
3	6	9	4	5	8	1	2	7
8	4	7	1	2	3	6	9	5
7	9	1	3	8	4	2	5	6
2	5	4	7	1	6	9	3	8
6	8	3	2	9	5	7	4	1

C045

2	9	5	1	7	8	3	4	6
7	8	6	3	4	2	9	1	5
1	4	3	9	5	6	2	8	7
3	2	9	8	6	4	5	7	1
8	7	1	2	3	5	4	6	9
6	5	4	7	1	9	8	3	2
5	1	7	4	9	3	6	2	8
9	3	2	6	8	1	7	5	4
4	6	8	5	2	7	1	9	3

C046

7	8	6	9	5	1	2	3	4
5	3	2	6	7	4	1	9	8
1	4	9	3	2	8	5	7	6
2	5	3	8	1	9	4	6	7
6	1	7	4	3	2	8	5	9
8	9	4	5	6	7	3	1	2
9	2	1	7	8	5	6	4	3
4	6	5	2	9	3	7	8	1
3	7	8	1	4	6	9	2	5

C047

5	8	9	1	7	3	4	6	2
6	2	7	5	4	8	1	9	3
3	4	1	2	6	9	7	5	8
8	9	3	7	1	2	5	4	6
7	5	4	3	8	6	2	1	9
1	6	2	9	5	4	3	8	7
4	1	6	8	2	7	9	3	5
9	7	5	6	3	1	8	2	4
2	3	8	4	9	5	6	7	1

C048

2	1	8	6	4	7	9	3	5
3	6	9	2	1	5	7	4	8
7	4	5	9	8	3	2	6	1
1	9	4	8	3	6	5	2	7
6	7	3	1	5	2	8	9	4
5	8	2	7	9	4	6	1	3
8	2	7	4	6	1	3	5	9
9	5	1	3	2	8	4	7	6
4	3	6	5	7	9	1	8	2

C049

1	4	2	5	8	3	9	6	7
6	8	7	4	9	1	2	3	5
5	9	3	2	7	6	1	4	8
3	7	9	6	4	2	8	5	1
8	6	1	9	3	5	4	7	2
2	5	4	8	1	7	3	9	6
4	2	5	3	6	8	7	1	9
9	1	8	7	5	4	6	2	3
7	3	6	1	2	9	5	8	4

C050

7	9	6	1	8	3	4	5	2
1	2	5	9	4	7	3	6	8
3	4	8	2	5	6	7	1	9
8	7	4	5	6	1	9	2	3
5	1	2	3	9	8	6	4	7
6	3	9	7	2	4	5	8	1
2	8	7	6	3	5	1	9	4
4	6	1	8	7	9	2	3	5
9	5	3	4	1	2	8	7	6

C051

9	1	5	8	6	4	7	2	3
6	4	3	2	1	7	9	5	8
7	2	8	9	5	3	1	6	4
2	6	4	5	3	9	8	7	1
5	7	9	1	8	6	3	4	2
8	3	1	7	4	2	5	9	6
4	5	6	3	9	1	2	8	7
3	9	7	6	2	8	4	1	5
1	8	2	4	7	5	6	3	9

C052

5	8	1	6	3	4	2	9	7
6	2	7	9	8	5	1	3	4
9	3	4	7	2	1	8	5	6
7	4	5	2	1	3	6	8	9
2	6	3	8	9	7	4	1	5
1	9	8	5	4	6	3	7	2
3	1	9	4	5	2	7	6	8
8	7	2	1	6	9	5	4	3
4	5	6	3	7	8	9	2	1

C053

7	9	1	3	6	2	8	5	4
6	3	5	8	1	4	2	7	9
8	2	4	7	5	9	6	1	3
1	7	2	4	9	3	5	8	6
9	4	6	2	8	5	1	3	7
3	5	8	6	7	1	4	9	2
4	1	9	5	3	6	7	2	8
2	8	3	1	4	7	9	6	5
5	6	7	9	2	8	3	4	1

C054

7	5	8	4	3	1	6	2	9
3	6	9	2	8	7	1	4	5
2	4	1	5	9	6	3	8	7
9	8	2	6	7	3	5	1	4
4	1	6	8	5	9	7	3	2
5	3	7	1	2	4	9	6	8
8	2	3	7	1	5	4	9	6
6	9	5	3	4	8	2	7	1
1	7	4	9	6	2	8	5	3

C055

8	1	9	2	3	6	5	4	7
2	6	7	9	4	5	8	1	3
5	3	4	1	8	7	6	2	9
4	8	5	3	6	2	7	9	1
1	7	6	8	9	4	2	3	5
9	2	3	7	5	1	4	8	6
7	9	2	5	1	8	3	6	4
3	4	8	6	7	9	1	5	2
6	5	1	4	2	3	9	7	8

C056

9	3	4	6	7	2	5	8	1
6	1	2	5	8	9	7	3	4
5	7	8	1	4	3	9	6	2
4	8	9	3	6	7	2	1	5
1	6	3	9	2	5	4	7	8
7	2	5	4	1	8	6	9	3
2	4	7	8	3	6	1	5	9
3	9	1	7	5	4	8	2	6
8	5	6	2	9	1	3	4	7

C057

8	7	5	1	2	6	9	4	3
2	9	4	5	3	7	6	8	1
1	3	6	9	8	4	2	7	5
5	4	8	6	9	2	1	3	7
6	2	7	3	4	1	5	9	8
9	1	3	8	7	5	4	6	2
3	6	9	2	1	8	7	5	4
7	8	1	4	5	9	3	2	6
4	5	2	7	6	3	8	1	9

C058

6	1	9	2	7	5	3	8	4
3	2	4	6	1	8	5	9	7
5	8	7	9	4	3	2	6	1
2	5	8	7	6	1	9	4	3
9	6	3	5	2	4	1	7	8
7	4	1	3	8	9	6	2	5
8	3	2	4	5	6	7	1	9
4	7	5	1	9	2	8	3	6
1	9	6	8	3	7	4	5	2

C059

8	7	2	9	5	1	3	4	6
1	5	3	6	4	8	9	2	7
4	6	9	3	7	2	1	8	5
9	3	5	1	6	4	2	7	8
2	4	1	8	9	7	5	6	3
7	8	6	5	2	3	4	9	1
5	1	4	7	8	9	6	3	2
6	9	7	2	3	5	8	1	4
3	2	8	4	1	6	7	5	9

C060

6	5	7	3	8	1	4	9	2
2	1	4	6	5	9	3	8	7
3	9	8	4	7	2	5	1	6
1	7	5	8	4	6	9	2	3
4	3	6	2	9	7	8	5	1
9	8	2	1	3	5	6	7	4
5	6	9	7	2	3	1	4	8
7	4	3	5	1	8	2	6	9
8	2	1	9	6	4	7	3	5

C061

7	9	1	6	3	4	8	2	5
4	6	8	5	7	2	3	1	9
2	3	5	9	8	1	4	6	7
6	1	4	3	5	9	2	7	8
5	2	7	8	1	6	9	3	4
3	8	9	4	2	7	1	5	6
8	5	6	2	4	3	7	9	1
1	4	2	7	9	5	6	8	3
9	7	3	1	6	8	5	4	2

C062

7	8	1	4	2	5	9	3	6
4	3	5	9	6	7	8	2	1
6	2	9	8	1	3	7	4	5
1	7	8	6	3	2	5	9	4
2	6	4	5	8	9	3	1	7
9	5	3	1	7	4	2	6	8
3	4	6	7	9	8	1	5	2
8	1	2	3	5	6	4	7	9
5	9	7	2	4	1	6	8	3

C063

3	5	9	8	2	6	7	1	4
6	8	7	9	4	1	2	3	5
4	2	1	5	7	3	8	6	9
2	4	5	1	8	9	3	7	6
8	7	6	2	3	4	5	9	1
1	9	3	7	6	5	4	2	8
9	1	2	4	5	7	6	8	3
5	6	8	3	1	2	9	4	7
7	3	4	6	9	8	1	5	2

C064

4	5	6	1	8	3	9	7	2
9	1	2	6	4	7	5	3	8
3	7	8	9	2	5	6	4	1
7	3	1	5	6	9	2	8	4
2	4	9	3	1	8	7	6	5
8	6	5	4	7	2	3	1	9
5	2	4	7	3	1	8	9	6
1	8	3	2	9	6	4	5	7
6	9	7	8	5	4	1	2	3

C065

4	1	8	9	7	2	6	3	5
7	3	9	1	6	5	2	8	4
2	5	6	4	3	8	1	9	7
6	9	3	7	8	4	5	2	1
8	2	1	3	5	6	7	4	9
5	7	4	2	1	9	3	6	8
9	4	5	6	2	7	8	1	3
1	8	2	5	4	3	9	7	6
3	6	7	8	9	1	4	5	2

C066

7	1	2	8	6	3	9	5	4
6	9	3	4	1	5	8	7	2
4	8	5	7	9	2	3	6	1
1	6	4	3	7	9	2	8	5
3	7	8	5	2	6	1	4	9
2	5	9	1	4	8	6	3	7
5	2	1	6	8	4	7	9	3
8	4	7	9	3	1	5	2	6
9	3	6	2	5	7	4	1	8

C067

9	4	1	5	3	7	6	2	8
7	8	2	6	9	1	3	5	4
3	5	6	2	8	4	1	9	7
6	9	8	4	5	2	7	3	1
5	2	3	1	7	8	9	4	6
4	1	7	9	6	3	2	8	5
2	7	9	8	4	6	5	1	3
1	6	4	3	2	5	8	7	9
8	3	5	7	1	9	4	6	2

C068

5	3	4	8	9	7	2	6	1
6	2	1	5	4	3	8	7	9
7	9	8	1	2	6	5	4	3
9	7	5	3	1	4	6	8	2
3	4	6	2	8	5	9	1	7
1	8	2	7	6	9	3	5	4
8	5	9	4	3	1	7	2	6
2	1	3	6	7	8	4	9	5
4	6	7	9	5	2	1	3	8

C069

7	9	5	1	8	2	6	4	3
6	1	4	9	3	7	2	8	5
2	3	8	4	6	5	9	1	7
1	7	6	3	4	9	8	5	2
8	4	9	5	2	1	3	7	6
3	5	2	6	7	8	4	9	1
5	8	1	2	9	3	7	6	4
9	6	3	7	5	4	1	2	8
4	2	7	8	1	6	5	3	9

C070

3	8	5	7	9	2	1	6	4
4	9	2	3	1	6	7	5	8
6	7	1	4	8	5	3	9	2
5	1	6	8	2	7	9	4	3
9	2	4	6	5	3	8	7	1
8	3	7	9	4	1	5	2	6
1	5	9	2	3	4	6	8	7
2	6	3	5	7	8	4	1	9
7	4	8	1	6	9	2	3	5

C071

6	8	2	4	3	5	7	1	9
9	7	5	8	1	2	4	6	3
4	1	3	7	6	9	8	2	5
1	4	7	6	5	3	2	9	8
2	5	6	9	4	8	1	3	7
3	9	8	2	7	1	5	4	6
8	3	9	1	2	7	6	5	4
7	2	4	5	9	6	3	8	1
5	6	1	3	8	4	9	7	2

C072

1	4	7	8	3	5	2	9	6
5	2	8	9	7	6	3	1	4
6	9	3	1	4	2	8	7	5
8	3	4	6	5	1	9	2	7
2	5	1	7	8	9	4	6	3
7	6	9	4	2	3	5	8	1
3	1	6	5	9	8	7	4	2
9	7	2	3	1	4	6	5	8
4	8	5	2	6	7	1	3	9

C073

1	8	9	5	2	7	3	6	4
6	3	7	8	1	4	2	5	9
4	5	2	3	9	6	1	7	8
8	7	5	2	4	9	6	1	3
2	4	3	6	8	1	7	9	5
9	1	6	7	5	3	8	4	2
3	6	4	9	7	8	5	2	1
7	2	1	4	3	5	9	8	6
5	9	8	1	6	2	4	3	7

C074

1	8	2	9	7	4	5	6	3
3	6	9	8	1	5	4	2	7
7	4	5	6	2	3	8	9	1
6	1	7	5	9	2	3	8	4
4	5	8	7	3	6	9	1	2
9	2	3	4	8	1	6	7	5
8	3	1	2	5	9	7	4	6
2	9	6	3	4	7	1	5	8
5	7	4	1	6	8	2	3	9

C075

3	5	2	1	9	8	7	4	6
8	9	6	5	7	4	1	2	3
4	7	1	3	6	2	9	8	5
2	8	5	6	3	9	4	7	1
6	1	3	8	4	7	2	5	9
9	4	7	2	5	1	3	6	8
1	6	4	9	2	5	8	3	7
7	3	8	4	1	6	5	9	2
5	2	9	7	8	3	6	1	4

C076

4	7	2	9	1	8	6	5	3
8	6	5	4	3	7	1	9	2
1	9	3	5	2	6	7	4	8
7	3	8	2	6	9	4	1	5
2	5	4	7	8	1	3	6	9
9	1	6	3	4	5	2	8	7
6	4	9	8	7	3	5	2	1
3	8	1	6	5	2	9	7	4
5	2	7	1	9	4	8	3	6

C077

3	7	1	6	4	9	5	2	8
2	8	4	5	1	3	6	9	7
9	5	6	2	8	7	1	3	4
5	4	8	1	7	2	3	6	9
1	9	7	4	3	6	8	5	2
6	3	2	9	5	8	4	7	1
7	6	5	8	9	4	2	1	3
4	2	3	7	6	1	9	8	5
8	1	9	3	2	5	7	4	6

C078

7	3	6	4	2	1	5	9	8
5	8	2	9	3	6	4	1	7
9	4	1	5	8	7	6	2	3
4	9	8	3	7	5	2	6	1
6	1	3	8	4	2	9	7	5
2	5	7	1	6	9	3	8	4
3	7	5	2	9	8	1	4	6
1	6	9	7	5	4	8	3	2
8	2	4	6	1	3	7	5	9

C079

6	3	1	5	2	4	7	8	9
8	2	5	3	9	7	4	6	1
4	9	7	1	8	6	2	3	5
7	1	3	2	4	8	5	9	6
9	4	6	7	1	5	3	2	8
5	8	2	9	6	3	1	4	7
2	5	4	6	7	9	8	1	3
3	6	8	4	5	1	9	7	2
1	7	9	8	3	2	6	5	4

C080

6	5	8	4	1	9	3	7	2
9	4	2	7	3	5	1	6	8
1	3	7	8	6	2	5	4	9
7	6	3	5	2	1	8	9	4
8	2	5	9	4	6	7	3	1
4	9	1	3	7	8	6	2	5
5	8	6	2	9	7	4	1	3
3	7	9	1	8	4	2	5	6
2	1	4	6	5	3	9	8	7

C081

8	5	3	7	2	9	4	6	1
6	4	1	5	8	3	9	2	7
2	9	7	6	4	1	5	8	3
7	6	4	3	5	2	8	1	9
9	1	2	8	7	6	3	4	5
3	8	5	1	9	4	2	7	6
1	3	8	2	6	5	7	9	4
5	2	9	4	1	7	6	3	8
4	7	6	9	3	8	1	5	2

C082

6	9	2	5	1	4	3	8	7
7	8	1	3	6	2	5	4	9
4	3	5	9	8	7	1	2	6
3	2	7	6	5	1	4	9	8
1	5	4	8	2	9	7	6	3
8	6	9	7	4	3	2	1	5
5	1	3	4	9	6	8	7	2
9	4	8	2	7	5	6	3	1
2	7	6	1	3	8	9	5	4

C083

7	1	3	8	5	4	9	6	2
2	9	8	1	6	7	4	3	5
5	6	4	9	3	2	8	1	7
6	7	5	3	4	9	2	8	1
8	4	2	6	7	1	3	5	9
9	3	1	2	8	5	7	4	6
3	5	6	7	9	8	1	2	4
4	2	7	5	1	3	6	9	8
1	8	9	4	2	6	5	7	3

C084

3	7	5	1	2	6	9	4	8
1	2	8	4	7	9	5	6	3
6	9	4	3	8	5	7	2	1
5	1	2	6	3	8	4	9	7
4	6	9	2	1	7	8	3	5
8	3	7	9	5	4	2	1	6
9	5	1	7	4	3	6	8	2
2	8	6	5	9	1	3	7	4
7	4	3	8	6	2	1	5	9

C085

2	1	5	8	9	6	3	7	4
4	8	9	1	7	3	2	5	6
3	6	7	5	2	4	1	9	8
7	2	6	3	8	5	4	1	9
1	9	4	2	6	7	5	8	3
8	5	3	9	4	1	7	6	2
9	7	8	4	5	2	6	3	1
6	4	1	7	3	8	9	2	5
5	3	2	6	1	9	8	4	7

C086

1	2	8	9	7	6	3	4	5
5	3	6	4	8	1	2	7	9
4	9	7	3	5	2	6	1	8
6	5	9	1	4	8	7	3	2
8	1	4	7	2	3	9	5	6
2	7	3	5	6	9	1	8	4
3	8	2	6	1	4	5	9	7
7	4	1	2	9	5	8	6	3
9	6	5	8	3	7	4	2	1

C087

1	6	5	7	8	3	4	2	9
9	8	3	4	2	5	6	7	1
4	2	7	9	1	6	5	3	8
5	9	6	2	3	4	1	8	7
7	1	4	8	5	9	2	6	3
8	3	2	6	7	1	9	4	5
3	4	1	5	6	7	8	9	2
6	5	8	3	9	2	7	1	4
2	7	9	1	4	8	3	5	6

C088

2	1	7	8	6	3	4	5	9
3	4	6	7	9	5	1	2	8
9	8	5	4	2	1	7	3	6
5	3	8	1	7	4	9	6	2
7	6	4	9	5	2	3	8	1
1	9	2	3	8	6	5	7	4
4	2	1	6	3	7	8	9	5
6	7	9	5	4	8	2	1	3
8	5	3	2	1	9	6	4	7

C089

1	9	5	7	3	4	8	2	6
7	4	6	8	1	2	9	3	5
3	8	2	6	9	5	4	1	7
6	2	4	3	7	1	5	8	9
5	3	8	4	2	9	6	7	1
9	1	7	5	6	8	2	4	3
8	7	3	9	4	6	1	5	2
4	6	1	2	5	3	7	9	8
2	5	9	1	8	7	3	6	4

C090

2	5	8	9	6	1	4	7	3
3	9	6	7	4	8	5	2	1
7	4	1	2	3	5	9	6	8
6	8	7	1	9	2	3	5	4
5	2	3	6	8	4	7	1	9
9	1	4	3	5	7	6	8	2
8	3	9	5	1	6	2	4	7
1	6	2	4	7	9	8	3	5
4	7	5	8	2	3	1	9	6

C091

8	7	5	2	1	6	9	3	4
2	4	6	3	5	9	7	8	1
1	9	3	7	8	4	2	5	6
5	8	1	6	2	3	4	9	7
4	3	9	5	7	1	6	2	8
7	6	2	4	9	8	3	1	5
6	5	8	9	3	7	1	4	2
3	2	7	1	4	5	8	6	9
9	1	4	8	6	2	5	7	3

C092

8	9	1	2	5	4	7	6	3
3	5	4	1	6	7	8	9	2
7	2	6	3	9	8	1	4	5
5	4	7	9	3	6	2	1	8
1	6	8	4	7	2	3	5	9
9	3	2	5	8	1	4	7	6
2	1	5	6	4	3	9	8	7
4	7	9	8	2	5	6	3	1
6	8	3	7	1	9	5	2	4

C093

7	9	1	2	3	4	6	5	8
2	5	3	9	8	6	7	4	1
6	4	8	7	1	5	9	3	2
5	7	4	6	2	8	1	9	3
9	1	6	5	7	3	8	2	4
8	3	2	4	9	1	5	7	6
4	8	7	1	5	2	3	6	9
1	6	9	3	4	7	2	8	5
3	2	5	8	6	9	4	1	7

C094

3	9	6	8	4	1	5	7	2
7	4	1	2	9	5	6	3	8
8	2	5	6	3	7	9	4	1
4	6	7	1	2	8	3	5	9
9	3	2	4	5	6	1	8	7
1	5	8	3	7	9	4	2	6
6	8	4	7	1	3	2	9	5
5	7	3	9	6	2	8	1	4
2	1	9	5	8	4	7	6	3

C095

7	9	1	4	2	6	5	3	8
8	4	5	1	3	9	2	7	6
3	6	2	7	5	8	1	4	9
2	7	4	9	8	5	6	1	3
9	1	3	6	7	4	8	5	2
5	8	6	2	1	3	7	9	4
1	2	9	8	4	7	3	6	5
4	5	8	3	6	1	9	2	7
6	3	7	5	9	2	4	8	1

C096

4	7	2	3	9	6	8	1	5
8	3	1	2	7	5	6	9	4
5	6	9	8	4	1	2	7	3
6	1	4	9	2	7	5	3	8
7	8	3	5	6	4	9	2	1
2	9	5	1	8	3	4	6	7
9	5	7	4	1	2	3	8	6
1	4	8	6	3	9	7	5	2
3	2	6	7	5	8	1	4	9

C097

3	8	1	9	6	2	7	4	5
2	7	6	5	8	4	3	1	9
4	5	9	3	1	7	2	6	8
8	6	3	1	2	5	4	9	7
5	9	7	6	4	3	1	8	2
1	4	2	7	9	8	5	3	6
7	1	4	8	5	9	6	2	3
9	2	5	4	3	6	8	7	1
6	3	8	2	7	1	9	5	4

C098

6	3	5	4	7	9	8	2	1
1	8	4	2	3	6	9	7	5
2	9	7	8	5	1	4	3	6
9	1	6	5	2	7	3	8	4
7	5	8	3	9	4	6	1	2
3	4	2	1	6	8	7	5	9
5	6	9	7	1	3	2	4	8
4	7	1	9	8	2	5	6	3
8	2	3	6	4	5	1	9	7

C099

5	9	6	4	7	2	3	1	8
7	4	1	5	3	8	9	2	6
2	8	3	9	1	6	4	7	5
1	3	2	7	8	4	6	5	9
8	6	9	3	2	5	1	4	7
4	5	7	1	6	9	2	8	3
3	2	4	6	5	7	8	9	1
6	7	8	2	9	1	5	3	4
9	1	5	8	4	3	7	6	2

C100

3	2	8	5	9	1	7	4	6
4	9	7	8	2	6	5	1	3
1	6	5	4	7	3	2	8	9
7	8	4	3	6	5	9	2	1
2	5	9	7	1	4	3	6	8
6	3	1	9	8	2	4	7	5
5	4	2	1	3	8	6	9	7
8	7	6	2	5	9	1	3	4
9	1	3	6	4	7	8	5	2

C101

7	5	4	1	9	8	6	2	3
6	2	8	3	7	4	5	1	9
9	3	1	6	2	5	8	7	4
3	8	2	5	1	9	4	6	7
1	7	6	8	4	2	9	3	5
5	4	9	7	6	3	1	8	2
8	6	3	9	5	7	2	4	1
2	1	5	4	3	6	7	9	8
4	9	7	2	8	1	3	5	6

C102

3	9	5	1	2	8	7	6	4
2	8	7	6	9	4	5	3	1
4	1	6	7	5	3	2	8	9
6	2	9	4	8	1	3	7	5
8	7	4	9	3	5	6	1	2
5	3	1	2	6	7	9	4	8
1	4	2	3	7	9	8	5	6
9	5	3	8	1	6	4	2	7
7	6	8	5	4	2	1	9	3

C103

5	6	2	3	1	4	9	8	7
3	1	7	9	8	2	6	4	5
4	9	8	5	7	6	2	3	1
7	8	9	6	4	5	3	1	2
1	5	3	2	9	7	4	6	8
2	4	6	8	3	1	5	7	9
6	7	1	4	2	9	8	5	3
9	3	5	1	6	8	7	2	4
8	2	4	7	5	3	1	9	6

C104

8	7	2	9	4	3	5	6	1
1	6	5	2	8	7	9	3	4
3	4	9	1	5	6	8	7	2
2	8	7	5	9	4	6	1	3
6	5	3	8	7	1	4	2	9
9	1	4	3	6	2	7	8	5
7	9	1	4	2	8	3	5	6
4	2	8	6	3	5	1	9	7
5	3	6	7	1	9	2	4	8

C105

1	7	6	2	5	9	3	4	8
5	9	3	4	1	8	2	7	6
4	2	8	3	7	6	9	1	5
9	1	2	7	4	5	8	6	3
3	8	7	9	6	2	1	5	4
6	4	5	1	8	3	7	2	9
8	3	4	5	2	1	6	9	7
7	6	1	8	9	4	5	3	2
2	5	9	6	3	7	4	8	1

C106

6	5	8	3	7	4	9	1	2
3	7	4	9	1	2	8	6	5
1	2	9	6	5	8	7	3	4
5	6	7	2	4	9	3	8	1
4	3	1	5	8	6	2	9	7
8	9	2	1	3	7	5	4	6
7	8	5	4	6	3	1	2	9
2	4	3	7	9	1	6	5	8
9	1	6	8	2	5	4	7	3

C107

8	9	1	3	2	4	5	6	7
4	3	7	9	6	5	8	2	1
5	2	6	1	8	7	3	4	9
7	8	9	5	4	1	6	3	2
3	4	2	7	9	6	1	8	5
1	6	5	8	3	2	9	7	4
6	7	3	2	5	9	4	1	8
9	1	4	6	7	8	2	5	3
2	5	8	4	1	3	7	9	6

C108

7	1	5	2	4	8	9	3	6
8	3	4	9	7	6	1	2	5
2	6	9	3	1	5	8	7	4
4	5	2	6	9	3	7	1	8
3	9	1	5	8	7	4	6	2
6	7	8	4	2	1	3	5	9
5	8	3	7	6	9	2	4	1
9	4	6	1	3	2	5	8	7
1	2	7	8	5	4	6	9	3

C109

1	5	2	8	6	9	3	7	4
7	6	4	3	2	5	9	8	1
8	3	9	1	4	7	6	5	2
6	1	5	7	8	3	2	4	9
9	4	7	2	1	6	5	3	8
2	8	3	9	5	4	7	1	6
3	2	8	5	9	1	4	6	7
4	7	1	6	3	2	8	9	5
5	9	6	4	7	8	1	2	3

C110

2	7	4	6	8	5	3	1	9
6	3	8	1	4	9	5	2	7
1	5	9	3	7	2	8	4	6
4	9	7	5	2	3	6	8	1
8	6	2	7	1	4	9	5	3
3	1	5	9	6	8	4	7	2
7	4	6	8	3	1	2	9	5
9	2	3	4	5	7	1	6	8
5	8	1	2	9	6	7	3	4

C111

5	1	8	4	9	3	6	7	2
2	6	9	1	7	8	5	3	4
7	4	3	5	6	2	9	1	8
1	5	4	2	3	7	8	9	6
3	8	2	9	4	6	1	5	7
9	7	6	8	5	1	4	2	3
8	3	7	6	1	9	2	4	5
6	9	5	7	2	4	3	8	1
4	2	1	3	8	5	7	6	9

C112

5	2	1	4	7	6	9	3	8
3	4	7	9	8	2	6	5	1
9	8	6	1	5	3	4	7	2
7	3	2	5	1	9	8	6	4
8	1	9	3	6	4	5	2	7
6	5	4	7	2	8	1	9	3
1	6	3	8	9	7	2	4	5
2	7	8	6	4	5	3	1	9
4	9	5	2	3	1	7	8	6

C113

8	2	9	6	7	4	5	3	1
3	5	4	8	2	1	7	9	6
6	7	1	5	9	3	4	2	8
1	3	5	2	4	6	8	7	9
4	9	8	7	3	5	1	6	2
2	6	7	1	8	9	3	5	4
7	4	2	3	6	8	9	1	5
9	1	3	4	5	2	6	8	7
5	8	6	9	1	7	2	4	3

C114

1	9	3	2	6	4	8	5	7
8	5	2	1	3	7	6	9	4
7	6	4	9	8	5	1	2	3
6	4	7	3	2	8	9	1	5
3	2	9	7	5	1	4	8	6
5	8	1	6	4	9	3	7	2
9	3	6	8	7	2	5	4	1
4	7	8	5	1	3	2	6	9
2	1	5	4	9	6	7	3	8

C115

9	5	4	6	3	2	1	8	7
1	6	7	8	4	9	2	5	3
3	8	2	1	5	7	9	6	4
6	9	1	3	2	8	7	4	5
5	7	3	9	6	4	8	1	2
4	2	8	7	1	5	3	9	6
2	4	9	5	8	3	6	7	1
8	1	5	2	7	6	4	3	9
7	3	6	4	9	1	5	2	8

C116

1	9	6	7	5	4	2	3	8
4	5	2	1	8	3	6	9	7
8	3	7	9	2	6	5	4	1
5	2	8	4	3	9	1	7	6
9	1	4	8	6	7	3	5	2
7	6	3	2	1	5	4	8	9
3	8	5	6	9	2	7	1	4
2	7	1	5	4	8	9	6	3
6	4	9	3	7	1	8	2	5

C117

7	6	4	2	1	8	3	5	9
1	8	5	3	6	9	4	2	7
9	3	2	7	4	5	1	8	6
2	1	9	4	8	6	7	3	5
8	5	7	1	2	3	6	9	4
6	4	3	9	5	7	2	1	8
5	7	8	6	3	2	9	4	1
4	2	6	5	9	1	8	7	3
3	9	1	8	7	4	5	6	2

C118

4	8	1	2	6	5	9	7	3
7	9	2	1	3	4	8	5	6
5	3	6	7	9	8	2	1	4
8	5	3	4	1	7	6	9	2
6	7	4	8	2	9	5	3	1
1	2	9	6	5	3	7	4	8
3	1	8	5	7	6	4	2	9
9	6	7	3	4	2	1	8	5
2	4	5	9	8	1	3	6	7

C119

9	5	8	7	2	1	3	6	4
7	3	4	9	5	6	2	1	8
2	1	6	4	3	8	9	7	5
5	7	1	6	4	9	8	3	2
8	6	3	2	7	5	1	4	9
4	9	2	8	1	3	7	5	6
1	2	5	3	9	4	6	8	7
3	8	7	5	6	2	4	9	1
6	4	9	1	8	7	5	2	3

C120

1	4	6	5	3	2	8	7	9
9	7	5	4	1	8	6	2	3
3	2	8	6	7	9	5	1	4
8	5	2	1	6	3	4	9	7
6	1	4	9	8	7	2	3	5
7	9	3	2	5	4	1	6	8
5	3	9	8	2	1	7	4	6
4	6	1	7	9	5	3	8	2
2	8	7	3	4	6	9	5	1

C121

4	9	8	5	1	7	2	3	6
7	2	1	9	3	6	5	8	4
3	6	5	2	4	8	9	1	7
2	8	7	3	6	4	1	9	5
1	4	3	8	5	9	7	6	2
6	5	9	1	7	2	8	4	3
9	7	6	4	8	5	3	2	1
8	3	4	7	2	1	6	5	9
5	1	2	6	9	3	4	7	8

C122

1	9	6	2	5	3	7	4	8
3	8	7	4	9	6	2	5	1
4	5	2	1	8	7	3	9	6
2	1	8	6	7	4	5	3	9
6	7	9	3	1	5	8	2	4
5	4	3	8	2	9	1	6	7
9	6	1	7	3	2	4	8	5
8	3	5	9	4	1	6	7	2
7	2	4	5	6	8	9	1	3

C123

9	6	8	2	4	5	7	3	1
7	1	2	6	3	8	4	9	5
5	4	3	7	1	9	6	8	2
6	2	1	9	5	4	3	7	8
3	9	4	8	7	2	5	1	6
8	5	7	1	6	3	9	2	4
2	3	6	4	9	1	8	5	7
4	8	9	5	2	7	1	6	3
1	7	5	3	8	6	2	4	9

C124

6	4	1	7	3	2	5	9	8
2	8	3	4	9	5	1	6	7
9	5	7	1	8	6	2	3	4
4	3	9	5	1	8	7	2	6
8	7	2	6	4	9	3	1	5
5	1	6	3	2	7	8	4	9
1	6	4	8	5	3	9	7	2
7	9	5	2	6	1	4	8	3
3	2	8	9	7	4	6	5	1

C125

3	5	1	2	8	6	9	4	7
8	6	2	4	9	7	5	3	1
7	9	4	5	1	3	2	8	6
6	2	3	1	5	9	4	7	8
1	8	9	6	7	4	3	2	5
5	4	7	8	3	2	6	1	9
4	1	8	3	6	5	7	9	2
2	7	5	9	4	1	8	6	3
9	3	6	7	2	8	1	5	4

C126

3	6	7	5	4	2	9	8	1
9	2	5	8	7	1	6	4	3
1	4	8	9	3	6	7	2	5
7	1	3	4	9	8	5	6	2
4	5	2	7	6	3	1	9	8
8	9	6	1	2	5	3	7	4
2	3	9	6	5	4	8	1	7
6	8	4	3	1	7	2	5	9
5	7	1	2	8	9	4	3	6

C127

6	4	8	2	1	5	9	7	3
2	7	1	3	6	9	5	8	4
5	9	3	7	8	4	6	2	1
3	6	9	5	7	2	1	4	8
7	8	5	1	4	6	3	9	2
4	1	2	8	9	3	7	5	6
1	2	6	4	5	7	8	3	9
8	5	4	9	3	1	2	6	7
9	3	7	6	2	8	4	1	5

C128

7	3	1	9	5	2	4	8	6
9	2	6	7	8	4	1	3	5
5	8	4	3	1	6	2	9	7
1	5	9	2	7	8	3	6	4
3	4	7	1	6	5	8	2	9
2	6	8	4	3	9	7	5	1
6	1	3	8	9	7	5	4	2
4	7	5	6	2	3	9	1	8
8	9	2	5	4	1	6	7	3

C129

1	5	9	6	3	2	7	8	4
3	6	8	4	7	9	1	2	5
7	4	2	5	8	1	3	6	9
6	9	7	2	5	8	4	1	3
8	2	5	3	1	4	9	7	6
4	3	1	7	9	6	2	5	8
2	7	3	8	4	5	6	9	1
5	1	4	9	6	7	8	3	2
9	8	6	1	2	3	5	4	7

C130

4	8	2	1	9	3	7	5	6
9	1	7	6	5	8	3	2	4
5	3	6	7	4	2	1	9	8
7	9	4	5	1	6	8	3	2
2	5	3	4	8	9	6	7	1
8	6	1	2	3	7	9	4	5
6	2	8	3	7	5	4	1	9
1	7	9	8	2	4	5	6	3
3	4	5	9	6	1	2	8	7

C131

5	7	1	9	6	4	8	2	3
3	4	9	1	8	2	6	5	7
2	8	6	3	5	7	9	1	4
9	1	8	7	3	6	2	4	5
7	2	5	8	4	1	3	6	9
4	6	3	5	2	9	7	8	1
8	9	4	6	1	3	5	7	2
6	3	2	4	7	5	1	9	8
1	5	7	2	9	8	4	3	6

C132

7	4	1	6	2	8	5	3	9
2	9	6	5	3	7	8	4	1
5	8	3	9	1	4	6	7	2
4	5	7	3	6	1	9	2	8
8	1	9	7	5	2	3	6	4
6	3	2	8	4	9	1	5	7
3	7	4	1	9	5	2	8	6
1	6	8	2	7	3	4	9	5
9	2	5	4	8	6	7	1	3

C133

4	6	8	1	5	2	7	9	3
3	2	7	8	9	4	5	1	6
5	1	9	3	6	7	4	2	8
7	5	6	4	3	9	1	8	2
2	4	3	7	1	8	6	5	9
8	9	1	5	2	6	3	7	4
6	8	4	2	7	1	9	3	5
1	3	2	9	4	5	8	6	7
9	7	5	6	8	3	2	4	1

C134

4	8	5	2	6	1	3	7	9
9	7	1	8	3	5	4	2	6
3	2	6	9	7	4	1	8	5
1	5	7	6	2	3	8	9	4
6	3	8	1	4	9	2	5	7
2	9	4	5	8	7	6	1	3
7	1	3	4	9	8	5	6	2
5	4	2	7	1	6	9	3	8
8	6	9	3	5	2	7	4	1

C135

3	2	9	4	1	5	7	8	6
1	7	8	3	6	2	4	5	9
6	4	5	8	9	7	3	2	1
7	5	1	2	3	9	6	4	8
4	8	2	1	5	6	9	3	7
9	6	3	7	8	4	2	1	5
8	1	7	6	2	3	5	9	4
5	3	4	9	7	1	8	6	2
2	9	6	5	4	8	1	7	3

C136

8	4	2	9	3	1	5	7	6
5	3	7	6	2	4	9	1	8
6	9	1	5	8	7	2	3	4
2	6	4	3	5	8	7	9	1
9	8	5	1	7	6	4	2	3
7	1	3	2	4	9	8	6	5
3	7	9	4	6	5	1	8	2
1	5	6	8	9	2	3	4	7
4	2	8	7	1	3	6	5	9

C137

3	6	8	2	1	7	9	5	4
9	5	7	4	6	8	2	3	1
1	2	4	5	9	3	8	6	7
7	3	2	1	8	5	6	4	9
5	4	1	6	2	9	3	7	8
6	8	9	7	3	4	1	2	5
4	1	3	9	7	6	5	8	2
8	9	5	3	4	2	7	1	6
2	7	6	8	5	1	4	9	3

C138

9	5	3	7	6	8	4	2	1
6	4	7	1	2	3	9	8	5
2	1	8	5	9	4	3	6	7
8	3	9	2	1	7	5	4	6
5	2	1	8	4	6	7	9	3
4	7	6	3	5	9	2	1	8
7	8	4	9	3	1	6	5	2
3	6	5	4	8	2	1	7	9
1	9	2	6	7	5	8	3	4

C139

8	4	3	7	5	6	9	2	1
7	2	5	1	9	8	3	6	4
6	1	9	3	4	2	5	7	8
1	7	4	5	3	9	6	8	2
3	9	6	2	8	1	4	5	7
5	8	2	6	7	4	1	9	3
9	6	7	8	1	3	2	4	5
2	5	1	4	6	7	8	3	9
4	3	8	9	2	5	7	1	6

C140

3	6	9	4	2	7	1	5	8
7	2	5	8	3	1	9	4	6
4	1	8	6	5	9	7	3	2
5	9	3	2	1	6	8	7	4
8	4	2	9	7	5	3	6	1
6	7	1	3	8	4	5	2	9
9	5	6	1	4	3	2	8	7
1	8	7	5	6	2	4	9	3
2	3	4	7	9	8	6	1	5

C141

5	6	8	9	1	4	2	3	7
1	9	3	7	5	2	6	8	4
2	4	7	8	3	6	5	9	1
7	5	4	1	6	8	3	2	9
6	3	1	2	7	9	8	4	5
8	2	9	5	4	3	7	1	6
9	7	5	3	2	1	4	6	8
3	8	6	4	9	7	1	5	2
4	1	2	6	8	5	9	7	3

C142

8	5	2	7	6	1	4	9	3
7	4	6	3	2	9	1	5	8
3	9	1	8	5	4	2	6	7
5	1	7	4	3	8	6	2	9
6	3	4	9	1	2	7	8	5
9	2	8	5	7	6	3	4	1
4	6	3	1	8	5	9	7	2
2	7	5	6	9	3	8	1	4
1	8	9	2	4	7	5	3	6

C143

1	6	7	4	9	5	2	8	3
9	8	2	3	7	6	5	4	1
3	4	5	2	8	1	6	7	9
4	1	9	8	6	2	3	5	7
6	7	3	1	5	4	8	9	2
5	2	8	7	3	9	1	6	4
2	9	1	6	4	8	7	3	5
8	3	4	5	1	7	9	2	6
7	5	6	9	2	3	4	1	8

C144

3	9	1	2	5	8	6	4	7
6	8	7	3	1	4	9	2	5
5	4	2	7	6	9	3	1	8
1	7	8	4	3	2	5	6	9
9	6	4	5	8	7	1	3	2
2	5	3	6	9	1	8	7	4
7	3	9	1	2	5	4	8	6
8	2	6	9	4	3	7	5	1
4	1	5	8	7	6	2	9	3

C145

1	4	2	5	9	7	8	3	6
3	6	9	1	4	8	5	7	2
8	5	7	2	6	3	9	1	4
9	1	8	4	7	5	6	2	3
4	7	3	6	8	2	1	9	5
6	2	5	9	3	1	7	4	8
5	3	1	8	2	9	4	6	7
2	8	4	7	1	6	3	5	9
7	9	6	3	5	4	2	8	1

C146

4	7	1	6	5	2	3	8	9
6	8	3	1	7	9	4	5	2
9	5	2	8	3	4	1	7	6
1	3	5	7	9	6	2	4	8
8	2	9	3	4	5	6	1	7
7	6	4	2	8	1	9	3	5
3	1	6	5	2	8	7	9	4
2	9	8	4	1	7	5	6	3
5	4	7	9	6	3	8	2	1

C147

1	9	2	7	3	5	6	8	4
5	4	7	6	2	8	9	1	3
6	3	8	9	4	1	2	5	7
4	8	3	1	6	9	5	7	2
9	1	5	3	7	2	4	6	8
7	2	6	5	8	4	1	3	9
2	5	9	8	1	3	7	4	6
8	6	4	2	5	7	3	9	1
3	7	1	4	9	6	8	2	5

C148

7	6	2	4	8	1	9	5	3
1	3	5	7	6	9	8	4	2
8	9	4	5	2	3	1	6	7
4	8	9	2	5	6	3	7	1
6	7	3	8	1	4	5	2	9
5	2	1	3	9	7	4	8	6
9	1	8	6	7	5	2	3	4
3	5	7	1	4	2	6	9	8
2	4	6	9	3	8	7	1	5

C149

8	3	7	4	1	5	2	9	6
9	5	6	8	2	3	7	4	1
4	1	2	7	9	6	5	3	8
2	9	1	3	6	8	4	5	7
5	8	4	2	7	9	1	6	3
7	6	3	1	5	4	8	2	9
3	2	5	9	8	7	6	1	4
6	7	9	5	4	1	3	8	2
1	4	8	6	3	2	9	7	5

C150

9	6	2	1	5	4	3	8	7
3	8	1	6	7	9	5	2	4
7	4	5	3	8	2	9	1	6
4	7	6	5	1	8	2	3	9
5	1	9	2	3	7	6	4	8
2	3	8	4	9	6	1	7	5
1	5	7	8	6	3	4	9	2
8	2	3	9	4	5	7	6	1
6	9	4	7	2	1	8	5	3

C151

3	7	9	1	4	6	5	8	2
1	6	2	5	7	8	4	3	9
8	5	4	9	2	3	6	1	7
7	2	6	4	8	5	1	9	3
5	8	3	2	9	1	7	6	4
9	4	1	3	6	7	2	5	8
6	9	5	7	3	2	8	4	1
4	1	7	8	5	9	3	2	6
2	3	8	6	1	4	9	7	5

C152

7	3	8	5	1	6	2	9	4
4	5	1	7	2	9	3	6	8
9	2	6	8	4	3	1	5	7
5	8	7	2	3	4	9	1	6
6	9	2	1	5	7	4	8	3
1	4	3	6	9	8	5	7	2
2	6	5	4	7	1	8	3	9
8	1	9	3	6	2	7	4	5
3	7	4	9	8	5	6	2	1

C153

5	1	8	6	2	4	7	3	9
2	9	7	3	5	8	4	6	1
6	3	4	9	7	1	2	8	5
9	6	3	4	1	7	5	2	8
8	2	1	5	9	6	3	4	7
7	4	5	8	3	2	1	9	6
3	5	2	1	8	9	6	7	4
1	8	6	7	4	3	9	5	2
4	7	9	2	6	5	8	1	3

C154

6	7	9	3	8	5	4	1	2
4	5	1	9	6	2	3	7	8
2	3	8	4	7	1	6	5	9
5	1	7	8	4	6	9	2	3
3	6	2	5	1	9	7	8	4
8	9	4	7	2	3	1	6	5
9	2	5	1	3	7	8	4	6
1	8	3	6	5	4	2	9	7
7	4	6	2	9	8	5	3	1

C155

9	2	6	5	7	4	1	3	8
4	1	3	2	6	8	7	9	5
5	8	7	1	9	3	4	6	2
6	4	8	3	2	5	9	7	1
7	5	1	4	8	9	6	2	3
2	3	9	6	1	7	5	8	4
3	6	5	7	4	2	8	1	9
8	7	4	9	3	1	2	5	6
1	9	2	8	5	6	3	4	7

C156

7	5	9	6	3	1	4	2	8
8	1	3	4	5	2	9	6	7
4	6	2	8	7	9	1	3	5
6	8	7	3	1	4	5	9	2
2	4	1	5	9	6	7	8	3
9	3	5	7	2	8	6	4	1
1	2	6	9	8	7	3	5	4
5	9	8	1	4	3	2	7	6
3	7	4	2	6	5	8	1	9

C157

5	1	7	2	3	4	9	6	8
2	6	4	9	1	8	7	5	3
8	9	3	6	5	7	4	2	1
4	5	9	3	6	2	1	8	7
6	3	8	5	7	1	2	4	9
7	2	1	8	4	9	5	3	6
3	7	2	4	9	6	8	1	5
9	4	5	1	8	3	6	7	2
1	8	6	7	2	5	3	9	4

C158

4	9	6	7	2	8	3	1	5
1	3	7	9	4	5	6	8	2
2	5	8	1	6	3	7	4	9
9	2	1	5	7	6	8	3	4
8	7	4	2	3	1	9	5	6
3	6	5	8	9	4	2	7	1
5	8	2	3	1	9	4	6	7
6	1	9	4	8	7	5	2	3
7	4	3	6	5	2	1	9	8

C159

5	8	7	9	4	1	3	6	2
2	9	4	7	3	6	1	5	8
1	3	6	5	2	8	4	9	7
8	6	3	4	5	9	2	7	1
4	2	5	3	1	7	9	8	6
7	1	9	6	8	2	5	4	3
9	4	2	8	7	3	6	1	5
3	5	8	1	6	4	7	2	9
6	7	1	2	9	5	8	3	4

C160

4	6	1	3	7	9	5	2	8
9	3	5	2	1	8	7	6	4
8	7	2	6	5	4	9	1	3
1	4	6	7	8	5	2	3	9
2	5	8	9	3	1	4	7	6
7	9	3	4	6	2	1	8	5
5	2	7	8	4	3	6	9	1
6	8	4	1	9	7	3	5	2
3	1	9	5	2	6	8	4	7

C161

8	6	2	3	9	4	5	1	7
1	4	3	5	6	7	8	9	2
5	9	7	1	2	8	4	6	3
4	3	9	6	7	5	2	8	1
7	1	5	8	3	2	9	4	6
6	2	8	4	1	9	7	3	5
9	5	6	7	8	3	1	2	4
2	7	1	9	4	6	3	5	8
3	8	4	2	5	1	6	7	9

C162

9	4	5	8	3	1	2	6	7
6	3	7	4	2	9	5	8	1
1	2	8	5	6	7	3	9	4
2	7	3	6	4	5	8	1	9
8	5	6	1	9	3	4	7	2
4	9	1	2	7	8	6	5	3
5	8	2	9	1	4	7	3	6
7	1	4	3	5	6	9	2	8
3	6	9	7	8	2	1	4	5

C163

5	1	4	6	3	9	2	8	7
2	7	8	4	5	1	3	6	9
3	6	9	2	8	7	4	5	1
1	5	7	3	9	4	8	2	6
4	8	3	1	6	2	7	9	5
9	2	6	8	7	5	1	4	3
7	4	2	5	1	6	9	3	8
6	3	1	9	4	8	5	7	2
8	9	5	7	2	3	6	1	4

C164

8	4	1	5	2	9	7	6	3
7	6	2	1	3	4	5	9	8
3	9	5	8	7	6	4	2	1
1	2	4	6	8	7	9	3	5
5	7	6	4	9	3	1	8	2
9	8	3	2	1	5	6	7	4
2	3	9	7	5	1	8	4	6
6	1	7	3	4	8	2	5	9
4	5	8	9	6	2	3	1	7

C165

1	6	3	4	7	2	8	5	9
4	8	9	5	6	1	2	3	7
5	7	2	8	9	3	4	1	6
6	5	7	1	3	4	9	8	2
3	4	8	9	2	7	1	6	5
2	9	1	6	5	8	3	7	4
7	2	6	3	8	9	5	4	1
8	1	5	2	4	6	7	9	3
9	3	4	7	1	5	6	2	8

C166

7	1	4	3	6	8	9	2	5
9	3	2	7	5	4	6	1	8
8	6	5	9	2	1	3	4	7
1	2	9	5	4	7	8	6	3
4	8	7	6	3	9	2	5	1
6	5	3	1	8	2	4	7	9
3	4	1	8	7	6	5	9	2
2	9	8	4	1	5	7	3	6
5	7	6	2	9	3	1	8	4

C167

3	5	6	2	9	8	4	7	1
7	2	9	6	4	1	3	8	5
1	8	4	5	7	3	2	6	9
9	4	7	1	6	2	8	5	3
6	3	2	8	5	4	1	9	7
5	1	8	7	3	9	6	4	2
8	6	3	9	2	7	5	1	4
4	7	1	3	8	5	9	2	6
2	9	5	4	1	6	7	3	8

C168

2	4	1	3	8	5	7	6	9
9	5	6	4	2	7	8	3	1
3	7	8	9	6	1	4	2	5
7	2	9	5	3	6	1	8	4
4	6	5	1	9	8	3	7	2
1	8	3	2	7	4	9	5	6
6	9	2	8	4	3	5	1	7
5	3	7	6	1	9	2	4	8
8	1	4	7	5	2	6	9	3

C169

4	3	1	7	6	2	5	8	9
9	7	2	5	1	8	6	3	4
6	8	5	9	3	4	7	2	1
5	6	7	2	9	3	4	1	8
3	1	8	6	4	7	2	9	5
2	9	4	1	8	5	3	6	7
1	2	9	4	5	6	8	7	3
8	4	6	3	7	1	9	5	2
7	5	3	8	2	9	1	4	6

C170

8	5	7	6	9	1	4	2	3
3	1	9	7	4	2	5	6	8
4	6	2	8	3	5	7	9	1
9	4	8	5	2	6	3	1	7
7	3	5	1	8	9	6	4	2
1	2	6	3	7	4	8	5	9
6	9	3	2	5	7	1	8	4
2	8	1	4	6	3	9	7	5
5	7	4	9	1	8	2	3	6

C171

8	4	6	1	3	2	7	5	9
7	9	2	8	5	6	1	3	4
3	5	1	4	7	9	6	2	8
4	1	8	6	9	5	3	7	2
5	7	3	2	1	8	4	9	6
2	6	9	3	4	7	8	1	5
9	8	4	7	2	3	5	6	1
6	2	7	5	8	1	9	4	3
1	3	5	9	6	4	2	8	7

C172

1	5	2	4	8	9	6	7	3
7	3	8	6	1	5	2	4	9
9	6	4	7	2	3	8	1	5
2	9	1	3	4	7	5	8	6
5	4	3	8	9	6	1	2	7
6	8	7	2	5	1	3	9	4
3	2	9	1	6	4	7	5	8
4	1	6	5	7	8	9	3	2
8	7	5	9	3	2	4	6	1

C173

7	6	9	8	4	5	2	1	3
8	5	3	1	2	9	6	4	7
4	1	2	6	7	3	8	5	9
6	3	8	9	1	7	4	2	5
2	7	4	5	6	8	3	9	1
5	9	1	4	3	2	7	6	8
9	2	5	3	8	4	1	7	6
1	8	7	2	5	6	9	3	4
3	4	6	7	9	1	5	8	2

C174

6	5	4	9	3	1	2	8	7
1	8	7	2	6	4	9	3	5
3	2	9	7	5	8	6	1	4
7	6	2	1	8	5	4	9	3
5	4	8	3	9	7	1	6	2
9	1	3	4	2	6	5	7	8
8	7	5	6	1	2	3	4	9
2	9	1	8	4	3	7	5	6
4	3	6	5	7	9	8	2	1

C175

8	5	2	9	7	1	3	4	6
9	7	6	3	4	8	2	5	1
3	1	4	2	5	6	9	8	7
1	4	3	6	8	2	7	9	5
5	2	8	4	9	7	6	1	3
6	9	7	5	1	3	4	2	8
2	8	5	7	3	4	1	6	9
4	3	9	1	6	5	8	7	2
7	6	1	8	2	9	5	3	4

C176

8	2	4	7	9	6	5	1	3
7	3	1	8	4	5	2	6	9
5	6	9	1	3	2	7	8	4
2	1	3	4	7	8	9	5	6
6	8	7	3	5	9	1	4	2
4	9	5	2	6	1	3	7	8
3	4	6	5	2	7	8	9	1
1	7	2	9	8	4	6	3	5
9	5	8	6	1	3	4	2	7

C177

1	6	2	8	4	9	5	7	3
4	5	9	3	6	7	1	2	8
3	8	7	5	1	2	9	4	6
9	7	4	1	3	8	6	5	2
6	1	5	2	7	4	3	8	9
8	2	3	6	9	5	4	1	7
7	9	6	4	8	1	2	3	5
2	3	1	7	5	6	8	9	4
5	4	8	9	2	3	7	6	1

C178

3	9	1	6	2	4	5	8	7
8	4	6	1	5	7	2	9	3
2	7	5	8	3	9	4	6	1
1	5	7	2	9	3	6	4	8
9	8	3	4	6	5	7	1	2
6	2	4	7	1	8	9	3	5
5	6	8	3	4	2	1	7	9
7	1	2	9	8	6	3	5	4
4	3	9	5	7	1	8	2	6

C179

5	8	6	3	4	1	2	9	7
9	7	3	2	5	6	4	1	8
2	1	4	9	7	8	6	3	5
1	6	8	5	2	3	7	4	9
7	3	2	4	8	9	1	5	6
4	5	9	1	6	7	8	2	3
6	4	1	7	3	5	9	8	2
8	9	5	6	1	2	3	7	4
3	2	7	8	9	4	5	6	1

C180

4	7	9	6	3	5	1	2	8
3	2	5	9	8	1	4	6	7
8	1	6	7	2	4	5	3	9
2	6	8	4	5	9	7	1	3
5	3	1	8	6	7	2	9	4
7	9	4	3	1	2	6	8	5
1	4	7	2	9	3	8	5	6
9	8	2	5	4	6	3	7	1
6	5	3	1	7	8	9	4	2

C181

3	7	9	1	6	5	8	4	2
6	8	2	4	3	9	1	5	7
4	1	5	7	8	2	9	3	6
8	2	1	6	7	3	5	9	4
5	3	6	9	4	1	2	7	8
9	4	7	5	2	8	6	1	3
2	9	8	3	5	4	7	6	1
1	6	4	2	9	7	3	8	5
7	5	3	8	1	6	4	2	9

C182

8	3	5	1	6	9	7	4	2
1	7	4	8	5	2	6	9	3
2	6	9	3	7	4	5	1	8
6	5	2	7	9	1	8	3	4
4	1	8	2	3	6	9	7	5
3	9	7	5	4	8	1	2	6
5	8	3	9	2	7	4	6	1
9	4	1	6	8	3	2	5	7
7	2	6	4	1	5	3	8	9

C183

1	9	4	2	8	3	7	5	6
5	3	6	4	1	7	8	2	9
8	7	2	6	5	9	1	3	4
6	4	1	3	7	5	2	9	8
9	8	5	1	4	2	3	6	7
3	2	7	8	9	6	5	4	1
7	5	3	9	6	1	4	8	2
2	6	8	7	3	4	9	1	5
4	1	9	5	2	8	6	7	3

C184

3	4	6	5	2	7	9	8	1
8	5	7	1	6	9	3	2	4
1	2	9	3	8	4	5	7	6
6	9	4	2	5	3	7	1	8
2	3	5	7	1	8	4	6	9
7	1	8	4	9	6	2	5	3
5	6	1	9	3	2	8	4	7
9	7	2	8	4	1	6	3	5
4	8	3	6	7	5	1	9	2

C185

6	7	8	5	3	1	2	4	9
4	2	1	6	7	9	8	5	3
3	5	9	2	4	8	7	6	1
8	4	6	9	5	2	1	3	7
7	1	5	8	6	3	4	9	2
9	3	2	4	1	7	5	8	6
1	9	4	3	2	5	6	7	8
2	6	3	7	8	4	9	1	5
5	8	7	1	9	6	3	2	4

C186

8	2	4	7	3	6	1	5	9
7	3	9	1	5	4	2	6	8
5	6	1	8	9	2	4	7	3
9	7	6	2	1	3	5	8	4
1	4	2	6	8	5	9	3	7
3	5	8	9	4	7	6	1	2
2	9	7	5	6	8	3	4	1
4	8	5	3	2	1	7	9	6
6	1	3	4	7	9	8	2	5

C187

9	4	1	7	5	8	2	6	3
7	6	3	1	9	2	5	4	8
5	2	8	3	4	6	1	9	7
6	8	5	9	2	7	3	1	4
3	1	9	4	6	5	7	8	2
2	7	4	8	1	3	6	5	9
8	9	2	6	3	1	4	7	5
4	3	6	5	7	9	8	2	1
1	5	7	2	8	4	9	3	6

C188

4	6	3	9	7	8	1	2	5
5	8	2	6	1	4	3	9	7
7	1	9	5	3	2	8	6	4
9	2	4	3	5	1	7	8	6
6	7	8	2	4	9	5	1	3
1	3	5	7	8	6	9	4	2
2	5	1	4	9	7	6	3	8
3	9	6	8	2	5	4	7	1
8	4	7	1	6	3	2	5	9

C189

7	6	3	2	8	1	4	5	9
1	2	9	4	3	5	6	8	7
5	8	4	7	6	9	3	1	2
9	1	6	3	2	4	8	7	5
2	3	8	1	5	7	9	6	4
4	5	7	8	9	6	1	2	3
6	4	5	9	7	8	2	3	1
3	7	1	6	4	2	5	9	8
8	9	2	5	1	3	7	4	6

C190

2	8	7	5	1	6	3	4	9
9	3	1	7	4	2	8	6	5
5	4	6	3	8	9	1	7	2
7	2	4	6	5	3	9	1	8
8	6	9	1	2	4	7	5	3
3	1	5	9	7	8	6	2	4
6	5	3	4	9	1	2	8	7
4	9	2	8	6	7	5	3	1
1	7	8	2	3	5	4	9	6

C191

7	3	8	1	5	6	4	9	2
9	5	6	4	2	8	3	7	1
4	2	1	9	7	3	6	8	5
1	8	3	6	4	9	5	2	7
6	9	5	2	1	7	8	4	3
2	4	7	3	8	5	1	6	9
5	1	4	7	6	2	9	3	8
8	7	9	5	3	4	2	1	6
3	6	2	8	9	1	7	5	4

C192

6	1	7	3	8	9	2	5	4
4	5	3	2	7	1	6	9	8
2	8	9	4	5	6	3	1	7
7	9	4	1	2	5	8	3	6
5	3	2	8	6	4	1	7	9
8	6	1	9	3	7	5	4	2
9	4	6	5	1	8	7	2	3
1	2	8	7	9	3	4	6	5
3	7	5	6	4	2	9	8	1

C193

4	8	7	1	2	6	5	3	9
9	5	2	4	3	7	6	8	1
1	6	3	8	5	9	4	7	2
7	3	6	5	9	4	2	1	8
5	2	4	7	1	8	3	9	6
8	1	9	2	6	3	7	4	5
3	9	8	6	4	2	1	5	7
6	7	1	3	8	5	9	2	4
2	4	5	9	7	1	8	6	3

C194

4	2	5	1	6	8	7	9	3
3	6	8	9	5	7	4	2	1
7	9	1	2	4	3	5	8	6
1	3	4	8	9	2	6	5	7
2	5	9	6	7	1	3	4	8
6	8	7	5	3	4	2	1	9
9	4	3	7	8	5	1	6	2
5	1	6	3	2	9	8	7	4
8	7	2	4	1	6	9	3	5

C195

8	1	2	3	7	4	9	6	5
9	6	7	2	5	1	4	8	3
3	5	4	9	8	6	2	7	1
2	7	3	8	9	5	6	1	4
6	9	8	4	1	3	5	2	7
5	4	1	6	2	7	3	9	8
4	2	5	1	6	8	7	3	9
7	8	6	5	3	9	1	4	2
1	3	9	7	4	2	8	5	6

C196

1	4	7	6	8	9	2	3	5
8	9	2	3	4	5	1	6	7
3	5	6	7	2	1	4	9	8
9	6	8	4	1	3	5	7	2
4	2	3	5	6	7	9	8	1
7	1	5	8	9	2	3	4	6
6	3	4	2	5	8	7	1	9
5	8	1	9	7	4	6	2	3
2	7	9	1	3	6	8	5	4

C197

9	1	8	2	4	5	7	6	3
2	7	3	9	6	8	5	1	4
6	5	4	7	1	3	2	8	9
1	6	5	4	8	9	3	2	7
8	4	2	5	3	7	6	9	1
3	9	7	6	2	1	8	4	5
4	3	1	8	5	2	9	7	6
5	2	9	1	7	6	4	3	8
7	8	6	3	9	4	1	5	2

C198

7	8	5	1	2	6	9	4	3
9	6	1	5	4	3	2	7	8
4	3	2	8	9	7	6	1	5
6	2	3	7	5	9	4	8	1
1	4	7	2	6	8	5	3	9
8	5	9	4	3	1	7	6	2
3	7	4	9	1	2	8	5	6
5	9	6	3	8	4	1	2	7
2	1	8	6	7	5	3	9	4

C199

7	3	2	8	9	5	4	6	1
4	9	8	1	6	3	2	7	5
1	6	5	4	2	7	9	8	3
2	8	3	7	5	4	6	1	9
5	7	1	9	8	6	3	4	2
6	4	9	2	3	1	8	5	7
8	5	4	3	1	2	7	9	6
9	2	6	5	7	8	1	3	4
3	1	7	6	4	9	5	2	8

C200

9	3	4	5	1	6	7	2	8
7	8	1	2	3	4	9	6	5
5	6	2	8	9	7	4	1	3
1	5	8	7	6	3	2	9	4
6	9	3	4	8	2	5	7	1
2	4	7	9	5	1	8	3	6
4	2	6	1	7	8	3	5	9
8	1	9	3	2	5	6	4	7
3	7	5	6	4	9	1	8	2

C201

5	3	6	7	8	2	4	9	1
8	4	9	3	1	5	6	2	7
1	7	2	4	6	9	8	3	5
3	8	1	9	5	4	2	7	6
7	2	4	8	3	6	1	5	9
9	6	5	1	2	7	3	4	8
2	1	8	5	9	3	7	6	4
6	9	7	2	4	8	5	1	3
4	5	3	6	7	1	9	8	2

C202

9	1	8	4	5	6	7	3	2
2	3	5	9	8	7	1	4	6
6	4	7	2	3	1	5	8	9
4	5	2	3	7	9	8	6	1
8	7	6	5	1	2	3	9	4
1	9	3	6	4	8	2	7	5
7	2	9	8	6	5	4	1	3
5	8	4	1	9	3	6	2	7
3	6	1	7	2	4	9	5	8

C203

9	8	5	7	3	6	4	1	2
6	1	7	2	9	4	5	3	8
4	2	3	8	1	5	7	6	9
7	9	2	1	4	3	6	8	5
3	5	4	9	6	8	1	2	7
8	6	1	5	7	2	3	9	4
1	4	8	6	5	9	2	7	3
2	3	6	4	8	7	9	5	1
5	7	9	3	2	1	8	4	6

C204

4	5	9	8	2	3	6	7	1
2	7	8	6	5	1	4	9	3
1	3	6	4	9	7	2	8	5
9	1	3	2	7	4	8	5	6
5	2	7	1	6	8	9	3	4
8	6	4	5	3	9	7	1	2
7	8	2	3	4	5	1	6	9
3	4	1	9	8	6	5	2	7
6	9	5	7	1	2	3	4	8

C205

8	7	1	9	2	3	5	6	4
3	2	6	8	4	5	9	1	7
4	5	9	1	7	6	3	2	8
5	9	4	7	3	1	2	8	6
7	3	2	4	6	8	1	5	9
6	1	8	2	5	9	7	4	3
1	4	7	6	9	2	8	3	5
9	8	5	3	1	4	6	7	2
2	6	3	5	8	7	4	9	1

C206

5	3	4	7	2	6	9	1	8
1	7	8	4	5	9	6	2	3
9	6	2	1	3	8	4	5	7
7	1	6	9	4	2	8	3	5
2	9	5	3	8	7	1	4	6
4	8	3	6	1	5	2	7	9
8	5	7	2	6	4	3	9	1
6	4	1	5	9	3	7	8	2
3	2	9	8	7	1	5	6	4

C207

8	5	1	6	2	7	3	4	9
4	6	7	5	3	9	1	2	8
9	3	2	8	4	1	7	5	6
6	7	4	1	8	5	9	3	2
3	1	8	2	9	4	6	7	5
5	2	9	7	6	3	4	8	1
2	4	3	9	5	6	8	1	7
7	9	5	3	1	8	2	6	4
1	8	6	4	7	2	5	9	3

C208

3	7	2	9	4	8	1	6	5
5	9	1	6	7	2	8	3	4
8	6	4	5	1	3	2	7	9
1	5	7	2	8	4	6	9	3
4	2	3	7	9	6	5	1	8
9	8	6	3	5	1	4	2	7
6	4	8	1	3	7	9	5	2
2	3	9	8	6	5	7	4	1
7	1	5	4	2	9	3	8	6

C209

5	1	7	2	6	8	9	3	4
8	3	6	1	4	9	2	7	5
9	2	4	5	3	7	6	8	1
1	4	3	8	2	6	5	9	7
2	7	9	4	5	1	3	6	8
6	8	5	7	9	3	1	4	2
4	6	1	3	7	5	8	2	9
3	5	2	9	8	4	7	1	6
7	9	8	6	1	2	4	5	3

C210

6	9	8	2	5	7	4	3	1
4	7	1	8	3	9	2	6	5
2	5	3	6	1	4	8	9	7
5	3	4	7	2	8	6	1	9
8	6	2	5	9	1	7	4	3
7	1	9	3	4	6	5	2	8
3	4	7	9	8	2	1	5	6
1	8	5	4	6	3	9	7	2
9	2	6	1	7	5	3	8	4

C211

4	3	5	6	2	7	8	1	9
7	9	1	5	4	8	2	3	6
8	6	2	1	3	9	5	4	7
2	8	3	7	1	5	6	9	4
6	1	7	8	9	4	3	5	2
5	4	9	2	6	3	1	7	8
9	5	4	3	8	6	7	2	1
1	7	8	4	5	2	9	6	3
3	2	6	9	7	1	4	8	5

C212

4	8	2	9	6	1	7	5	3
9	3	7	5	4	8	1	6	2
1	6	5	7	2	3	4	8	9
5	1	3	4	8	9	2	7	6
7	2	4	1	3	6	5	9	8
8	9	6	2	7	5	3	1	4
2	7	8	6	1	4	9	3	5
3	4	9	8	5	7	6	2	1
6	5	1	3	9	2	8	4	7

C213

3	2	9	5	6	8	4	1	7
4	7	5	9	1	3	6	8	2
6	1	8	4	2	7	3	9	5
5	8	3	2	7	4	9	6	1
2	6	1	3	9	5	7	4	8
7	9	4	6	8	1	5	2	3
8	5	6	1	3	9	2	7	4
1	4	2	7	5	6	8	3	9
9	3	7	8	4	2	1	5	6

C214

4	6	1	2	7	8	3	5	9
9	5	8	3	1	6	2	7	4
3	7	2	9	5	4	8	1	6
1	3	9	4	8	5	6	2	7
8	4	5	7	6	2	9	3	1
6	2	7	1	3	9	4	8	5
2	8	4	5	9	7	1	6	3
7	9	3	6	2	1	5	4	8
5	1	6	8	4	3	7	9	2

C215

1	7	5	9	4	2	8	6	3
8	4	6	7	5	3	1	2	9
3	9	2	1	6	8	4	5	7
9	5	8	2	7	4	6	3	1
6	2	1	5	3	9	7	8	4
7	3	4	8	1	6	2	9	5
2	1	3	6	9	7	5	4	8
4	8	7	3	2	5	9	1	6
5	6	9	4	8	1	3	7	2

C216

9	3	8	5	2	7	1	4	6
1	2	6	8	3	4	9	5	7
4	5	7	6	9	1	3	2	8
3	1	4	9	5	6	7	8	2
7	8	5	2	4	3	6	9	1
2	6	9	1	7	8	4	3	5
8	4	3	7	6	5	2	1	9
6	9	1	3	8	2	5	7	4
5	7	2	4	1	9	8	6	3

C217

8	5	4	6	2	3	1	7	9
6	1	2	7	9	4	8	3	5
9	3	7	8	5	1	4	6	2
7	2	3	1	6	5	9	8	4
5	4	8	9	3	2	6	1	7
1	6	9	4	8	7	5	2	3
3	7	1	5	4	8	2	9	6
4	8	6	2	7	9	3	5	1
2	9	5	3	1	6	7	4	8

C218

7	1	6	4	9	5	3	2	8
9	3	8	2	6	7	5	1	4
2	4	5	8	1	3	7	9	6
6	8	9	5	3	4	1	7	2
1	5	2	6	7	9	8	4	3
4	7	3	1	8	2	6	5	9
5	6	4	3	2	1	9	8	7
8	9	1	7	4	6	2	3	5
3	2	7	9	5	8	4	6	1

C219

5	3	9	1	4	7	6	8	2
6	8	2	3	5	9	4	1	7
4	1	7	2	8	6	3	5	9
2	7	6	8	3	5	1	9	4
8	9	3	4	7	1	5	2	6
1	5	4	6	9	2	7	3	8
3	4	5	7	2	8	9	6	1
7	2	1	9	6	3	8	4	5
9	6	8	5	1	4	2	7	3

C220

9	7	2	5	1	6	8	3	4
4	3	6	8	2	7	5	9	1
1	8	5	4	9	3	7	6	2
2	9	3	1	6	8	4	5	7
5	4	8	2	7	9	6	1	3
6	1	7	3	5	4	2	8	9
8	6	1	9	4	2	3	7	5
7	5	4	6	3	1	9	2	8
3	2	9	7	8	5	1	4	6

C221

5	2	7	6	9	4	1	3	8
8	1	6	3	7	5	2	9	4
9	4	3	8	2	1	5	7	6
4	5	2	7	8	6	3	1	9
3	6	9	1	4	2	7	8	5
1	7	8	9	5	3	4	6	2
7	9	5	2	3	8	6	4	1
6	8	4	5	1	7	9	2	3
2	3	1	4	6	9	8	5	7

C222

5	8	1	7	6	9	2	4	3
6	3	4	1	2	5	7	8	9
7	9	2	4	8	3	1	5	6
2	6	3	5	7	1	8	9	4
9	4	8	2	3	6	5	1	7
1	5	7	9	4	8	3	6	2
4	2	9	8	5	7	6	3	1
8	1	6	3	9	2	4	7	5
3	7	5	6	1	4	9	2	8

C223

1	7	9	4	2	5	8	3	6
3	8	2	1	6	9	5	4	7
6	5	4	7	8	3	9	2	1
8	9	7	6	5	2	3	1	4
4	6	3	8	9	1	2	7	5
5	2	1	3	7	4	6	8	9
2	1	6	5	3	7	4	9	8
7	3	5	9	4	8	1	6	2
9	4	8	2	1	6	7	5	3

C224

4	3	6	1	2	7	8	5	9
2	9	1	5	3	8	6	7	4
5	7	8	6	4	9	2	3	1
6	8	3	9	5	2	4	1	7
1	5	4	8	7	3	9	2	6
9	2	7	4	1	6	5	8	3
3	4	9	7	8	5	1	6	2
8	6	2	3	9	1	7	4	5
7	1	5	2	6	4	3	9	8

C225

1	6	3	8	7	2	5	4	9
4	9	2	6	1	5	7	8	3
8	7	5	3	4	9	2	1	6
9	3	4	5	6	8	1	2	7
2	5	7	4	9	1	6	3	8
6	8	1	7	2	3	9	5	4
7	2	9	1	8	4	3	6	5
5	1	8	9	3	6	4	7	2
3	4	6	2	5	7	8	9	1

C226

3	6	4	9	7	5	1	2	8
1	5	9	6	8	2	7	4	3
2	8	7	3	1	4	6	9	5
7	3	6	1	9	8	4	5	2
4	1	8	2	5	3	9	7	6
9	2	5	4	6	7	3	8	1
6	4	3	8	2	9	5	1	7
8	7	1	5	4	6	2	3	9
5	9	2	7	3	1	8	6	4

C227

1	5	7	9	3	2	8	6	4
9	4	8	1	6	5	3	2	7
6	2	3	4	8	7	1	9	5
5	6	1	2	9	3	7	4	8
7	3	4	8	1	6	2	5	9
2	8	9	5	7	4	6	3	1
8	7	5	3	2	9	4	1	6
3	9	6	7	4	1	5	8	2
4	1	2	6	5	8	9	7	3

C228

5	6	9	7	2	8	4	1	3
2	1	3	5	6	4	8	7	9
4	8	7	1	9	3	2	6	5
9	4	6	3	5	2	7	8	1
7	3	2	4	8	1	9	5	6
1	5	8	6	7	9	3	2	4
3	7	4	8	1	5	6	9	2
6	9	1	2	3	7	5	4	8
8	2	5	9	4	6	1	3	7

C229

2	6	4	8	1	3	9	7	5
8	5	1	2	9	7	3	6	4
3	7	9	4	6	5	1	2	8
6	3	5	7	4	8	2	9	1
4	8	7	1	2	9	6	5	3
9	1	2	3	5	6	8	4	7
1	9	3	6	7	4	5	8	2
7	2	6	5	8	1	4	3	9
5	4	8	9	3	2	7	1	6

C230

6	1	7	2	3	9	4	8	5
3	9	8	4	5	1	7	6	2
4	2	5	6	7	8	9	3	1
9	4	3	1	2	6	5	7	8
7	6	1	5	8	3	2	9	4
8	5	2	9	4	7	3	1	6
5	3	9	8	1	4	6	2	7
1	7	4	3	6	2	8	5	9
2	8	6	7	9	5	1	4	3

C231

7	9	4	5	2	1	8	6	3
2	1	3	8	7	6	9	5	4
5	8	6	4	3	9	2	1	7
3	4	9	2	6	5	1	7	8
6	5	1	3	8	7	4	9	2
8	2	7	9	1	4	6	3	5
9	3	2	1	5	8	7	4	6
4	7	5	6	9	2	3	8	1
1	6	8	7	4	3	5	2	9

C232

3	5	6	2	8	1	9	7	4
8	9	4	7	3	5	2	6	1
2	7	1	9	6	4	5	3	8
7	8	9	5	4	6	3	1	2
4	3	2	8	1	9	7	5	6
6	1	5	3	2	7	8	4	9
1	2	7	6	5	8	4	9	3
5	6	8	4	9	3	1	2	7
9	4	3	1	7	2	6	8	5

C233

9	7	1	5	3	8	4	6	2
6	3	2	4	7	9	1	8	5
5	8	4	6	1	2	9	3	7
4	9	5	8	2	3	6	7	1
8	2	3	1	6	7	5	4	9
1	6	7	9	4	5	8	2	3
7	4	9	2	8	1	3	5	6
3	1	6	7	5	4	2	9	8
2	5	8	3	9	6	7	1	4

C234

9	4	7	2	5	3	6	1	8
2	3	8	9	1	6	7	4	5
1	5	6	7	8	4	9	2	3
4	6	3	8	2	7	1	5	9
5	2	9	6	4	1	3	8	7
7	8	1	3	9	5	2	6	4
6	7	2	5	3	8	4	9	1
3	1	5	4	6	9	8	7	2
8	9	4	1	7	2	5	3	6

C235

4	6	3	5	1	7	2	9	8
7	1	5	9	8	2	3	4	6
9	2	8	3	6	4	7	1	5
5	7	4	6	3	8	1	2	9
1	3	9	4	2	5	6	8	7
6	8	2	7	9	1	5	3	4
3	5	7	1	4	9	8	6	2
2	9	6	8	5	3	4	7	1
8	4	1	2	7	6	9	5	3

C236

5	1	9	4	7	2	6	8	3
2	4	7	6	8	3	5	9	1
6	8	3	9	5	1	4	7	2
7	9	6	3	1	5	8	2	4
1	5	8	2	4	6	9	3	7
4	3	2	7	9	8	1	6	5
8	6	4	5	2	7	3	1	9
9	7	1	8	3	4	2	5	6
3	2	5	1	6	9	7	4	8

C237

5	8	3	2	4	7	6	1	9
2	7	1	6	9	3	5	4	8
9	4	6	1	8	5	2	7	3
7	1	9	4	3	2	8	6	5
4	5	8	9	1	6	7	3	2
6	3	2	7	5	8	1	9	4
3	9	7	5	2	1	4	8	6
8	6	5	3	7	4	9	2	1
1	2	4	8	6	9	3	5	7

C238

6	9	7	2	3	1	8	4	5
2	3	5	4	8	6	1	7	9
1	4	8	7	9	5	3	2	6
4	6	2	9	7	8	5	1	3
9	8	1	5	2	3	4	6	7
5	7	3	6	1	4	9	8	2
3	5	4	8	6	7	2	9	1
7	1	9	3	4	2	6	5	8
8	2	6	1	5	9	7	3	4

C239

5	4	2	1	6	9	8	3	7
9	3	1	5	8	7	2	4	6
8	6	7	4	2	3	5	9	1
3	2	8	7	5	6	9	1	4
1	5	4	3	9	8	6	7	2
6	7	9	2	4	1	3	8	5
2	1	6	9	3	4	7	5	8
4	9	5	8	7	2	1	6	3
7	8	3	6	1	5	4	2	9

C240

7	8	5	1	6	9	4	2	3
2	1	3	7	4	8	9	5	6
6	4	9	2	5	3	1	8	7
9	2	7	6	3	4	5	1	8
5	6	8	9	1	2	7	3	4
1	3	4	8	7	5	2	6	9
8	5	6	4	2	7	3	9	1
3	7	1	5	9	6	8	4	2
4	9	2	3	8	1	6	7	5

C241

1	5	7	2	3	9	6	4	8
4	8	2	1	6	5	7	9	3
3	9	6	4	8	7	5	1	2
6	1	4	9	2	8	3	5	7
5	7	8	6	4	3	1	2	9
2	3	9	7	5	1	8	6	4
9	6	1	3	7	4	2	8	5
8	4	3	5	1	2	9	7	6
7	2	5	8	9	6	4	3	1

C242

3	4	6	9	2	8	5	7	1
7	2	9	1	5	6	8	3	4
1	8	5	7	3	4	9	6	2
9	6	1	3	7	2	4	5	8
4	3	8	5	6	9	1	2	7
5	7	2	4	8	1	3	9	6
2	1	3	8	9	7	6	4	5
8	5	7	6	4	3	2	1	9
6	9	4	2	1	5	7	8	3

C243

3	1	2	9	8	7	4	5	6
6	7	8	2	5	4	9	3	1
4	5	9	3	1	6	8	2	7
7	2	6	5	4	1	3	9	8
8	3	5	6	2	9	1	7	4
1	9	4	7	3	8	5	6	2
9	4	3	8	6	2	7	1	5
5	6	1	4	7	3	2	8	9
2	8	7	1	9	5	6	4	3

C244

8	2	3	1	6	7	5	4	9
9	4	6	8	2	5	3	1	7
1	7	5	4	3	9	2	8	6
3	6	9	2	7	8	4	5	1
2	1	7	5	4	3	9	6	8
5	8	4	6	9	1	7	2	3
4	9	2	3	1	6	8	7	5
7	5	1	9	8	4	6	3	2
6	3	8	7	5	2	1	9	4

C245

8	7	2	6	3	9	5	4	1
3	9	1	7	5	4	8	6	2
5	6	4	2	1	8	3	7	9
4	5	7	3	8	2	9	1	6
1	2	3	9	6	5	4	8	7
9	8	6	1	4	7	2	5	3
2	1	8	5	9	6	7	3	4
7	3	5	4	2	1	6	9	8
6	4	9	8	7	3	1	2	5

C246

5	9	7	3	4	8	2	1	6
4	2	1	9	6	7	3	8	5
3	8	6	2	1	5	9	7	4
9	3	5	6	7	1	8	4	2
2	7	8	5	3	4	6	9	1
1	6	4	8	9	2	5	3	7
8	4	2	1	5	9	7	6	3
6	1	9	7	2	3	4	5	8
7	5	3	4	8	6	1	2	9

C247

2	7	6	9	8	3	4	1	5
3	1	5	7	4	6	8	2	9
8	4	9	1	5	2	3	6	7
4	9	2	3	6	7	5	8	1
7	8	3	5	9	1	2	4	6
5	6	1	8	2	4	9	7	3
1	2	8	6	3	5	7	9	4
9	3	7	4	1	8	6	5	2
6	5	4	2	7	9	1	3	8

C248

9	7	1	2	8	4	3	5	6
6	3	2	9	7	5	4	8	1
8	5	4	1	6	3	7	2	9
2	9	3	7	4	6	5	1	8
7	6	5	3	1	8	2	9	4
4	1	8	5	9	2	6	3	7
1	2	9	4	5	7	8	6	3
3	8	7	6	2	1	9	4	5
5	4	6	8	3	9	1	7	2

C249

7	6	1	4	9	8	2	5	3
2	3	8	1	7	5	9	4	6
4	9	5	2	6	3	1	8	7
9	7	3	5	8	6	4	2	1
8	4	2	3	1	9	7	6	5
1	5	6	7	2	4	3	9	8
6	2	4	8	3	1	5	7	9
3	8	7	9	5	2	6	1	4
5	1	9	6	4	7	8	3	2

C250

7	1	3	8	2	5	9	6	4
5	8	4	3	9	6	2	7	1
9	6	2	1	4	7	5	3	8
6	2	5	4	1	3	7	8	9
8	4	1	7	5	9	3	2	6
3	7	9	6	8	2	1	4	5
2	5	6	9	7	8	4	1	3
1	3	7	5	6	4	8	9	2
4	9	8	2	3	1	6	5	7

C251

7	4	1	6	2	5	9	3	8
2	9	8	3	1	4	5	6	7
5	6	3	8	7	9	2	4	1
9	1	6	7	5	2	3	8	4
4	3	7	9	8	6	1	2	5
8	2	5	1	4	3	7	9	6
3	5	4	2	6	7	8	1	9
1	7	9	4	3	8	6	5	2
6	8	2	5	9	1	4	7	3

C252

4	1	8	9	7	6	3	5	2
6	2	7	3	1	5	9	4	8
9	5	3	8	2	4	7	6	1
1	7	5	4	9	8	2	3	6
2	6	4	5	3	7	1	8	9
8	3	9	2	6	1	5	7	4
5	9	6	7	8	2	4	1	3
3	4	1	6	5	9	8	2	7
7	8	2	1	4	3	6	9	5

C253

7	1	4	8	9	6	2	5	3
3	9	2	5	7	1	4	8	6
6	5	8	2	4	3	7	1	9
1	4	7	3	6	8	9	2	5
2	6	9	7	1	5	8	3	4
8	3	5	9	2	4	6	7	1
5	2	3	4	8	9	1	6	7
4	7	6	1	5	2	3	9	8
9	8	1	6	3	7	5	4	2

C254

8	5	2	4	7	3	1	9	6
4	9	3	6	5	1	8	2	7
1	6	7	8	2	9	5	3	4
2	3	5	1	8	4	6	7	9
6	8	4	7	9	5	3	1	2
9	7	1	2	3	6	4	8	5
3	2	6	9	4	8	7	5	1
5	4	9	3	1	7	2	6	8
7	1	8	5	6	2	9	4	3

C255

8	7	3	1	9	6	2	5	4
2	5	4	3	7	8	6	9	1
6	9	1	5	2	4	3	7	8
9	1	8	6	3	5	4	2	7
3	2	5	7	4	1	8	6	9
7	4	6	2	8	9	1	3	5
1	3	2	8	5	7	9	4	6
5	6	9	4	1	3	7	8	2
4	8	7	9	6	2	5	1	3

C256

3	6	7	8	4	1	5	2	9
1	4	9	2	5	7	3	8	6
8	5	2	9	3	6	7	1	4
5	8	6	4	7	2	1	9	3
7	1	4	3	9	5	8	6	2
2	9	3	1	6	8	4	5	7
6	2	8	7	1	3	9	4	5
9	7	5	6	8	4	2	3	1
4	3	1	5	2	9	6	7	8

C257

9	7	3	8	6	5	2	1	4
2	5	1	4	3	7	8	6	9
6	4	8	2	9	1	5	3	7
8	3	2	6	4	9	1	7	5
7	1	6	5	2	3	9	4	8
4	9	5	1	7	8	6	2	3
3	8	4	9	1	6	7	5	2
1	2	9	7	5	4	3	8	6
5	6	7	3	8	2	4	9	1

C258

5	6	7	9	2	8	4	1	3
8	4	1	3	5	7	2	6	9
2	9	3	4	6	1	5	8	7
1	8	9	5	4	3	6	7	2
7	3	2	1	8	6	9	4	5
6	5	4	2	7	9	8	3	1
9	7	5	8	3	4	1	2	6
3	1	8	6	9	2	7	5	4
4	2	6	7	1	5	3	9	8

C259

3	6	5	7	1	2	9	8	4
1	9	7	4	8	3	6	5	2
8	2	4	6	9	5	1	3	7
9	5	8	1	7	6	4	2	3
4	1	6	2	3	8	5	7	9
2	7	3	9	5	4	8	6	1
5	8	2	3	4	9	7	1	6
6	4	1	8	2	7	3	9	5
7	3	9	5	6	1	2	4	8

C260

1	2	3	9	4	5	7	6	8
9	7	5	2	8	6	3	1	4
4	6	8	7	1	3	5	9	2
8	9	4	5	6	7	2	3	1
5	3	7	4	2	1	9	8	6
6	1	2	3	9	8	4	5	7
3	5	1	6	7	2	8	4	9
7	8	9	1	5	4	6	2	3
2	4	6	8	3	9	1	7	5

C261

3	8	7	5	2	4	9	6	1
5	9	2	8	6	1	7	3	4
1	6	4	3	9	7	2	5	8
8	4	1	2	3	6	5	9	7
2	7	6	9	4	5	1	8	3
9	5	3	7	1	8	4	2	6
4	2	9	1	8	3	6	7	5
7	1	8	6	5	9	3	4	2
6	3	5	4	7	2	8	1	9

C262

7	8	3	6	5	2	9	1	4
4	1	6	7	3	9	5	2	8
5	9	2	1	8	4	3	7	6
9	6	4	5	2	7	8	3	1
8	2	5	3	6	1	4	9	7
1	3	7	4	9	8	2	6	5
3	7	1	9	4	5	6	8	2
6	4	8	2	7	3	1	5	9
2	5	9	8	1	6	7	4	3

C263

2	9	5	7	1	8	6	3	4
8	4	1	2	6	3	9	5	7
6	7	3	5	9	4	1	2	8
4	5	6	9	3	1	8	7	2
1	3	7	4	8	2	5	9	6
9	2	8	6	7	5	4	1	3
7	8	2	1	4	9	3	6	5
5	1	4	3	2	6	7	8	9
3	6	9	8	5	7	2	4	1

C264

4	5	2	9	3	7	6	8	1
6	1	7	4	8	2	5	9	3
3	9	8	6	5	1	2	4	7
7	8	1	3	9	5	4	6	2
2	3	9	1	6	4	7	5	8
5	4	6	2	7	8	1	3	9
9	2	3	7	4	6	8	1	5
8	7	4	5	1	3	9	2	6
1	6	5	8	2	9	3	7	4

C265

7	4	9	8	6	3	2	5	1
1	6	8	2	4	5	9	3	7
5	3	2	7	9	1	8	4	6
3	9	6	1	7	4	5	2	8
8	1	4	5	2	6	3	7	9
2	7	5	9	3	8	1	6	4
9	5	3	4	8	7	6	1	2
4	8	1	6	5	2	7	9	3
6	2	7	3	1	9	4	8	5

C266

5	6	9	2	8	4	7	1	3
2	3	4	5	7	1	6	8	9
8	7	1	6	9	3	5	4	2
9	8	6	3	4	7	2	5	1
4	1	7	9	2	5	3	6	8
3	5	2	1	6	8	9	7	4
7	2	3	4	1	6	8	9	5
1	9	8	7	5	2	4	3	6
6	4	5	8	3	9	1	2	7

C267

1	2	7	5	8	6	4	3	9
8	9	6	2	4	3	1	7	5
5	4	3	9	1	7	8	2	6
9	7	2	4	6	5	3	1	8
4	6	1	8	3	2	5	9	7
3	8	5	7	9	1	6	4	2
2	1	9	6	5	4	7	8	3
6	3	8	1	7	9	2	5	4
7	5	4	3	2	8	9	6	1

C268

4	8	9	7	1	6	2	5	3
6	2	5	3	9	8	1	7	4
3	1	7	2	4	5	6	9	8
5	9	1	6	8	3	7	4	2
7	6	3	9	2	4	5	8	1
2	4	8	1	5	7	9	3	6
9	7	2	8	3	1	4	6	5
1	3	4	5	6	9	8	2	7
8	5	6	4	7	2	3	1	9

C269

1	5	3	7	9	2	6	8	4
7	9	4	6	8	5	2	3	1
2	6	8	3	4	1	7	5	9
3	4	5	9	2	7	8	1	6
9	1	2	8	5	6	4	7	3
6	8	7	4	1	3	9	2	5
5	7	6	2	3	4	1	9	8
4	3	9	1	7	8	5	6	2
8	2	1	5	6	9	3	4	7

C270

6	2	5	1	8	4	9	7	3
1	9	8	3	7	6	4	5	2
4	3	7	2	5	9	8	1	6
5	8	3	4	6	1	2	9	7
2	7	4	8	9	5	3	6	1
9	6	1	7	3	2	5	8	4
3	1	9	6	4	8	7	2	5
8	4	6	5	2	7	1	3	9
7	5	2	9	1	3	6	4	8

C271

5	9	6	7	4	3	8	2	1
7	3	8	6	1	2	4	9	5
2	4	1	5	8	9	6	3	7
6	8	5	9	3	1	2	7	4
3	1	4	2	6	7	5	8	9
9	2	7	4	5	8	1	6	3
8	7	9	1	2	4	3	5	6
1	5	3	8	7	6	9	4	2
4	6	2	3	9	5	7	1	8

C272

8	9	2	4	1	7	3	5	6
1	7	6	9	5	3	8	2	4
3	5	4	8	6	2	7	1	9
9	3	1	7	2	5	6	4	8
4	2	8	6	3	9	5	7	1
7	6	5	1	4	8	2	9	3
2	8	7	3	9	1	4	6	5
6	1	3	5	7	4	9	8	2
5	4	9	2	8	6	1	3	7

C273

1	8	5	3	6	2	7	4	9
6	2	4	9	1	7	3	5	8
7	9	3	5	8	4	1	2	6
5	3	2	8	4	9	6	1	7
4	6	7	1	5	3	8	9	2
8	1	9	2	7	6	5	3	4
2	7	8	4	3	1	9	6	5
9	5	1	6	2	8	4	7	3
3	4	6	7	9	5	2	8	1

C274

1	3	5	7	2	6	9	8	4
8	2	4	3	5	9	6	1	7
6	7	9	4	8	1	3	5	2
2	4	6	5	9	8	7	3	1
7	5	3	1	4	2	8	9	6
9	1	8	6	7	3	4	2	5
4	8	7	2	3	5	1	6	9
3	6	2	9	1	7	5	4	8
5	9	1	8	6	4	2	7	3

C275

1	8	6	9	2	5	4	3	7
2	5	3	4	7	6	1	8	9
4	7	9	3	8	1	5	6	2
9	1	4	6	3	2	8	7	5
3	2	8	5	9	7	6	4	1
5	6	7	8	1	4	2	9	3
6	4	1	7	5	9	3	2	8
7	3	2	1	6	8	9	5	4
8	9	5	2	4	3	7	1	6

C276

3	6	7	8	2	4	9	1	5
5	4	8	1	9	6	3	7	2
2	9	1	3	7	5	8	6	4
8	3	6	4	5	7	2	9	1
4	7	9	2	1	3	5	8	6
1	2	5	6	8	9	4	3	7
9	1	3	7	4	2	6	5	8
6	8	4	5	3	1	7	2	9
7	5	2	9	6	8	1	4	3

C277

5	8	9	2	7	6	3	1	4
1	7	3	9	8	4	6	5	2
6	2	4	3	1	5	9	8	7
2	5	6	8	4	3	7	9	1
3	4	7	1	9	2	5	6	8
9	1	8	5	6	7	4	2	3
7	9	5	4	2	8	1	3	6
4	3	2	6	5	1	8	7	9
8	6	1	7	3	9	2	4	5

C278

7	9	2	6	5	4	3	1	8
5	6	8	3	1	9	7	4	2
4	1	3	8	7	2	5	9	6
8	3	7	2	4	6	1	5	9
2	4	1	5	9	3	8	6	7
9	5	6	7	8	1	2	3	4
6	8	5	4	3	7	9	2	1
3	2	9	1	6	8	4	7	5
1	7	4	9	2	5	6	8	3

C279

4	5	6	7	3	1	8	9	2
2	9	3	4	6	8	5	1	7
7	8	1	9	2	5	3	4	6
9	1	7	3	5	6	4	2	8
3	6	5	2	8	4	1	7	9
8	4	2	1	9	7	6	5	3
6	7	8	5	1	2	9	3	4
5	2	9	8	4	3	7	6	1
1	3	4	6	7	9	2	8	5

C280

8	9	5	3	7	2	4	6	1
6	2	7	4	5	1	9	8	3
1	3	4	8	6	9	7	5	2
4	5	1	2	3	6	8	7	9
3	7	6	9	8	4	1	2	5
9	8	2	7	1	5	6	3	4
2	4	8	5	9	7	3	1	6
5	6	3	1	4	8	2	9	7
7	1	9	6	2	3	5	4	8

C281

9	8	7	6	4	2	1	5	3
5	3	6	1	7	8	9	4	2
2	1	4	5	3	9	8	6	7
3	5	8	4	1	7	2	9	6
4	7	2	9	8	6	3	1	5
1	6	9	3	2	5	7	8	4
6	9	1	7	5	3	4	2	8
7	2	5	8	9	4	6	3	1
8	4	3	2	6	1	5	7	9

C282

8	2	5	4	6	7	9	1	3
6	4	3	9	1	8	2	5	7
9	1	7	2	3	5	6	4	8
5	9	1	7	8	4	3	6	2
3	6	2	1	5	9	8	7	4
7	8	4	6	2	3	1	9	5
2	3	9	5	7	1	4	8	6
4	5	6	8	9	2	7	3	1
1	7	8	3	4	6	5	2	9

C283

8	1	6	5	9	2	4	7	3
7	3	5	4	6	1	8	2	9
9	4	2	3	7	8	1	5	6
5	9	1	2	3	4	7	6	8
3	6	7	8	1	9	2	4	5
2	8	4	7	5	6	9	3	1
4	2	3	1	8	5	6	9	7
1	7	9	6	2	3	5	8	4
6	5	8	9	4	7	3	1	2

C284

3	8	6	9	7	4	2	1	5
1	4	5	2	8	3	7	9	6
7	9	2	6	1	5	4	3	8
2	1	8	3	5	9	6	4	7
5	7	3	1	4	6	8	2	9
9	6	4	8	2	7	3	5	1
6	2	9	7	3	1	5	8	4
4	3	1	5	6	8	9	7	2
8	5	7	4	9	2	1	6	3

C285

4	7	2	5	1	8	6	9	3
9	3	5	2	4	6	8	1	7
6	8	1	9	7	3	5	2	4
5	6	3	1	8	4	9	7	2
1	4	8	7	2	9	3	5	6
2	9	7	6	3	5	1	4	8
8	5	9	4	6	2	7	3	1
3	1	4	8	5	7	2	6	9
7	2	6	3	9	1	4	8	5

C286

7	4	3	9	8	6	5	1	2
1	6	2	4	5	7	8	3	9
8	9	5	2	3	1	7	6	4
5	2	4	1	7	9	6	8	3
6	3	1	5	4	8	9	2	7
9	7	8	6	2	3	1	4	5
2	8	9	3	6	5	4	7	1
3	1	6	7	9	4	2	5	8
4	5	7	8	1	2	3	9	6

C287

4	7	5	2	6	1	3	9	8
3	6	8	5	9	7	2	4	1
1	2	9	4	8	3	6	5	7
6	9	4	7	1	2	5	8	3
8	3	1	6	5	9	7	2	4
2	5	7	8	3	4	1	6	9
5	1	6	3	4	8	9	7	2
9	4	2	1	7	6	8	3	5
7	8	3	9	2	5	4	1	6

C288

8	1	9	5	7	3	2	4	6
2	6	5	1	4	8	9	3	7
7	3	4	2	9	6	8	5	1
9	4	7	8	6	5	3	1	2
6	2	3	9	1	4	5	7	8
5	8	1	7	3	2	6	9	4
3	5	2	4	8	7	1	6	9
4	9	8	6	5	1	7	2	3
1	7	6	3	2	9	4	8	5

C289

4	7	9	2	6	5	8	1	3
5	1	8	3	7	4	6	2	9
3	6	2	1	9	8	5	7	4
6	4	7	5	8	9	2	3	1
2	9	1	6	4	3	7	8	5
8	3	5	7	2	1	4	9	6
7	2	3	9	5	6	1	4	8
1	8	6	4	3	7	9	5	2
9	5	4	8	1	2	3	6	7

C290

4	6	8	5	7	9	2	1	3
1	9	5	2	6	3	8	4	7
7	3	2	4	1	8	9	6	5
8	1	3	7	5	2	6	9	4
9	2	7	6	3	4	1	5	8
5	4	6	8	9	1	7	3	2
6	5	9	3	2	7	4	8	1
3	7	4	1	8	6	5	2	9
2	8	1	9	4	5	3	7	6

C291

2	5	6	7	8	1	9	3	4
3	9	4	2	5	6	7	8	1
7	8	1	9	4	3	2	5	6
6	3	5	8	1	2	4	9	7
9	1	7	4	6	5	3	2	8
4	2	8	3	7	9	1	6	5
5	6	2	1	3	4	8	7	9
1	7	3	5	9	8	6	4	2
8	4	9	6	2	7	5	1	3

C292

4	2	6	7	3	8	9	5	1
3	8	9	2	5	1	6	4	7
1	5	7	6	9	4	8	2	3
5	9	2	4	8	7	1	3	6
7	3	1	9	2	6	4	8	5
8	6	4	3	1	5	2	7	9
2	1	3	5	4	9	7	6	8
6	4	8	1	7	3	5	9	2
9	7	5	8	6	2	3	1	4

C293

6	9	5	4	2	1	3	7	8
4	2	8	3	9	7	5	1	6
7	3	1	5	6	8	4	2	9
8	1	4	9	7	5	2	6	3
2	7	9	6	4	3	8	5	1
5	6	3	1	8	2	9	4	7
9	5	7	8	1	4	6	3	2
3	8	2	7	5	6	1	9	4
1	4	6	2	3	9	7	8	5

C294

9	4	2	5	3	1	7	8	6
5	7	8	4	2	6	9	1	3
1	6	3	8	7	9	5	2	4
2	9	1	6	4	3	8	5	7
6	8	7	1	5	2	4	3	9
4	3	5	9	8	7	1	6	2
8	5	6	2	9	4	3	7	1
7	1	4	3	6	8	2	9	5
3	2	9	7	1	5	6	4	8

C295

7	9	4	5	8	1	3	2	6
3	1	5	2	9	6	8	7	4
2	6	8	7	4	3	1	9	5
5	2	1	4	3	9	6	8	7
8	3	9	6	5	7	2	4	1
4	7	6	1	2	8	9	5	3
6	5	3	9	7	2	4	1	8
9	8	7	3	1	4	5	6	2
1	4	2	8	6	5	7	3	9

C296

8	2	1	5	7	6	3	4	9
9	6	7	4	1	3	2	8	5
3	4	5	2	9	8	7	1	6
6	9	3	8	4	7	1	5	2
7	1	4	9	5	2	6	3	8
2	5	8	3	6	1	4	9	7
5	3	6	1	2	9	8	7	4
4	8	2	7	3	5	9	6	1
1	7	9	6	8	4	5	2	3

C297

6	9	5	4	3	7	2	1	8
8	1	7	6	2	9	3	5	4
4	2	3	5	8	1	9	6	7
9	5	4	7	1	3	8	2	6
7	8	2	9	6	4	1	3	5
1	3	6	8	5	2	7	4	9
2	7	9	3	4	6	5	8	1
5	4	1	2	9	8	6	7	3
3	6	8	1	7	5	4	9	2

C298

5	4	2	8	3	9	7	1	6
6	8	9	1	7	4	3	5	2
1	7	3	2	5	6	4	9	8
3	1	6	9	8	7	5	2	4
7	2	8	4	1	5	9	6	3
9	5	4	3	6	2	1	8	7
2	3	5	6	4	1	8	7	9
8	9	7	5	2	3	6	4	1
4	6	1	7	9	8	2	3	5

C299

6	3	5	9	4	2	7	8	1
8	4	1	7	3	6	5	2	9
9	7	2	1	5	8	4	3	6
5	6	7	8	2	4	1	9	3
1	2	3	5	9	7	8	6	4
4	8	9	6	1	3	2	7	5
3	5	6	2	8	1	9	4	7
2	9	4	3	7	5	6	1	8
7	1	8	4	6	9	3	5	2

C300

7	4	5	2	8	1	3	6	9
3	8	2	6	7	9	5	4	1
9	1	6	3	5	4	2	7	8
5	6	8	1	3	7	9	2	4
1	3	9	4	2	8	7	5	6
2	7	4	5	9	6	8	1	3
8	5	1	9	6	2	4	3	7
6	9	3	7	4	5	1	8	2
4	2	7	8	1	3	6	9	5

D001

2	4	6	8	3	5	1	9	7
3	1	9	2	7	4	8	6	5
5	8	7	1	6	9	2	4	3
9	3	1	5	2	8	6	7	4
6	5	2	3	4	7	9	8	1
4	7	8	6	9	1	5	3	2
7	6	4	9	5	2	3	1	8
8	2	3	7	1	6	4	5	9
1	9	5	4	8	3	7	2	6

D002

1	3	2	5	8	6	7	9	4
4	8	9	1	2	7	5	6	3
7	5	6	3	9	4	8	2	1
6	9	7	2	4	5	3	1	8
2	1	3	9	7	8	6	4	5
8	4	5	6	3	1	2	7	9
5	7	8	4	6	9	1	3	2
9	2	1	7	5	3	4	8	6
3	6	4	8	1	2	9	5	7

D003

3	5	7	8	1	4	2	6	9
2	6	8	7	3	9	4	1	5
9	1	4	5	6	2	8	3	7
1	4	9	3	2	7	5	8	6
8	2	5	1	9	6	7	4	3
7	3	6	4	5	8	1	9	2
5	7	3	9	4	1	6	2	8
4	9	2	6	8	5	3	7	1
6	8	1	2	7	3	9	5	4

D004

1	4	6	8	9	5	3	2	7
9	2	5	7	3	1	4	6	8
8	3	7	4	2	6	5	9	1
2	6	3	9	5	7	8	1	4
5	8	1	6	4	2	7	3	9
4	7	9	3	1	8	6	5	2
7	5	8	1	6	9	2	4	3
3	9	2	5	8	4	1	7	6
6	1	4	2	7	3	9	8	5

D005

6	5	8	3	1	7	4	9	2
4	1	7	2	8	9	5	6	3
3	9	2	4	5	6	1	7	8
8	2	4	5	6	3	9	1	7
1	6	9	7	2	8	3	5	4
7	3	5	9	4	1	8	2	6
5	4	6	8	9	2	7	3	1
9	7	1	6	3	4	2	8	5
2	8	3	1	7	5	6	4	9

D006

7	4	9	2	6	3	1	5	8
1	3	5	8	4	9	6	2	7
2	8	6	1	5	7	9	4	3
6	9	8	3	1	2	5	7	4
3	2	7	4	9	5	8	1	6
4	5	1	6	7	8	3	9	2
9	6	3	5	2	4	7	8	1
5	1	2	7	8	6	4	3	9
8	7	4	9	3	1	2	6	5

D007

1	8	4	9	5	2	3	7	6
9	5	7	1	6	3	2	4	8
6	2	3	4	8	7	5	1	9
3	9	8	5	4	1	7	6	2
4	6	2	3	7	8	1	9	5
7	1	5	2	9	6	4	8	3
8	4	6	7	2	5	9	3	1
5	7	1	8	3	9	6	2	4
2	3	9	6	1	4	8	5	7

D008

3	7	2	5	8	4	6	1	9
9	6	4	1	7	2	3	8	5
1	5	8	6	3	9	4	7	2
5	1	6	8	2	3	7	9	4
4	8	9	7	1	6	2	5	3
7	2	3	4	9	5	8	6	1
2	3	5	9	6	8	1	4	7
8	9	1	2	4	7	5	3	6
6	4	7	3	5	1	9	2	8

D009

1	4	9	7	6	2	8	5	3
5	8	3	4	9	1	2	7	6
6	2	7	8	3	5	9	4	1
4	6	8	5	2	7	1	3	9
9	3	1	6	8	4	5	2	7
7	5	2	9	1	3	4	6	8
3	1	5	2	7	9	6	8	4
8	7	4	1	5	6	3	9	2
2	9	6	3	4	8	7	1	5

D010

2	1	6	7	4	9	3	8	5
8	7	5	6	2	3	9	4	1
3	9	4	1	5	8	7	2	6
6	8	3	4	1	7	5	9	2
4	2	7	9	3	5	1	6	8
9	5	1	2	8	6	4	7	3
1	6	8	5	9	4	2	3	7
5	3	9	8	7	2	6	1	4
7	4	2	3	6	1	8	5	9

D011

7	9	8	2	1	3	6	4	5
6	3	1	5	8	4	9	2	7
4	5	2	9	6	7	8	1	3
5	1	9	8	4	2	3	7	6
8	7	4	1	3	6	2	5	9
3	2	6	7	9	5	4	8	1
1	6	7	4	2	9	5	3	8
9	4	5	3	7	8	1	6	2
2	8	3	6	5	1	7	9	4

D012

6	8	7	4	1	9	3	2	5
9	3	2	6	8	5	1	4	7
4	1	5	3	7	2	8	9	6
7	5	8	1	2	3	4	6	9
1	6	9	8	4	7	5	3	2
2	4	3	9	5	6	7	8	1
5	7	6	2	3	8	9	1	4
8	2	4	5	9	1	6	7	3
3	9	1	7	6	4	2	5	8

D013

7	4	5	1	3	8	6	2	9
3	6	2	9	4	5	8	1	7
9	1	8	6	2	7	5	4	3
5	2	9	3	7	6	1	8	4
1	3	6	8	5	4	9	7	2
4	8	7	2	9	1	3	6	5
8	5	4	7	1	9	2	3	6
6	9	3	4	8	2	7	5	1
2	7	1	5	6	3	4	9	8

D014

5	7	4	6	9	1	3	2	8
8	1	6	7	2	3	9	4	5
9	2	3	5	4	8	6	1	7
2	3	5	8	1	7	4	6	9
7	6	8	9	3	4	1	5	2
1	4	9	2	5	6	8	7	3
6	5	2	1	8	9	7	3	4
3	8	1	4	7	2	5	9	6
4	9	7	3	6	5	2	8	1

D015

1	5	9	8	3	2	4	7	6
8	4	3	7	6	1	5	9	2
2	6	7	4	9	5	1	3	8
5	3	4	2	8	7	6	1	9
9	7	2	6	1	3	8	5	4
6	8	1	5	4	9	7	2	3
7	9	8	1	2	6	3	4	5
3	1	6	9	5	4	2	8	7
4	2	5	3	7	8	9	6	1

D016

6	8	9	2	7	4	1	5	3
7	1	2	3	5	8	4	6	9
5	4	3	9	1	6	8	2	7
4	3	5	1	8	9	6	7	2
8	2	6	7	3	5	9	1	4
1	9	7	4	6	2	5	3	8
9	5	8	6	2	3	7	4	1
3	7	4	5	9	1	2	8	6
2	6	1	8	4	7	3	9	5

D017

1	9	8	6	3	5	4	2	7
3	2	7	4	1	9	6	5	8
6	4	5	7	8	2	3	9	1
7	1	2	5	6	8	9	4	3
4	6	9	2	7	3	1	8	5
5	8	3	9	4	1	7	6	2
2	5	6	1	9	7	8	3	4
9	3	1	8	5	4	2	7	6
8	7	4	3	2	6	5	1	9

D018

3	1	4	8	9	5	7	2	6
8	5	7	6	2	4	9	1	3
2	9	6	7	3	1	8	4	5
1	8	2	5	7	9	6	3	4
6	4	9	3	1	8	2	5	7
7	3	5	4	6	2	1	8	9
5	6	8	2	4	7	3	9	1
9	2	3	1	5	6	4	7	8
4	7	1	9	8	3	5	6	2

D019

4	6	7	9	2	1	5	8	3
5	9	1	7	8	3	2	6	4
2	8	3	5	4	6	9	1	7
7	2	8	4	9	5	6	3	1
3	1	5	6	7	8	4	2	9
9	4	6	1	3	2	7	5	8
1	3	4	2	5	9	8	7	6
6	7	2	8	1	4	3	9	5
8	5	9	3	6	7	1	4	2

D020

9	1	5	6	7	4	2	3	8
4	8	7	1	2	3	9	5	6
6	2	3	9	5	8	4	1	7
8	3	1	5	4	6	7	2	9
7	4	9	3	1	2	6	8	5
5	6	2	8	9	7	3	4	1
1	7	6	2	3	5	8	9	4
2	9	4	7	8	1	5	6	3
3	5	8	4	6	9	1	7	2

D021

1	8	2	3	7	6	9	5	4
7	3	9	1	5	4	8	6	2
5	6	4	9	2	8	7	1	3
6	2	1	5	9	7	4	3	8
8	7	3	4	6	2	1	9	5
9	4	5	8	3	1	6	2	7
2	5	6	7	8	9	3	4	1
4	9	8	2	1	3	5	7	6
3	1	7	6	4	5	2	8	9

D022

7	5	4	9	1	8	6	2	3
8	6	9	2	4	3	1	7	5
1	2	3	5	7	6	4	9	8
4	9	2	6	5	1	3	8	7
5	1	7	3	8	4	2	6	9
6	3	8	7	2	9	5	4	1
2	8	5	4	3	7	9	1	6
3	7	6	1	9	2	8	5	4
9	4	1	8	6	5	7	3	2

D023

1	4	7	6	5	3	2	8	9
2	8	5	1	9	7	3	4	6
9	3	6	8	2	4	5	1	7
3	2	1	7	4	5	9	6	8
8	7	9	3	1	6	4	5	2
5	6	4	9	8	2	1	7	3
6	9	3	5	7	1	8	2	4
7	5	2	4	3	8	6	9	1
4	1	8	2	6	9	7	3	5

D024

3	4	5	9	7	8	2	6	1
6	9	8	2	1	4	5	7	3
7	1	2	3	5	6	9	4	8
4	5	6	7	9	1	3	8	2
2	8	7	6	3	5	1	9	4
9	3	1	4	8	2	7	5	6
1	7	3	8	4	9	6	2	5
8	6	9	5	2	3	4	1	7
5	2	4	1	6	7	8	3	9

D025

1	6	7	4	8	3	2	9	5
9	5	3	2	7	1	4	8	6
2	4	8	6	9	5	3	1	7
6	9	2	3	5	7	8	4	1
8	7	4	1	6	9	5	2	3
3	1	5	8	4	2	7	6	9
4	3	9	5	1	8	6	7	2
7	2	6	9	3	4	1	5	8
5	8	1	7	2	6	9	3	4

D026

6	8	7	1	3	9	4	2	5
9	5	3	7	4	2	1	6	8
4	1	2	5	8	6	3	9	7
8	6	1	3	2	7	9	5	4
3	7	4	9	5	8	6	1	2
2	9	5	6	1	4	8	7	3
1	3	6	4	7	5	2	8	9
5	4	8	2	9	1	7	3	6
7	2	9	8	6	3	5	4	1

D027

7	1	8	6	9	2	3	5	4
9	5	2	7	3	4	1	8	6
6	3	4	8	5	1	9	2	7
8	9	3	4	1	6	5	7	2
2	6	1	5	7	9	4	3	8
4	7	5	2	8	3	6	9	1
3	8	7	1	6	5	2	4	9
5	4	6	9	2	7	8	1	3
1	2	9	3	4	8	7	6	5

D028

8	6	3	7	2	5	4	9	1
2	1	7	4	9	6	3	8	5
9	4	5	8	1	3	6	2	7
6	9	2	3	4	1	5	7	8
3	5	8	9	6	7	1	4	2
4	7	1	2	5	8	9	6	3
5	8	9	6	3	2	7	1	4
1	2	6	5	7	4	8	3	9
7	3	4	1	8	9	2	5	6

D029

2	1	7	9	3	5	8	6	4
9	6	8	4	2	1	5	3	7
4	5	3	7	8	6	1	9	2
5	9	2	3	4	7	6	1	8
8	4	6	2	1	9	7	5	3
7	3	1	6	5	8	4	2	9
6	2	5	8	7	3	9	4	1
3	7	9	1	6	4	2	8	5
1	8	4	5	9	2	3	7	6

D030

6	8	1	4	9	3	7	2	5
5	3	7	8	2	6	9	4	1
2	4	9	1	5	7	3	8	6
3	7	2	5	8	1	4	6	9
8	5	4	2	6	9	1	3	7
1	9	6	3	7	4	2	5	8
9	1	3	6	4	8	5	7	2
4	6	5	7	1	2	8	9	3
7	2	8	9	3	5	6	1	4

D031

5	2	3	7	1	4	8	9	6
1	7	8	2	9	6	5	3	4
6	9	4	3	5	8	2	7	1
3	4	9	5	8	2	1	6	7
2	8	6	1	4	7	9	5	3
7	5	1	9	6	3	4	2	8
4	1	5	6	7	9	3	8	2
9	6	2	8	3	1	7	4	5
8	3	7	4	2	5	6	1	9

D032

1	7	8	5	2	9	3	6	4
5	4	6	7	3	8	9	1	2
2	9	3	6	1	4	5	8	7
7	1	2	8	4	3	6	5	9
3	6	5	1	9	7	4	2	8
4	8	9	2	5	6	7	3	1
9	2	1	3	7	5	8	4	6
8	3	7	4	6	1	2	9	5
6	5	4	9	8	2	1	7	3

D033

8	5	7	2	6	3	4	9	1
9	3	1	4	8	7	6	2	5
2	4	6	5	1	9	7	3	8
6	9	4	1	7	5	2	8	3
7	2	3	8	9	6	1	5	4
5	1	8	3	4	2	9	7	6
4	7	9	6	3	8	5	1	2
1	8	2	9	5	4	3	6	7
3	6	5	7	2	1	8	4	9

D034

8	7	4	1	5	6	3	2	9
1	6	9	3	8	2	7	4	5
2	5	3	4	9	7	1	6	8
5	3	8	9	6	4	2	1	7
4	9	1	7	2	5	8	3	6
6	2	7	8	3	1	5	9	4
3	1	6	5	4	8	9	7	2
9	4	5	2	7	3	6	8	1
7	8	2	6	1	9	4	5	3

D035

8	5	6	1	9	4	2	7	3
4	2	3	7	5	6	9	8	1
7	1	9	3	2	8	4	6	5
2	9	5	4	6	1	8	3	7
1	6	8	9	3	7	5	4	2
3	7	4	5	8	2	1	9	6
9	3	2	6	4	5	7	1	8
5	4	7	8	1	3	6	2	9
6	8	1	2	7	9	3	5	4

D036

7	3	4	9	1	2	6	5	8
8	6	2	4	3	5	1	7	9
1	9	5	6	7	8	4	3	2
9	8	6	2	5	7	3	1	4
2	1	7	3	6	4	8	9	5
5	4	3	1	8	9	2	6	7
3	5	9	8	4	1	7	2	6
6	7	8	5	2	3	9	4	1
4	2	1	7	9	6	5	8	3

D037

9	8	6	5	4	3	1	2	7
5	4	7	2	9	1	6	3	8
1	3	2	7	6	8	4	9	5
6	9	3	1	5	7	2	8	4
8	1	4	3	2	9	7	5	6
2	7	5	6	8	4	9	1	3
7	5	1	9	3	6	8	4	2
4	2	9	8	7	5	3	6	1
3	6	8	4	1	2	5	7	9

D038

6	1	9	5	2	3	4	8	7
8	7	3	4	1	9	2	6	5
5	2	4	7	6	8	1	9	3
1	5	2	9	4	6	3	7	8
4	8	6	3	5	7	9	1	2
9	3	7	2	8	1	5	4	6
2	6	5	1	7	4	8	3	9
3	4	8	6	9	5	7	2	1
7	9	1	8	3	2	6	5	4

D039

4	2	5	9	3	8	6	1	7
7	8	1	2	6	4	9	3	5
6	9	3	5	1	7	2	8	4
1	4	8	6	7	2	5	9	3
9	6	2	4	5	3	8	7	1
5	3	7	1	8	9	4	2	6
8	5	6	7	9	1	3	4	2
2	7	9	3	4	6	1	5	8
3	1	4	8	2	5	7	6	9

D040

9	5	4	1	2	7	3	6	8
7	2	6	8	3	5	4	9	1
1	8	3	4	9	6	7	2	5
5	7	9	3	1	8	2	4	6
8	6	2	5	4	9	1	3	7
4	3	1	6	7	2	5	8	9
6	1	7	2	8	3	9	5	4
2	9	5	7	6	4	8	1	3
3	4	8	9	5	1	6	7	2

D041

9	3	4	8	7	1	5	2	6
1	8	7	6	2	5	3	9	4
2	6	5	4	3	9	1	8	7
6	9	2	1	5	4	7	3	8
4	1	3	7	8	2	9	6	5
5	7	8	3	9	6	4	1	2
8	2	1	9	4	7	6	5	3
3	4	9	5	6	8	2	7	1
7	5	6	2	1	3	8	4	9

D042

6	9	7	3	1	4	5	2	8
2	4	5	9	8	6	3	1	7
3	8	1	2	5	7	6	9	4
8	1	6	4	9	3	2	7	5
9	5	4	7	2	8	1	6	3
7	2	3	5	6	1	4	8	9
5	3	2	6	7	9	8	4	1
1	6	9	8	4	5	7	3	2
4	7	8	1	3	2	9	5	6

D043

5	9	1	2	8	3	4	6	7
2	6	3	7	4	9	8	5	1
8	4	7	6	1	5	9	3	2
9	7	4	1	3	2	5	8	6
1	3	8	9	5	6	2	7	4
6	5	2	4	7	8	3	1	9
3	1	6	5	2	4	7	9	8
4	8	9	3	6	7	1	2	5
7	2	5	8	9	1	6	4	3

D044

4	2	7	9	1	5	6	3	8
8	5	3	2	6	7	1	4	9
1	6	9	4	8	3	7	2	5
9	1	4	6	3	8	2	5	7
3	8	6	5	7	2	4	9	1
5	7	2	1	4	9	3	8	6
6	3	8	7	9	4	5	1	2
2	9	1	3	5	6	8	7	4
7	4	5	8	2	1	9	6	3

D045

6	7	3	4	2	9	1	5	8
8	1	2	5	6	7	3	9	4
4	5	9	8	3	1	2	6	7
1	9	8	7	4	3	6	2	5
3	4	6	2	5	8	7	1	9
7	2	5	1	9	6	8	4	3
9	8	1	6	7	5	4	3	2
5	6	4	3	8	2	9	7	1
2	3	7	9	1	4	5	8	6

D046

9	8	7	6	2	5	1	4	3
2	6	1	4	9	3	5	7	8
5	3	4	8	7	1	9	2	6
4	2	9	7	6	8	3	1	5
1	7	6	3	5	9	2	8	4
8	5	3	1	4	2	6	9	7
6	4	2	5	1	7	8	3	9
3	9	5	2	8	4	7	6	1
7	1	8	9	3	6	4	5	2

D047

6	8	1	9	3	4	5	7	2
5	2	9	8	6	7	1	3	4
3	7	4	1	5	2	6	8	9
8	5	7	3	2	9	4	1	6
4	9	2	6	1	8	7	5	3
1	6	3	4	7	5	9	2	8
9	3	6	5	8	1	2	4	7
2	4	5	7	9	3	8	6	1
7	1	8	2	4	6	3	9	5

D048

9	7	3	8	6	4	5	2	1
1	8	2	7	3	5	6	4	9
5	4	6	1	9	2	3	8	7
4	2	8	9	5	3	1	7	6
7	9	1	2	8	6	4	5	3
3	6	5	4	7	1	2	9	8
2	3	7	6	4	9	8	1	5
8	5	4	3	1	7	9	6	2
6	1	9	5	2	8	7	3	4

D049

6	9	8	4	2	5	1	3	7
4	7	2	3	9	1	8	6	5
1	5	3	6	8	7	4	2	9
5	4	6	2	7	8	9	1	3
9	8	7	1	5	3	6	4	2
3	2	1	9	4	6	7	5	8
7	6	5	8	1	2	3	9	4
8	1	4	5	3	9	2	7	6
2	3	9	7	6	4	5	8	1

D050

2	1	6	7	8	9	3	4	5
8	4	9	1	5	3	6	7	2
3	7	5	2	4	6	8	1	9
6	3	7	5	9	2	1	8	4
9	8	1	4	3	7	2	5	6
4	5	2	8	6	1	7	9	3
1	9	3	6	7	5	4	2	8
5	2	8	3	1	4	9	6	7
7	6	4	9	2	8	5	3	1

D051

1	7	8	3	9	2	6	5	4
3	6	2	8	5	4	9	7	1
5	9	4	6	1	7	2	3	8
4	8	1	2	3	5	7	9	6
6	5	3	1	7	9	4	8	2
9	2	7	4	6	8	3	1	5
7	1	9	5	2	6	8	4	3
2	4	5	7	8	3	1	6	9
8	3	6	9	4	1	5	2	7

D052

3	9	2	8	1	6	4	7	5
8	4	6	5	7	2	1	3	9
1	7	5	3	9	4	6	8	2
7	5	3	4	2	8	9	1	6
6	8	1	7	5	9	3	2	4
9	2	4	1	6	3	7	5	8
5	1	8	9	4	7	2	6	3
4	6	7	2	3	5	8	9	1
2	3	9	6	8	1	5	4	7

D053

5	1	3	6	7	8	4	9	2
6	9	2	3	4	1	5	8	7
4	7	8	2	9	5	3	1	6
2	8	4	5	1	6	7	3	9
1	5	7	8	3	9	2	6	4
9	3	6	7	2	4	8	5	1
8	4	5	9	6	7	1	2	3
3	6	1	4	5	2	9	7	8
7	2	9	1	8	3	6	4	5

D054

4	8	5	2	6	3	9	1	7
2	3	9	1	5	7	6	8	4
7	1	6	4	8	9	2	3	5
3	9	1	6	7	4	5	2	8
5	6	2	3	1	8	7	4	9
8	4	7	5	9	2	1	6	3
1	5	8	7	4	6	3	9	2
9	7	3	8	2	1	4	5	6
6	2	4	9	3	5	8	7	1

D055

3	4	7	8	1	6	5	2	9
9	5	1	7	3	2	4	6	8
2	6	8	5	4	9	3	1	7
8	2	4	3	7	5	6	9	1
5	3	6	1	9	8	2	7	4
1	7	9	2	6	4	8	3	5
6	9	3	4	5	1	7	8	2
7	8	5	9	2	3	1	4	6
4	1	2	6	8	7	9	5	3

D056

3	1	5	8	4	7	9	2	6
6	2	7	3	1	9	5	4	8
9	8	4	5	6	2	1	7	3
5	6	8	2	7	3	4	9	1
1	7	3	4	9	8	6	5	2
4	9	2	1	5	6	8	3	7
2	4	9	7	8	1	3	6	5
7	5	1	6	3	4	2	8	9
8	3	6	9	2	5	7	1	4

D057

5	8	7	4	3	6	1	9	2
3	1	6	9	7	2	8	5	4
9	2	4	1	5	8	7	3	6
1	9	2	3	8	5	6	4	7
6	3	8	7	1	4	5	2	9
7	4	5	2	6	9	3	1	8
2	5	3	6	4	7	9	8	1
8	6	9	5	2	1	4	7	3
4	7	1	8	9	3	2	6	5

D058

8	7	1	9	2	3	5	6	4
4	3	9	5	7	6	1	2	8
5	6	2	4	1	8	7	9	3
9	2	7	6	8	4	3	5	1
1	5	4	2	3	9	6	8	7
3	8	6	7	5	1	2	4	9
7	9	3	8	6	2	4	1	5
2	4	5	1	9	7	8	3	6
6	1	8	3	4	5	9	7	2

D059

4	7	8	9	2	5	3	1	6
5	3	2	1	8	6	4	9	7
1	9	6	4	3	7	5	2	8
3	5	7	8	1	4	9	6	2
2	1	4	5	6	9	8	7	3
8	6	9	3	7	2	1	4	5
9	2	3	6	4	8	7	5	1
7	8	5	2	9	1	6	3	4
6	4	1	7	5	3	2	8	9

D060

3	1	6	8	4	7	2	5	9
8	5	4	3	9	2	6	1	7
7	9	2	5	1	6	4	8	3
1	2	7	6	3	8	5	9	4
9	4	5	2	7	1	8	3	6
6	3	8	9	5	4	7	2	1
5	8	1	4	6	9	3	7	2
2	6	9	7	8	3	1	4	5
4	7	3	1	2	5	9	6	8

D061

4	3	6	1	2	7	9	5	8
8	7	1	5	6	9	4	2	3
9	5	2	8	3	4	1	7	6
7	2	9	4	8	1	6	3	5
1	6	5	3	9	2	8	4	7
3	4	8	7	5	6	2	9	1
5	1	3	2	4	8	7	6	9
2	9	7	6	1	5	3	8	4
6	8	4	9	7	3	5	1	2

D062

4	2	9	3	1	6	7	8	5
3	7	8	9	4	5	6	1	2
5	6	1	8	2	7	9	4	3
6	5	4	2	3	1	8	7	9
8	1	3	7	6	9	2	5	4
7	9	2	5	8	4	3	6	1
1	8	6	4	9	3	5	2	7
2	3	7	1	5	8	4	9	6
9	4	5	6	7	2	1	3	8

D063

1	8	9	7	4	5	2	6	3
6	4	2	9	1	3	8	7	5
5	3	7	6	8	2	1	9	4
8	9	6	3	2	7	5	4	1
4	5	3	1	9	8	6	2	7
7	2	1	5	6	4	9	3	8
2	1	8	4	7	6	3	5	9
3	6	4	8	5	9	7	1	2
9	7	5	2	3	1	4	8	6

D064

7	4	8	3	6	9	1	5	2
3	9	2	8	1	5	6	7	4
1	6	5	2	4	7	9	3	8
5	8	3	6	7	2	4	1	9
6	1	9	5	8	4	7	2	3
2	7	4	9	3	1	5	8	6
9	5	6	7	2	3	8	4	1
8	2	1	4	5	6	3	9	7
4	3	7	1	9	8	2	6	5

D065

1	4	8	6	3	2	5	9	7
2	9	3	5	8	7	4	1	6
5	6	7	1	4	9	8	2	3
7	2	5	9	6	8	1	3	4
4	8	9	3	2	1	7	6	5
3	1	6	4	7	5	2	8	9
6	3	1	2	5	4	9	7	8
8	5	2	7	9	3	6	4	1
9	7	4	8	1	6	3	5	2

D066

4	5	9	2	6	8	7	1	3
6	3	8	1	7	5	2	9	4
7	1	2	4	3	9	5	6	8
8	9	4	3	5	1	6	2	7
3	2	6	7	9	4	1	8	5
5	7	1	8	2	6	4	3	9
2	6	3	5	8	7	9	4	1
1	8	5	9	4	2	3	7	6
9	4	7	6	1	3	8	5	2

D067

6	3	9	7	4	2	5	1	8
7	4	2	1	8	5	3	6	9
8	5	1	6	3	9	7	2	4
2	6	7	3	9	8	1	4	5
5	1	3	4	6	7	9	8	2
4	9	8	2	5	1	6	3	7
3	8	6	9	7	4	2	5	1
1	7	4	5	2	3	8	9	6
9	2	5	8	1	6	4	7	3

D068

9	5	1	2	4	3	6	7	8
7	2	3	6	9	8	1	4	5
4	6	8	1	5	7	3	9	2
2	9	7	3	6	1	5	8	4
5	1	6	4	8	2	7	3	9
8	3	4	9	7	5	2	1	6
3	4	9	5	1	6	8	2	7
1	7	5	8	2	9	4	6	3
6	8	2	7	3	4	9	5	1

D069

2	9	6	8	3	1	4	5	7
7	1	5	2	4	6	9	8	3
4	8	3	5	9	7	6	2	1
5	2	8	7	1	9	3	6	4
9	3	7	4	6	2	8	1	5
6	4	1	3	8	5	7	9	2
3	7	9	1	5	8	2	4	6
1	6	4	9	2	3	5	7	8
8	5	2	6	7	4	1	3	9

D070

9	2	7	4	3	5	6	1	8
1	3	4	6	7	8	2	9	5
6	8	5	2	9	1	3	7	4
4	9	6	1	5	3	7	8	2
5	1	3	7	8	2	4	6	9
2	7	8	9	4	6	5	3	1
8	4	1	3	2	7	9	5	6
7	6	2	5	1	9	8	4	3
3	5	9	8	6	4	1	2	7

D071

3	7	9	6	1	4	2	8	5
5	6	4	8	7	2	9	1	3
2	1	8	9	3	5	7	6	4
8	4	6	1	5	7	3	9	2
1	9	2	4	6	3	8	5	7
7	5	3	2	9	8	1	4	6
4	8	7	5	2	9	6	3	1
9	3	1	7	4	6	5	2	8
6	2	5	3	8	1	4	7	9

D072

5	9	3	2	1	6	7	8	4
1	4	8	7	3	9	2	5	6
2	7	6	8	5	4	3	1	9
6	5	2	1	4	8	9	3	7
3	1	7	9	6	5	4	2	8
4	8	9	3	7	2	5	6	1
7	3	5	6	9	1	8	4	2
8	6	4	5	2	7	1	9	3
9	2	1	4	8	3	6	7	5

D073

3	6	8	5	7	1	9	4	2
2	4	1	6	9	8	7	5	3
5	7	9	2	4	3	1	6	8
6	5	2	4	3	7	8	1	9
7	8	4	1	2	9	5	3	6
9	1	3	8	6	5	2	7	4
8	9	7	3	1	4	6	2	5
1	3	6	9	5	2	4	8	7
4	2	5	7	8	6	3	9	1

D074

6	8	5	3	7	2	4	9	1
4	2	1	5	9	8	6	7	3
3	7	9	1	6	4	5	8	2
1	9	4	7	2	5	3	6	8
5	3	8	6	4	1	9	2	7
7	6	2	8	3	9	1	4	5
8	4	7	9	5	3	2	1	6
9	1	3	2	8	6	7	5	4
2	5	6	4	1	7	8	3	9

D075

8	1	6	5	7	4	2	3	9
9	5	2	3	1	6	4	7	8
3	7	4	9	2	8	6	5	1
2	3	9	1	8	5	7	6	4
7	8	1	6	4	3	9	2	5
4	6	5	7	9	2	1	8	3
1	2	3	4	5	7	8	9	6
5	4	8	2	6	9	3	1	7
6	9	7	8	3	1	5	4	2

D076

7	1	2	6	8	4	3	9	5
6	5	3	9	1	7	8	2	4
9	4	8	2	5	3	6	1	7
1	3	6	4	2	5	9	7	8
2	7	9	8	3	1	5	4	6
4	8	5	7	9	6	2	3	1
5	2	1	3	7	8	4	6	9
3	6	7	5	4	9	1	8	2
8	9	4	1	6	2	7	5	3

D077

6	8	5	4	2	3	9	7	1
1	3	4	9	6	7	8	2	5
2	9	7	5	1	8	6	3	4
9	1	2	7	5	4	3	6	8
3	7	6	1	8	9	4	5	2
4	5	8	2	3	6	7	1	9
5	4	3	6	9	1	2	8	7
8	2	9	3	7	5	1	4	6
7	6	1	8	4	2	5	9	3

D078

2	8	7	5	6	4	9	3	1
5	9	4	3	8	1	6	2	7
3	1	6	9	2	7	8	4	5
1	7	9	2	4	5	3	6	8
4	3	5	8	7	6	2	1	9
6	2	8	1	3	9	7	5	4
8	5	1	6	9	3	4	7	2
9	4	3	7	5	2	1	8	6
7	6	2	4	1	8	5	9	3

D079

6	5	4	2	1	8	7	3	9
1	9	2	4	7	3	5	6	8
7	3	8	5	9	6	1	2	4
4	6	1	3	2	5	9	8	7
3	8	7	1	6	9	2	4	5
5	2	9	8	4	7	6	1	3
2	1	5	9	3	4	8	7	6
8	4	6	7	5	2	3	9	1
9	7	3	6	8	1	4	5	2

D080

1	8	9	7	6	2	3	4	5
6	2	5	3	4	8	7	9	1
3	7	4	9	1	5	2	6	8
8	1	7	4	9	3	6	5	2
5	4	6	8	2	7	9	1	3
9	3	2	6	5	1	4	8	7
2	6	1	5	7	4	8	3	9
4	5	8	2	3	9	1	7	6
7	9	3	1	8	6	5	2	4

D081

9	5	3	2	4	6	7	8	1
7	1	2	9	8	3	5	6	4
4	8	6	1	5	7	2	3	9
5	4	8	3	7	9	6	1	2
6	2	7	8	1	4	3	9	5
1	3	9	5	6	2	4	7	8
3	9	4	6	2	8	1	5	7
8	7	5	4	3	1	9	2	6
2	6	1	7	9	5	8	4	3

D082

1	5	6	7	4	2	9	3	8
3	2	9	1	6	8	5	7	4
7	8	4	9	3	5	2	1	6
2	7	1	5	8	3	4	6	9
5	4	3	6	1	9	7	8	2
9	6	8	2	7	4	3	5	1
6	9	7	3	2	1	8	4	5
8	1	5	4	9	7	6	2	3
4	3	2	8	5	6	1	9	7

D083

7	5	1	8	2	9	6	4	3
4	8	3	6	7	5	2	9	1
2	6	9	1	3	4	8	5	7
5	2	7	3	1	6	4	8	9
8	3	6	9	4	7	5	1	2
9	1	4	2	5	8	3	7	6
6	4	5	7	9	2	1	3	8
1	7	2	4	8	3	9	6	5
3	9	8	5	6	1	7	2	4

D084

1	3	9	4	8	7	5	2	6
5	4	7	1	2	6	9	3	8
8	6	2	5	3	9	1	7	4
6	1	5	2	7	8	3	4	9
7	2	3	9	5	4	6	8	1
9	8	4	3	6	1	7	5	2
4	7	6	8	9	3	2	1	5
3	5	1	6	4	2	8	9	7
2	9	8	7	1	5	4	6	3

D085

9	8	1	3	5	4	7	2	6
6	4	2	9	8	7	5	1	3
3	7	5	6	2	1	4	8	9
7	2	6	8	4	3	1	9	5
1	3	8	5	9	2	6	7	4
5	9	4	7	1	6	8	3	2
4	6	7	1	3	9	2	5	8
2	5	9	4	7	8	3	6	1
8	1	3	2	6	5	9	4	7

D086

5	1	7	2	6	9	8	3	4
8	4	2	7	5	3	9	1	6
6	3	9	8	4	1	5	7	2
1	5	6	4	3	2	7	8	9
2	9	3	6	8	7	4	5	1
7	8	4	1	9	5	2	6	3
9	2	8	5	1	6	3	4	7
4	7	1	3	2	8	6	9	5
3	6	5	9	7	4	1	2	8

D087

8	7	1	3	2	6	4	9	5
3	9	5	4	7	8	2	1	6
2	4	6	1	9	5	8	7	3
6	8	2	5	4	7	1	3	9
1	5	9	8	6	3	7	2	4
7	3	4	9	1	2	5	6	8
5	1	8	7	3	9	6	4	2
4	6	3	2	8	1	9	5	7
9	2	7	6	5	4	3	8	1

D088

6	7	1	9	8	3	2	5	4
9	8	2	5	4	6	3	1	7
4	5	3	2	1	7	6	8	9
7	4	9	6	5	2	1	3	8
1	2	5	8	3	9	4	7	6
3	6	8	1	7	4	9	2	5
8	9	7	4	2	1	5	6	3
5	1	6	3	9	8	7	4	2
2	3	4	7	6	5	8	9	1

D089

4	6	2	3	7	1	9	5	8
1	8	7	9	2	5	6	4	3
9	5	3	8	4	6	7	2	1
2	9	1	4	6	3	8	7	5
5	3	6	7	8	2	4	1	9
7	4	8	1	5	9	2	3	6
6	2	9	5	3	7	1	8	4
8	7	5	6	1	4	3	9	2
3	1	4	2	9	8	5	6	7

D090

6	8	1	3	7	5	9	4	2
3	4	2	8	1	9	7	6	5
5	7	9	2	4	6	1	8	3
9	5	7	6	2	8	3	1	4
1	2	3	7	9	4	6	5	8
4	6	8	5	3	1	2	7	9
7	9	6	4	8	2	5	3	1
2	3	4	1	5	7	8	9	6
8	1	5	9	6	3	4	2	7

D091

1	9	2	6	5	8	7	4	3
6	3	7	1	4	2	8	9	5
8	4	5	9	3	7	1	2	6
4	6	3	5	9	1	2	7	8
5	8	1	7	2	6	4	3	9
2	7	9	4	8	3	6	5	1
3	1	6	2	7	9	5	8	4
7	5	8	3	1	4	9	6	2
9	2	4	8	6	5	3	1	7

D092

1	2	8	9	4	6	7	3	5
6	7	4	1	3	5	2	8	9
3	5	9	8	7	2	4	6	1
9	3	5	6	2	4	8	1	7
2	4	1	5	8	7	6	9	3
8	6	7	3	1	9	5	4	2
4	8	3	7	5	1	9	2	6
5	9	2	4	6	3	1	7	8
7	1	6	2	9	8	3	5	4

D093

1	6	2	3	7	5	9	4	8
9	4	5	1	8	6	3	2	7
3	8	7	9	4	2	1	6	5
8	1	4	5	9	7	6	3	2
5	3	6	4	2	8	7	9	1
2	7	9	6	1	3	8	5	4
4	9	3	7	5	1	2	8	6
6	2	1	8	3	4	5	7	9
7	5	8	2	6	9	4	1	3

D094

9	7	8	3	1	6	4	5	2
2	1	6	8	5	4	3	9	7
5	3	4	2	7	9	1	6	8
3	5	2	4	9	8	6	7	1
6	4	1	7	2	5	8	3	9
7	8	9	6	3	1	5	2	4
1	2	3	5	4	7	9	8	6
4	6	7	9	8	3	2	1	5
8	9	5	1	6	2	7	4	3

D095

8	1	9	5	2	7	4	6	3
3	7	6	9	4	8	5	2	1
5	4	2	1	6	3	9	8	7
4	9	3	6	7	1	8	5	2
7	8	1	2	5	9	3	4	6
2	6	5	8	3	4	7	1	9
6	3	7	4	1	5	2	9	8
9	2	4	3	8	6	1	7	5
1	5	8	7	9	2	6	3	4

D096

4	1	3	8	2	6	5	7	9
6	9	2	7	3	5	1	4	8
7	5	8	1	9	4	3	2	6
5	7	1	4	8	3	9	6	2
8	3	9	2	6	1	7	5	4
2	4	6	9	5	7	8	1	3
1	8	4	6	7	9	2	3	5
3	2	7	5	4	8	6	9	1
9	6	5	3	1	2	4	8	7

D097

5	1	7	6	2	8	9	4	3
6	8	3	9	7	4	5	1	2
9	2	4	5	1	3	7	8	6
1	6	9	3	4	2	8	7	5
7	5	2	8	6	9	4	3	1
4	3	8	1	5	7	2	6	9
8	4	6	2	9	1	3	5	7
3	9	5	7	8	6	1	2	4
2	7	1	4	3	5	6	9	8

D098

6	3	8	9	1	4	2	7	5
1	9	5	7	2	6	3	8	4
2	7	4	5	3	8	6	9	1
9	8	1	2	6	5	7	4	3
3	2	6	1	4	7	8	5	9
4	5	7	3	8	9	1	2	6
5	4	2	6	7	3	9	1	8
7	6	9	8	5	1	4	3	2
8	1	3	4	9	2	5	6	7

D099

2	6	7	9	8	1	5	3	4
3	9	4	2	6	5	1	7	8
5	8	1	7	4	3	9	2	6
6	3	2	5	1	8	4	9	7
4	1	9	3	7	2	6	8	5
8	7	5	4	9	6	3	1	2
1	2	8	6	5	9	7	4	3
7	5	3	1	2	4	8	6	9
9	4	6	8	3	7	2	5	1

D100

8	2	5	7	4	3	1	6	9
9	7	3	6	5	1	8	4	2
6	4	1	8	2	9	5	7	3
4	5	6	3	9	7	2	8	1
7	8	2	5	1	6	9	3	4
3	1	9	4	8	2	6	5	7
2	6	4	1	3	5	7	9	8
1	3	7	9	6	8	4	2	5
5	9	8	2	7	4	3	1	6

D101

8	1	4	7	9	2	5	3	6
6	2	9	1	5	3	7	8	4
3	7	5	4	8	6	9	2	1
1	9	3	5	6	7	2	4	8
5	4	8	9	2	1	6	7	3
2	6	7	8	3	4	1	5	9
9	5	1	3	7	8	4	6	2
7	8	2	6	4	9	3	1	5
4	3	6	2	1	5	8	9	7

D102

3	1	2	8	4	9	6	5	7
5	4	6	1	2	7	9	3	8
7	8	9	6	3	5	2	4	1
8	6	3	9	5	2	7	1	4
9	5	4	3	7	1	8	6	2
1	2	7	4	6	8	3	9	5
6	9	5	7	8	4	1	2	3
4	7	1	2	9	3	5	8	6
2	3	8	5	1	6	4	7	9

D103

9	1	6	7	2	3	5	4	8
3	7	4	5	8	1	2	9	6
5	8	2	6	4	9	3	7	1
7	5	3	1	9	6	4	8	2
8	6	1	2	7	4	9	3	5
4	2	9	8	3	5	1	6	7
1	9	7	3	6	2	8	5	4
6	3	5	4	1	8	7	2	9
2	4	8	9	5	7	6	1	3

D104

9	6	4	8	1	5	7	3	2
3	7	1	2	9	6	5	4	8
8	2	5	4	3	7	1	6	9
7	4	8	9	5	1	6	2	3
2	1	3	6	4	8	9	5	7
6	5	9	7	2	3	8	1	4
5	3	7	1	8	4	2	9	6
4	9	6	5	7	2	3	8	1
1	8	2	3	6	9	4	7	5

D105

5	3	2	1	6	9	7	4	8
4	8	1	2	3	7	5	9	6
9	6	7	8	4	5	2	3	1
6	4	9	5	7	3	1	8	2
7	2	3	6	1	8	4	5	9
1	5	8	9	2	4	6	7	3
2	7	4	3	8	6	9	1	5
3	9	6	4	5	1	8	2	7
8	1	5	7	9	2	3	6	4

D106

6	8	4	1	9	5	7	3	2
5	2	9	6	3	7	4	8	1
3	1	7	8	2	4	9	5	6
2	7	5	4	1	6	8	9	3
1	9	3	5	8	2	6	4	7
4	6	8	3	7	9	1	2	5
9	5	6	7	4	3	2	1	8
8	3	2	9	6	1	5	7	4
7	4	1	2	5	8	3	6	9

D107

3	6	8	7	4	5	9	2	1
9	5	2	3	1	6	8	4	7
7	4	1	2	8	9	5	3	6
2	8	5	9	7	3	6	1	4
6	1	7	4	2	8	3	5	9
4	3	9	5	6	1	7	8	2
8	2	3	6	9	4	1	7	5
1	7	6	8	5	2	4	9	3
5	9	4	1	3	7	2	6	8

D108

6	7	4	8	9	2	3	1	5
2	1	5	7	3	6	4	8	9
3	8	9	4	5	1	7	2	6
7	3	1	6	8	9	2	5	4
5	4	6	1	2	3	8	9	7
8	9	2	5	4	7	6	3	1
1	5	7	2	6	8	9	4	3
4	2	3	9	7	5	1	6	8
9	6	8	3	1	4	5	7	2

D109

4	8	6	5	3	1	2	9	7
5	1	7	8	2	9	3	6	4
9	3	2	4	6	7	5	1	8
1	5	3	2	9	4	8	7	6
2	7	4	6	5	8	1	3	9
8	6	9	7	1	3	4	5	2
3	4	8	9	7	5	6	2	1
6	9	5	1	8	2	7	4	3
7	2	1	3	4	6	9	8	5

D110

3	8	6	4	1	2	5	7	9
1	2	9	3	7	5	6	4	8
5	7	4	6	9	8	2	1	3
6	4	3	9	5	1	8	2	7
2	1	8	7	4	6	3	9	5
7	9	5	2	8	3	4	6	1
9	5	2	1	3	4	7	8	6
4	3	1	8	6	7	9	5	2
8	6	7	5	2	9	1	3	4

D111

7	4	8	3	1	5	6	2	9
1	9	6	8	2	4	5	3	7
5	2	3	7	6	9	1	8	4
6	8	2	9	4	7	3	5	1
3	5	9	6	8	1	4	7	2
4	7	1	5	3	2	8	9	6
9	1	4	2	5	3	7	6	8
2	6	5	4	7	8	9	1	3
8	3	7	1	9	6	2	4	5

D112

9	8	4	5	7	2	3	6	1
6	3	7	9	1	8	5	4	2
2	5	1	3	4	6	8	9	7
3	6	8	7	2	1	4	5	9
4	9	2	6	3	5	1	7	8
7	1	5	8	9	4	6	2	3
8	4	9	2	5	3	7	1	6
1	7	3	4	6	9	2	8	5
5	2	6	1	8	7	9	3	4

D113

7	3	1	4	2	9	5	8	6
9	2	5	3	6	8	4	7	1
8	4	6	7	5	1	2	9	3
3	7	2	6	9	5	8	1	4
4	1	9	8	7	2	3	6	5
6	5	8	1	3	4	9	2	7
5	6	7	9	8	3	1	4	2
1	9	3	2	4	7	6	5	8
2	8	4	5	1	6	7	3	9

D114

6	7	1	5	4	3	9	2	8
9	5	8	2	1	7	6	4	3
4	3	2	9	6	8	1	7	5
7	1	5	4	2	6	8	3	9
3	4	9	7	8	1	2	5	6
2	8	6	3	5	9	4	1	7
1	9	3	8	7	4	5	6	2
5	6	7	1	9	2	3	8	4
8	2	4	6	3	5	7	9	1

D115

1	9	8	5	3	4	2	6	7
7	6	3	2	8	1	5	4	9
2	4	5	6	9	7	8	1	3
4	8	6	3	1	5	9	7	2
5	2	9	8	7	6	4	3	1
3	7	1	4	2	9	6	8	5
8	5	7	1	6	2	3	9	4
6	1	2	9	4	3	7	5	8
9	3	4	7	5	8	1	2	6

D116

8	2	5	7	3	4	9	6	1
3	9	7	1	2	6	8	5	4
1	6	4	8	5	9	2	7	3
7	5	2	4	1	3	6	9	8
6	8	3	5	9	7	4	1	2
4	1	9	2	6	8	5	3	7
2	7	6	3	4	5	1	8	9
9	3	1	6	8	2	7	4	5
5	4	8	9	7	1	3	2	6

D117

9	1	3	5	6	2	4	7	8
8	2	7	3	9	4	6	1	5
4	5	6	7	1	8	2	9	3
3	6	9	1	4	7	8	5	2
5	7	2	6	8	9	1	3	4
1	4	8	2	5	3	7	6	9
7	8	4	9	3	6	5	2	1
2	3	1	8	7	5	9	4	6
6	9	5	4	2	1	3	8	7

D118

8	2	6	1	3	7	4	9	5
9	7	5	2	8	4	6	3	1
1	3	4	6	5	9	2	7	8
5	1	8	9	6	3	7	4	2
4	9	2	5	7	8	1	6	3
3	6	7	4	1	2	5	8	9
2	8	9	7	4	1	3	5	6
6	4	1	3	9	5	8	2	7
7	5	3	8	2	6	9	1	4

D119

8	9	1	7	3	5	6	4	2
6	7	4	8	1	2	9	5	3
2	3	5	4	6	9	7	8	1
5	2	8	6	7	3	1	9	4
4	1	7	9	5	8	3	2	6
9	6	3	1	2	4	5	7	8
3	8	9	5	4	1	2	6	7
7	4	2	3	9	6	8	1	5
1	5	6	2	8	7	4	3	9

D120

9	7	4	2	5	1	6	3	8
2	3	1	4	6	8	9	7	5
5	6	8	7	3	9	1	4	2
1	9	5	6	4	3	8	2	7
6	4	7	8	1	2	5	9	3
3	8	2	9	7	5	4	1	6
7	2	9	1	8	6	3	5	4
4	5	6	3	9	7	2	8	1
8	1	3	5	2	4	7	6	9

D121

6	8	2	9	5	4	3	7	1
1	5	4	2	3	7	6	9	8
3	7	9	6	1	8	2	4	5
8	3	1	4	6	9	7	5	2
9	2	6	8	7	5	4	1	3
5	4	7	1	2	3	8	6	9
2	1	8	7	9	6	5	3	4
7	9	3	5	4	2	1	8	6
4	6	5	3	8	1	9	2	7

D122

8	7	2	4	3	5	6	1	9
3	9	1	6	7	2	5	8	4
4	5	6	1	8	9	3	2	7
6	8	4	5	9	3	1	7	2
1	2	9	7	6	4	8	5	3
7	3	5	2	1	8	4	9	6
2	6	3	8	5	7	9	4	1
9	4	8	3	2	1	7	6	5
5	1	7	9	4	6	2	3	3

D123

6	7	3	4	1	9	8	2	5
1	4	5	8	2	6	9	7	3
2	9	8	5	3	7	4	6	1
5	3	6	7	8	4	2	1	9
4	1	9	3	5	2	6	8	7
7	8	2	9	6	1	3	5	4
3	6	1	2	9	5	7	4	8
8	2	4	1	7	3	5	9	6
9	5	7	6	4	8	1	3	2

D124

1	8	4	3	6	5	9	2	7
5	7	6	1	2	9	3	8	4
2	9	3	8	7	4	1	6	5
9	6	8	4	3	2	7	5	1
4	5	2	7	1	8	6	3	9
7	3	1	5	9	6	2	4	8
3	4	9	6	5	1	8	7	2
6	1	5	2	8	7	4	9	3
8	2	7	9	4	3	5	1	6

D125

4	2	6	8	3	5	1	7	9
7	1	8	9	2	4	5	3	6
3	9	5	6	7	1	8	2	4
6	3	7	5	4	2	9	8	1
9	5	1	3	8	7	6	4	2
8	4	2	1	9	6	7	5	3
2	8	3	7	1	9	4	6	5
1	6	4	2	5	8	3	9	7
5	7	9	4	6	3	2	1	8

D126

6	3	5	2	7	8	9	1	4
2	4	8	1	5	9	6	7	3
1	7	9	4	6	3	2	8	5
4	6	7	5	8	2	1	3	9
8	1	3	9	4	6	7	5	2
9	5	2	3	1	7	8	4	6
3	8	1	6	2	4	5	9	7
5	2	4	7	9	1	3	6	8
7	9	6	8	3	5	4	2	1

D127

4	2	7	5	3	8	1	6	9
3	8	1	9	7	6	4	5	2
5	9	6	4	1	2	8	7	3
6	3	9	2	8	5	7	4	1
8	7	5	3	4	1	2	9	6
1	4	2	6	9	7	3	8	5
7	5	8	1	2	9	6	3	4
2	6	4	8	5	3	9	1	7
9	1	3	7	6	4	5	2	8

D128

8	6	2	5	3	7	4	9	1
9	4	5	2	8	1	7	3	6
1	3	7	9	4	6	5	2	8
6	5	4	3	1	2	9	8	7
2	7	8	6	5	9	3	1	4
3	9	1	4	7	8	6	5	2
7	2	3	1	6	5	8	4	9
4	1	6	8	9	3	2	7	5
5	8	9	7	2	4	1	6	3

D129

4	8	2	9	5	6	7	3	1
5	1	3	7	4	2	6	8	9
9	7	6	1	8	3	4	5	2
6	4	8	3	2	7	9	1	5
3	2	1	6	9	5	8	4	7
7	9	5	4	1	8	3	2	6
2	3	9	8	7	1	5	6	4
1	6	7	5	3	4	2	9	8
8	5	4	2	6	9	1	7	3

D130

1	4	5	9	6	8	7	2	3
7	2	3	1	4	5	6	8	9
9	6	8	7	2	3	1	4	5
5	7	4	8	9	6	2	3	1
3	9	2	4	1	7	5	6	8
6	8	1	3	5	2	4	9	7
2	3	6	5	7	9	8	1	4
8	1	7	6	3	4	9	5	2
4	5	9	2	8	1	3	7	6

D131

9	4	2	6	7	3	8	1	5
7	5	1	8	4	2	3	6	9
8	3	6	5	1	9	7	2	4
1	6	8	4	3	5	2	9	7
4	9	7	2	8	1	6	5	3
5	2	3	9	6	7	4	8	1
2	1	4	7	9	6	5	3	8
3	8	5	1	2	4	9	7	6
6	7	9	3	5	8	1	4	2

D132

7	9	3	4	8	1	5	2	6
1	4	6	9	2	5	7	3	8
8	2	5	6	3	7	4	1	9
4	1	2	8	5	9	3	6	7
6	5	9	7	1	3	8	4	2
3	7	8	2	6	4	1	9	5
5	8	4	3	9	2	6	7	1
2	6	7	1	4	8	9	5	3
9	3	1	5	7	6	2	8	4

D133

6	9	4	8	3	1	2	5	7
7	1	2	4	9	5	6	3	8
3	5	8	7	2	6	9	1	4
5	7	1	3	8	2	4	9	6
4	8	6	9	1	7	5	2	3
9	2	3	6	5	4	7	8	1
8	3	7	2	6	9	1	4	5
2	6	5	1	4	8	3	7	9
1	4	9	5	7	3	8	6	2

D134

6	7	9	5	8	2	3	4	1
1	3	8	9	7	4	2	5	6
4	5	2	3	1	6	7	8	9
7	9	5	8	4	3	6	1	2
2	1	3	6	5	7	8	9	4
8	6	4	1	2	9	5	3	7
3	4	1	7	6	5	9	2	8
9	2	6	4	3	8	1	7	5
5	8	7	2	9	1	4	6	3

D135

6	9	7	3	8	2	4	5	1
1	3	5	6	7	4	8	9	2
2	8	4	9	5	1	3	6	7
7	4	9	8	3	6	1	2	5
8	5	1	2	4	9	6	7	3
3	6	2	7	1	5	9	8	4
9	1	6	4	2	7	5	3	8
5	7	8	1	6	3	2	4	9
4	2	3	5	9	8	7	1	6

D136

7	5	6	4	1	2	9	8	3
9	1	3	8	7	6	2	4	5
2	4	8	5	9	3	1	6	7
1	9	2	7	8	4	5	3	6
3	8	7	6	5	1	4	9	2
5	6	4	2	3	9	8	7	1
8	7	9	3	2	5	6	1	4
6	2	1	9	4	7	3	5	8
4	3	5	1	6	8	7	2	9

D137

7	5	4	6	8	9	2	1	3
1	8	3	4	2	7	6	9	5
9	2	6	1	3	5	4	8	7
8	4	7	5	9	2	3	6	1
5	3	9	8	1	6	7	4	2
2	6	1	7	4	3	8	5	9
6	1	5	2	7	4	9	3	8
4	9	2	3	5	8	1	7	6
3	7	8	9	6	1	5	2	4

D138

5	6	2	1	8	9	7	3	4
7	3	8	4	2	6	9	1	5
1	9	4	7	3	5	2	6	8
4	1	6	3	5	7	8	9	2
2	5	9	8	6	4	1	7	3
8	7	3	9	1	2	5	4	6
9	2	5	6	7	3	4	8	1
6	4	1	2	9	8	3	5	7
3	8	7	5	4	1	6	2	9

D139

8	3	1	6	5	4	2	7	9
9	2	6	1	7	3	5	8	4
7	5	4	9	2	8	6	3	1
6	4	7	3	1	9	8	5	2
3	9	8	2	4	5	1	6	7
2	1	5	8	6	7	9	4	3
5	8	3	4	9	1	7	2	6
4	6	9	7	8	2	3	1	5
1	7	2	5	3	6	4	9	8

D140

9	2	7	8	6	4	5	3	1
4	5	8	1	3	7	2	9	6
6	1	3	2	5	9	7	4	8
5	9	1	6	2	8	3	7	4
3	8	2	4	7	5	6	1	9
7	6	4	3	9	1	8	2	5
2	7	9	5	4	6	1	8	3
8	4	6	7	1	3	9	5	2
1	3	5	9	8	2	4	6	7

D141

1	6	7	5	9	3	8	2	4
8	3	4	2	1	6	7	9	5
9	2	5	8	7	4	6	1	3
5	4	9	1	8	2	3	6	7
7	1	2	3	6	5	9	4	8
3	8	6	7	4	9	2	5	1
2	7	1	6	5	8	4	3	9
6	9	8	4	3	1	5	7	2
4	5	3	9	2	7	1	8	6

D142

6	1	8	7	5	9	4	2	3
3	2	5	8	6	4	9	7	1
9	4	7	1	3	2	5	6	8
4	5	9	3	7	6	1	8	2
7	6	2	4	1	8	3	9	5
8	3	1	2	9	5	6	4	7
2	8	3	6	4	1	7	5	9
1	9	6	5	8	7	2	3	4
5	7	4	9	2	3	8	1	6

D143

1	9	6	3	5	8	2	7	4
8	4	2	1	7	6	3	9	5
3	7	5	4	9	2	8	1	6
5	6	4	8	1	3	9	2	7
7	3	1	5	2	9	6	4	8
2	8	9	7	6	4	5	3	1
9	5	8	2	4	1	7	6	3
4	2	7	6	3	5	1	8	9
6	1	3	9	8	7	4	5	2

D144

5	8	4	9	1	2	3	7	6
2	1	7	3	5	6	4	9	8
9	3	6	7	8	4	5	1	2
3	4	5	6	9	8	1	2	7
6	7	1	4	2	3	9	8	5
8	2	9	1	7	5	6	3	4
4	9	2	8	6	1	7	5	3
1	6	8	5	3	7	2	4	9
7	5	3	2	4	9	8	6	1

D145

6	3	1	7	8	9	5	2	4
2	4	8	5	6	3	7	9	1
9	5	7	4	2	1	3	6	8
1	9	5	8	4	6	2	7	3
7	6	3	1	5	2	8	4	9
8	2	4	9	3	7	1	5	6
5	7	9	6	1	8	4	3	2
3	8	6	2	7	4	9	1	5
4	1	2	3	9	5	6	8	7

D146

8	6	5	1	4	3	2	9	7
2	3	7	9	5	8	6	1	4
4	9	1	2	7	6	8	5	3
5	1	3	7	6	9	4	2	8
7	4	9	5	8	2	1	3	6
6	8	2	3	1	4	5	7	9
9	7	4	8	2	5	3	6	1
1	2	6	4	3	7	9	8	5
3	5	8	6	9	1	7	4	2

D147

4	8	3	7	6	2	5	9	1
1	5	2	4	9	8	6	7	3
9	6	7	1	5	3	4	2	8
6	7	1	8	3	9	2	4	5
2	9	5	6	4	1	8	3	7
8	3	4	2	7	5	1	6	9
5	2	6	9	8	7	3	1	4
3	4	9	5	1	6	7	8	2
7	1	8	3	2	4	9	5	6

D148

1	7	5	8	4	2	6	3	9
6	4	8	1	9	3	2	7	5
2	3	9	7	5	6	4	8	1
3	9	7	6	2	1	5	4	8
8	5	6	3	7	4	9	1	2
4	2	1	9	8	5	7	6	3
5	8	4	2	1	7	3	9	6
9	6	2	4	3	8	1	5	7
7	1	3	5	6	9	8	2	4

D149

8	7	1	3	6	9	4	5	2
5	9	6	4	1	2	7	3	8
4	2	3	5	8	7	9	6	1
9	5	8	2	4	6	1	7	3
7	1	4	9	3	8	6	2	5
3	6	2	1	7	5	8	9	4
6	3	9	8	2	4	5	1	7
1	4	5	7	9	3	2	8	6
2	8	7	6	5	1	3	4	9

D150

3	2	7	1	6	5	8	9	4
5	9	4	2	3	8	6	1	7
1	6	8	9	7	4	2	3	5
9	5	2	3	4	6	7	8	1
4	8	6	7	1	2	3	5	9
7	3	1	5	8	9	4	2	6
6	7	3	8	9	1	5	4	2
8	1	5	4	2	7	9	6	3
2	4	9	6	5	3	1	7	8

D151

3	2	4	9	5	8	6	7	1
1	8	7	3	2	6	5	9	4
5	6	9	1	7	4	8	3	2
4	7	2	8	9	5	1	6	3
9	5	6	2	3	1	4	8	7
8	1	3	6	4	7	9	2	5
6	3	8	5	1	2	7	4	9
2	4	5	7	8	9	3	1	6
7	9	1	4	6	3	2	5	8

D152

5	2	4	7	1	6	8	9	3
3	6	8	4	5	9	2	1	7
1	7	9	8	2	3	4	6	5
9	8	1	2	7	4	5	3	6
7	4	3	5	6	8	1	2	9
2	5	6	9	3	1	7	8	4
4	9	2	6	8	5	3	7	1
8	3	5	1	9	7	6	4	2
6	1	7	3	4	2	9	5	8

D153

5	2	4	1	3	9	7	6	8
3	8	1	7	6	4	2	9	5
9	6	7	8	5	2	3	4	1
2	5	6	4	9	8	1	3	7
4	1	8	3	7	6	5	2	9
7	3	9	2	1	5	6	8	4
1	7	2	9	4	3	8	5	6
6	9	3	5	8	7	4	1	2
8	4	5	6	2	1	9	7	3

D154

5	8	1	4	2	6	7	9	3
3	6	4	9	7	1	5	8	2
2	7	9	8	5	3	1	6	4
9	1	6	7	4	2	8	3	5
7	5	2	1	3	8	6	4	9
8	4	3	5	6	9	2	1	7
1	3	7	6	9	5	4	2	8
4	2	8	3	1	7	9	5	6
6	9	5	2	8	4	3	7	1

D155

1	5	8	2	7	3	9	4	6
7	9	2	6	8	4	3	5	1
6	3	4	5	1	9	2	8	7
9	7	6	4	5	8	1	2	3
2	1	5	3	6	7	4	9	8
4	8	3	9	2	1	7	6	5
8	4	7	1	9	6	5	3	2
5	6	9	7	3	2	8	1	4
3	2	1	8	4	5	6	7	9

D156

7	1	5	4	3	9	8	2	6
4	8	3	5	2	6	1	9	7
9	6	2	8	7	1	5	3	4
5	2	8	3	4	7	6	1	9
1	4	7	6	9	5	3	8	2
6	3	9	1	8	2	7	4	5
3	5	4	2	6	8	9	7	1
2	9	1	7	5	3	4	6	8
8	7	6	9	1	4	2	5	3

D157

2	1	8	4	6	5	9	3	7
3	6	4	9	2	7	1	8	5
5	7	9	1	8	3	2	6	4
9	5	2	6	4	8	7	1	3
8	3	7	5	1	2	4	9	6
1	4	6	7	3	9	5	2	8
6	2	5	8	9	4	3	7	1
4	8	3	2	7	1	6	5	9
7	9	1	3	5	6	8	4	2

D158

1	7	8	9	4	2	3	5	6
6	3	2	1	8	5	7	9	4
4	5	9	7	6	3	2	1	8
5	8	7	3	9	4	6	2	1
9	2	6	8	5	1	4	3	7
3	4	1	2	7	6	9	8	5
8	1	4	6	2	9	5	7	3
2	6	3	5	1	7	8	4	9
7	9	5	4	3	8	1	6	2

D159

5	8	3	2	7	9	1	6	4
6	1	9	3	4	5	8	7	2
2	7	4	6	1	8	3	5	9
9	3	5	7	6	4	2	1	8
8	6	2	5	3	1	9	4	7
1	4	7	9	8	2	6	3	5
7	2	1	4	9	6	5	8	3
4	5	8	1	2	3	7	9	6
3	9	6	8	5	7	4	2	1

D160

8	7	5	2	4	9	1	6	3
6	9	1	3	8	5	2	4	7
3	2	4	6	7	1	5	8	9
4	5	9	1	6	7	3	2	8
1	3	8	4	9	2	7	5	6
2	6	7	8	5	3	9	1	4
9	1	6	7	2	8	4	3	5
7	8	3	5	1	4	6	9	2
5	4	2	9	3	6	8	7	1

D161

8	1	7	2	4	5	9	3	6
9	3	2	7	6	1	5	8	4
5	4	6	3	9	8	7	1	2
4	6	1	8	7	9	2	5	3
3	7	8	5	1	2	4	6	9
2	5	9	4	3	6	8	7	1
6	8	3	9	5	4	1	2	7
1	9	5	6	2	7	3	4	8
7	2	4	1	8	3	6	9	5

D162

3	8	4	7	1	9	5	2	6
9	6	5	3	4	2	7	1	8
1	7	2	8	5	6	9	4	3
2	9	3	4	7	5	6	8	1
7	4	8	9	6	1	3	5	2
6	5	1	2	8	3	4	7	9
5	2	6	1	9	4	8	3	7
8	1	9	5	3	7	2	6	4
4	3	7	6	2	8	1	9	5

D163

9	1	7	8	4	2	5	3	6
2	8	3	5	6	7	1	9	4
4	5	6	1	3	9	8	2	7
8	4	9	3	2	5	6	7	1
1	7	2	4	8	6	9	5	3
6	3	5	9	7	1	4	8	2
5	9	4	7	1	3	2	6	8
3	2	8	6	9	4	7	1	5
7	6	1	2	5	8	3	4	9

D164

4	3	7	9	8	1	6	2	5
1	5	6	2	3	4	9	8	7
2	9	8	5	7	6	1	4	3
5	6	9	7	1	2	8	3	4
8	7	4	3	9	5	2	1	6
3	2	1	6	4	8	5	7	9
9	4	2	8	6	3	7	5	1
6	8	3	1	5	7	4	9	2
7	1	5	4	2	9	3	6	8

D165

6	8	1	2	7	3	5	9	4
2	4	7	8	5	9	6	1	3
5	3	9	6	4	1	2	7	8
7	2	3	4	1	5	8	6	9
1	6	5	3	9	8	4	2	7
8	9	4	7	6	2	1	3	5
9	5	8	1	3	6	7	4	2
3	7	6	5	2	4	9	8	1
4	1	2	9	8	7	3	5	6

D166

9	8	4	3	5	1	2	7	6
6	5	3	7	9	2	4	1	8
2	1	7	6	4	8	3	9	5
3	9	1	8	7	4	6	5	2
7	6	2	5	3	9	8	4	1
5	4	8	1	2	6	7	3	9
1	3	9	2	8	7	5	6	4
8	7	6	4	1	5	9	2	3
4	2	5	9	6	3	1	8	7

D167

6	7	4	1	9	8	5	3	2
5	2	9	7	3	6	4	8	1
1	8	3	2	5	4	7	9	6
4	6	8	3	7	9	2	1	5
9	5	1	6	4	2	3	7	8
2	3	7	8	1	5	6	4	9
3	4	2	5	8	1	9	6	7
7	1	5	9	6	3	8	2	4
8	9	6	4	2	7	1	5	3

D168

8	2	5	1	6	7	9	4	3
9	4	7	8	3	2	5	1	6
1	3	6	9	4	5	2	7	8
7	5	9	3	8	4	1	6	2
4	1	8	2	5	6	7	3	9
3	6	2	7	9	1	4	8	5
2	9	1	6	7	3	8	5	4
5	7	3	4	2	8	6	9	1
6	8	4	5	1	9	3	2	7

D169

8	6	1	2	7	3	9	4	5
2	9	7	4	5	6	3	8	1
4	5	3	9	8	1	6	2	7
3	2	5	1	9	7	8	6	4
9	1	6	8	2	4	7	5	3
7	4	8	6	3	5	1	9	2
5	8	9	3	1	2	4	7	6
1	7	4	5	6	9	2	3	8
6	3	2	7	4	8	5	1	9

D170

9	4	7	1	8	2	6	3	5
6	5	3	7	9	4	2	8	1
2	1	8	3	5	6	4	9	7
1	3	9	8	2	5	7	4	6
7	8	2	6	4	1	3	5	9
4	6	5	9	7	3	1	2	8
8	7	1	4	3	9	5	6	2
5	9	4	2	6	7	8	1	3
3	2	6	5	1	8	9	7	4

D171

7	6	1	2	9	5	8	4	3
2	8	4	7	3	6	9	5	1
5	3	9	4	1	8	2	6	7
8	2	3	9	5	7	4	1	6
4	7	6	3	8	1	5	2	9
9	1	5	6	2	4	7	3	8
1	5	2	8	6	9	3	7	4
6	9	7	5	4	3	1	8	2
3	4	8	1	7	2	6	9	5

D172

7	8	1	4	9	3	6	5	2
3	2	6	1	8	5	7	4	9
9	4	5	7	6	2	3	8	1
6	9	7	3	2	4	5	1	8
4	1	2	8	5	7	9	3	6
5	3	8	6	1	9	4	2	7
2	7	3	9	4	1	8	6	5
8	5	9	2	3	6	1	7	4
1	6	4	5	7	8	2	9	3

D173

4	7	8	9	5	2	3	1	6
2	9	6	7	3	1	5	4	8
5	1	3	6	4	8	2	9	7
8	4	9	3	2	7	1	6	5
3	5	2	1	8	6	4	7	9
1	6	7	5	9	4	8	3	2
7	3	5	2	1	9	6	8	4
9	2	4	8	6	3	7	5	1
6	8	1	4	7	5	9	2	3

D174

7	1	8	2	3	9	5	6	4
4	9	3	1	5	6	7	2	8
6	2	5	7	8	4	1	3	9
8	6	2	9	4	7	3	1	5
3	4	1	5	2	8	9	7	6
9	5	7	6	1	3	4	8	2
2	8	4	3	7	5	6	9	1
5	7	6	8	9	1	2	4	3
1	3	9	4	6	2	8	5	7

D175

8	5	6	1	9	4	7	3	2
2	3	4	5	7	6	9	8	1
1	7	9	8	3	2	4	6	5
4	9	7	2	1	3	6	5	8
6	2	5	7	8	9	3	1	4
3	8	1	4	6	5	2	7	9
5	4	8	3	2	7	1	9	6
9	1	3	6	4	8	5	2	7
7	6	2	9	5	1	8	4	3

D176

9	1	7	8	6	5	3	4	2
2	4	8	3	7	9	1	6	5
6	3	5	4	2	1	9	8	7
1	7	2	9	4	8	6	5	3
5	6	9	2	3	7	8	1	4
4	8	3	5	1	6	2	7	9
3	9	6	7	8	4	5	2	1
7	5	1	6	9	2	4	3	8
8	2	4	1	5	3	7	9	6

D177

6	3	5	9	1	8	4	2	7
7	9	1	4	2	5	3	8	6
4	8	2	3	7	6	1	5	9
3	2	7	6	8	1	9	4	5
9	5	8	7	3	4	6	1	2
1	4	6	2	5	9	8	7	3
5	6	3	8	4	7	2	9	1
2	1	4	5	9	3	7	6	8
8	7	9	1	6	2	5	3	4

D178

3	8	9	2	7	6	5	4	1
6	7	1	9	5	4	3	2	8
4	2	5	3	8	1	6	7	9
8	3	4	1	2	9	7	5	6
1	5	7	6	3	8	2	9	4
9	6	2	5	4	7	1	8	3
5	1	6	8	9	2	4	3	7
7	9	3	4	1	5	8	6	2
2	4	8	7	6	3	9	1	5

D179

8	3	2	4	5	1	7	9	6
6	1	9	7	2	3	4	8	5
4	7	5	9	6	8	2	1	3
1	2	4	8	7	6	3	5	9
7	5	8	1	3	9	6	2	4
3	9	6	5	4	2	8	7	1
9	6	3	2	1	7	5	4	8
2	4	1	6	8	5	9	3	7
5	8	7	3	9	4	1	6	2

D180

1	6	5	2	9	7	8	3	4
8	7	3	4	6	5	9	1	2
4	2	9	8	3	1	5	7	6
3	9	8	7	2	6	1	4	5
7	4	6	5	1	9	2	8	3
2	5	1	3	8	4	6	9	7
5	8	7	9	4	2	3	6	1
9	1	4	6	5	3	7	2	8
6	3	2	1	7	8	4	5	9

D181

9	5	4	3	7	8	1	6	2
1	6	2	4	9	5	8	3	7
8	7	3	6	1	2	9	5	4
7	2	8	9	5	1	3	4	6
6	4	9	7	8	3	5	2	1
5	3	1	2	4	6	7	8	9
2	8	6	1	3	9	4	7	5
3	9	7	5	6	4	2	1	8
4	1	5	8	2	7	6	9	3

D182

8	7	1	2	6	5	3	9	4
3	6	9	1	4	8	7	5	2
2	4	5	3	7	9	8	1	6
9	1	6	8	3	2	5	4	7
7	5	2	4	9	6	1	3	8
4	3	8	5	1	7	2	6	9
5	9	4	7	2	3	6	8	1
1	2	3	6	8	4	9	7	5
6	8	7	9	5	1	4	2	3

D183

1	5	8	4	9	6	7	2	3
6	3	4	7	2	1	8	9	5
7	2	9	3	8	5	1	4	6
8	6	7	9	3	2	5	1	4
9	1	2	5	4	8	6	3	7
5	4	3	1	6	7	2	8	9
4	8	6	2	5	9	3	7	1
2	9	1	6	7	3	4	5	8
3	7	5	8	1	4	9	6	2

D184

5	9	3	4	7	2	8	1	6
1	4	6	8	9	3	7	5	2
2	7	8	1	5	6	4	3	9
6	3	7	5	2	4	1	9	8
4	2	1	3	8	9	5	6	7
8	5	9	6	1	7	2	4	3
7	8	4	9	3	1	6	2	5
9	6	5	2	4	8	3	7	1
3	1	2	7	6	5	9	8	4

D185

1	9	8	6	3	5	4	2	7
2	5	6	7	4	9	1	8	3
7	3	4	2	8	1	9	6	5
3	8	1	4	9	6	5	7	2
5	6	9	3	2	7	8	1	4
4	7	2	1	5	8	6	3	9
9	2	5	8	6	3	7	4	1
6	4	7	5	1	2	3	9	8
8	1	3	9	7	4	2	5	6

D186

5	8	9	4	7	3	2	6	1
1	3	4	2	5	6	7	9	8
2	7	6	1	9	8	5	4	3
7	1	2	3	6	4	8	5	9
6	4	5	8	1	9	3	2	7
3	9	8	5	2	7	4	1	6
8	2	3	6	4	1	9	7	5
9	5	1	7	3	2	6	8	4
4	6	7	9	8	5	1	3	2

D187

6	1	7	4	5	9	2	3	8
2	4	5	3	7	8	1	9	6
9	3	8	6	1	2	5	7	4
7	2	3	8	9	5	6	4	1
5	8	1	7	6	4	3	2	9
4	9	6	2	3	1	8	5	7
1	6	2	9	4	3	7	8	5
3	5	9	1	8	7	4	6	2
8	7	4	5	2	6	9	1	3

D188

9	1	4	2	7	5	8	6	3
7	3	6	8	4	1	2	5	9
5	2	8	6	9	3	4	1	7
3	8	2	4	1	7	5	9	6
4	9	7	5	6	8	1	3	2
1	6	5	9	3	2	7	4	8
2	5	1	3	8	9	6	7	4
6	7	9	1	2	4	3	8	5
8	4	3	7	5	6	9	2	1

D189

6	3	7	1	2	9	5	8	4
8	9	2	5	4	7	6	3	1
5	1	4	8	3	6	2	7	9
2	5	1	3	8	4	9	6	7
7	8	9	6	1	5	4	2	3
3	4	6	7	9	2	8	1	5
9	6	3	4	7	8	1	5	2
1	2	5	9	6	3	7	4	8
4	7	8	2	5	1	3	9	6

D190

8	7	2	1	5	3	4	6	9
6	9	1	4	8	7	5	3	2
4	5	3	2	6	9	7	8	1
2	6	9	7	3	5	1	4	8
7	3	8	9	4	1	2	5	6
5	1	4	6	2	8	9	7	3
9	4	5	3	1	6	8	2	7
1	2	6	8	7	4	3	9	5
3	8	7	5	9	2	6	1	4

D191

4	3	7	5	6	2	8	9	1
1	5	9	3	8	7	4	6	2
8	6	2	1	9	4	5	7	3
5	4	6	7	3	9	2	1	8
2	1	8	6	4	5	7	3	9
7	9	3	8	2	1	6	5	4
9	8	5	4	7	3	1	2	6
6	2	1	9	5	8	3	4	7
3	7	4	2	1	6	9	8	5

D192

1	9	6	2	3	8	4	7	5
3	2	4	5	6	7	9	8	1
8	5	7	4	1	9	6	2	3
2	1	9	6	8	4	5	3	7
6	8	5	7	2	3	1	9	4
4	7	3	1	9	5	2	6	8
5	3	2	9	7	1	8	4	6
9	4	8	3	5	6	7	1	2
7	6	1	8	4	2	3	5	9

D193

5	9	7	6	1	8	2	3	4
4	8	6	2	5	3	1	7	9
1	2	3	4	9	7	6	8	5
6	3	8	7	4	5	9	2	1
7	5	1	9	6	2	3	4	8
9	4	2	8	3	1	7	5	6
3	1	9	5	7	4	8	6	2
2	7	5	1	8	6	4	9	3
8	6	4	3	2	9	5	1	7

D194

7	8	1	3	6	5	9	2	4
2	6	4	9	1	8	5	3	7
3	5	9	7	2	4	1	8	6
4	1	2	5	9	6	8	7	3
6	3	5	2	8	7	4	9	1
8	9	7	1	4	3	2	6	5
1	7	6	8	5	2	3	4	9
5	2	3	4	7	9	6	1	8
9	4	8	6	3	1	7	5	2

D195

6	7	2	5	3	9	1	4	8
9	1	3	4	8	7	2	5	6
8	4	5	6	1	2	9	7	3
7	2	8	1	5	6	3	9	4
4	5	1	3	9	8	7	6	2
3	9	6	7	2	4	8	1	5
2	6	7	9	4	3	5	8	1
5	3	9	8	6	1	4	2	7
1	8	4	2	7	5	6	3	9

D196

5	1	8	7	6	2	3	9	4
9	4	3	5	1	8	7	2	6
2	7	6	3	4	9	8	1	5
4	8	9	6	5	3	2	7	1
1	2	5	9	8	7	6	4	3
6	3	7	4	2	1	5	8	9
3	9	1	8	7	5	4	6	2
8	6	2	1	3	4	9	5	7
7	5	4	2	9	6	1	3	8

D197

2	5	4	6	1	8	7	3	9
3	7	9	2	5	4	8	1	6
6	1	8	7	9	3	2	4	5
4	6	7	3	2	1	9	5	8
8	2	5	4	6	9	1	7	3
9	3	1	5	8	7	6	2	4
7	8	3	9	4	2	5	6	1
1	4	6	8	7	5	3	9	2
5	9	2	1	3	6	4	8	7

D198

8	1	2	7	4	9	6	3	5
4	9	3	2	6	5	8	1	7
6	7	5	1	3	8	2	9	4
1	5	9	4	2	7	3	6	8
2	6	8	5	9	3	7	4	1
7	3	4	8	1	6	9	5	2
3	8	7	9	5	1	4	2	6
9	2	1	6	8	4	5	7	3
5	4	6	3	7	2	1	8	9

D199

1	6	4	9	2	7	8	5	3
5	2	8	4	3	6	1	9	7
7	9	3	5	1	8	2	4	6
3	5	6	2	7	4	9	1	8
9	7	2	1	8	3	4	6	5
8	4	1	6	5	9	3	7	2
2	1	7	3	9	5	6	8	4
4	8	9	7	6	2	5	3	1
6	3	5	8	4	1	7	2	9

D200

5	2	8	7	1	4	9	6	3
4	7	9	3	6	8	1	2	5
6	1	3	2	9	5	4	7	8
3	9	2	8	7	6	5	1	4
7	4	5	1	2	9	8	3	6
8	6	1	5	4	3	2	9	7
2	8	6	9	5	7	3	4	1
1	3	4	6	8	2	7	5	9
9	5	7	4	3	1	6	8	2